기초부터 배우는
보이차

기초부터 배우는

보이차

편저자
한국티소믈리에연구원

◆

감수
정승호

한국티소믈리에연구원

프롤로그

오늘날 세계 유수의 시장조사기관에서는 녹차, 우롱차, 보이차를 비롯해 건강 차를 중심으로 세계 티 시장이 오는 2027년까지 급속히 성장할 것으로 내다보고 있습니다. 최근 국내에서도 일부 유명 인사나 마니아층을 중심으로 보이차의 각종 건강 효능에 깊은 관심을 가지면서 병차(餠茶) 형태의 생차(生茶), 숙차(熟茶)에서부터 잎차인 산차(散茶), RTD 가루차, 티백 등 다양한 형태로 소비되어 그 열풍이 이어지고 있습니다.

이러한 가운데 십수 년간 티소믈리에와 티블렌딩의 전문가를 양성해 온 한국티소믈리에 연구원에서는 약 2000여 년 전 중국 남서부 소수민족들이 마셨던 한 이름 모를 음료가 '차마고도(茶馬古道)'를 통해 중국 본토를 비롯해 서장(티베트), 인도, 서아시아, 중동, 유럽으로까지 유통되어 세계적인 음료가 되기까지의 전 과정을 소개한 『기초부터 배우는 보이차』를 출간합니다.

이 책은 <기초부터 배우는 티(Tea)> 시리즈 제1권 <기초부터 배우는 홍차>, 제2권 <기초부터 배우는 중국차>에 이은 제3권으로서, 입문자들이 꼭 알아야 할 보이차에 관한 기본 지식과 함께, 보이차의 식별 및 구입 등 실용적인 지식에 이르기까지 매우 폭넓게 소개합니다.

특히 중국 현지 차나무 품종, 보이차 생산에 사용되는 차엽의 종류, 찻잎을 딴 뒤 보이생차(普洱生茶)나 독특한 후발효(後醱酵) 과정을 거쳐 보이숙차(普洱熟茶)를 생산하기까지 전 과정을 상세히 소개합니다. 그리고 지리적표시제(GI)의 보이차 정의, 보이차의 다양한 종류와 가공방식, 각종 저장 및 진화(陳化) 방식 등과 함께 미생물의 화학반응으로 생성되는 놀라운 건강 효능들도 과학적인 근거를 통해 설명합니다.

'보이차(普洱茶)'라는 호칭의 어원에 대해서는 중국 운남성 출신 보이차의 권위자, 고고학자, 역사학자인 황계추(黃桂樞) 선생의 학술적 내용을 바탕으로 알기 쉽게 풀어주면서 흥미를 더해 줍니다. 그분에 따르면, 우리가 지금 알고 있는 '보이차(普洱茶)'라는 호칭은 본래 중국 남서부 소수민족인 포랑족(布朗族)의 선민인 '복인(濮人)의 차(茶)'라는 뜻에서, '복차(濮茶)'[pu cha] 또는 '복아차(濮儿茶)'[pu er cha]로 호칭됐을 것으로 보며, 당나라 시대부터 '은생차(銀生茶)', '보차(普茶)'로 호칭되다가, 청대 19세기 말에서 20세기 초에 이르러 비로소 지금의 '보이차(普洱茶)'로 호칭되었다는 사실을 언어학, 문헌적 기록, 현지

실증 조사를 통해 논술하고 있어 보이차에 대한 흥미와 이해에 깊이를 더해 줍니다.

또한 오늘날 보이차 시장을 주도하는 주요 20개 업체(차창)들에 대해서도 창립의 역사와 함께 대표 브랜드들을 간략히 소개하면서 보이차 시장이 성장 가능성이 높지만 정확한 정보가 전달되지 않아 보이차를 처음 접하는 사람들에게 올바른 지식을 제공하기 위해 꼭 필요한 배경지식을 전하고 있습니다.

보이차의 대표적인 산지인 중국 운남성 '고육대차산(古六大茶山)', '신육대차산(新六大茶山)'의 테루아적인 특징과 그곳 소수민족들이 차를 생산한 역사, 중국 본토로 차가 전해져 음차 문화가 생긴 역사, 중국이 '이차치변(以茶治邊)'으로 차를 서장(티베트)으로 전파한 역사, 명나라 시대 차마무역(茶馬貿易)의 환율, 중국 왕조의 흥망성쇠와 명운을 같이한 차마고도(茶馬古道), 그리고 대초원의 초지로, 심산유곡의 낭떠러지 외길 등 망같이 얽힌 간선과 지선을 통해 서장(티베트)으로 운송한 뒤 인도, 서아시아, 유럽으로까지 보이차를 유통하는 마방(馬幇)들의 옛 행로들도 오늘날 지명과 함께 노선도를 통해 보여 주면서 그 흥미를 더해 줍니다.

특히 차마고도에서는 역사가 가장 오래된 '탕고도(蹚古道)'와 오늘날 '3대 차마고도'라 불리는 '청장차마고도(靑藏茶馬古道)', '전장차마고도(滇藏茶馬古道)', '천장차마고도(川藏茶馬古道)'의 발생기, 융성기, 쇠퇴기를 각 시대별로 변천되는 노선도와 함께 소개해 큰 눈길을 끌고 있습니다.

이 책은 오늘날 건강에 대한 관심이 날로 증가하는 추세 속에서 보이차 자체에 큰 매력을 갖거나 그 건강 효능에 깊은 이해를 원하는 사람 등 보이차의 세계에 입문하려는 사람들이나, 보이차의 깊은 세계에 빠져들려는 사람들에게 보이차의 이해도를 한층 더 높여 줄 것으로 기대합니다.

<기초부터 배우는 보이차>가 출간되기까지 보이차와 그 역사 등과 관련해 수많은 자료들과 사진들을 제공 및 협찬해 주시고, 또한 한국에서의 출간에 깊은 애정을 갖고 성원해 주신 운남성(雲南省) 곤명(昆明)의 유재철 선생님께 깊은 감사의 뜻을 전합니다.

정승호 박사
사단법인 한국티협회 회장
한국 티소믈리에 연구원 원장

Contents

프롤로그 ⋯ 004

PART 1. 보이차(普洱茶)의 기초

보이차(普洱茶)란 무엇인가? ⋯ 16
- 보이차의 표준 규정 ⋯ 16
- 지리적표시보호범위의 산지 ⋯ 18
- 보이차의 원료차, '모차(毛茶)' ⋯ 19
- 운남대엽종(雲南大葉種)의 생장 환경 ⋯ 19
- 테루아적인 기후 조건 ⋯ 20

보이차의 생산에 사용되는 차나무와 차엽들 ⋯ 21
- 보이차 생산을 위한 주요 차나무 품종의 특징 ⋯ 21
  - 맹해대엽차(勐海大葉茶)·이무녹아차(易武綠芽茶)·원강나차(元江糯茶)·
  - 경곡대백차(景谷大白茶)·운항(雲抗) 10호(號)·운항(雲抗) 14호(號)·
  - 운선(雲選) 9호(號)·쌍강맹고대엽차(雙江勐庫大葉茶)·봉경대엽종(鳳慶大葉種)
- 보이차의 생산에 사용되는 다양한 차엽들 ⋯ 31
  - 인공재배차(人工栽培茶)
  - 야생차(野生茶)
  - 반야생차(半野生茶)/과도기형차(過渡期型茶)
  - 생태차(生態茶)
  - 그 밖의 차엽
- 보이차 차엽의 다양한 품질 등급 ⋯ 34

보이차의 재료차인 모차(毛茶) ⋯ 37
- 모차(毛茶)의 가공 과정 ⋯ 37
  - 모차(毛茶)의 정의
  - 선엽(鮮葉) 채집
  - 탄량(攤涼)/위조(萎凋)
  - 살청(殺青)
  - 유념(揉捻)
  - 해괴(解塊)
  - 일광건조(日光乾燥)
  - '모차(毛茶)'의 완성

보이생차(普洱生茶)의 가공 과정 ⋯ 44
  - 모차의 병배(拼配) 준비
  - 차엽의 사분(篩分)(또는 선별)

· 반제품의 병배
· 긴압(緊壓)
· 건조(乾燥)
· 검사 및 포장
· 창고 저장 및 '진화(陳化)'

보이숙차(普洱熟茶)의 가공 과정 … 51

· 모차(毛茶) 준비
· 조수(潮水)
· 후발효(後醱酵)
· 번퇴(翻堆)
· 풍건조(風乾燥)
· 사분(篩分)/체로 분리
· 간체(揀剔)
· 병배균퇴(拼配勻堆)
· 긴압(緊壓)(기계식 기준)
· 풍건조(風乾燥)
· 포장(包裝)
· 창고 저장 및 '진화(陳化)'

보이차 포장의 묶음 단위 … 58
- 보이병차 1편(片)의 무게에 숨은 과학 … 59

보이차 숙성 과정, '진화(陳化)' … 61
- 진화(陳化)의 과정 … 61
- 진화의 조건 … 62
  · 진화 장소
  · 진화 시간
  · 진화의 저장 조건
- 보이차 향미의 유효 기간 … 67

보이차의 4대 저장 및 진화 방식 … 68
- 교장법(窖藏法) … 68
- 습창법(濕倉法) … 68
- 건창법(乾倉法) … 69
- 습창·건창의 '윤전모식법(輪轉模式法)' … 69
- 자연 진화법 … 70
- 지역마다 다른 자연적 저장 조건 … 70

진화를 통한 차엽의 성분 변화 … 71

- 티 폴리페놀류의 자가산화(自家酸化) … 71
- '테아닌(theanine)'의 산화 및 분해 … 72
- 방향성 물질의 산화 … 72
- 차 색소의 산화로 '월진월향(越陳越香)' 발생 … 72
- 당류 화합물의 변화 … 73

- 부록 : 알아 두면 좋은 지식!
  - ◈ 핫 브랜드 보이차! ◈ 맹고대설산(勐庫大雪山)의 야생차(野生茶) … 36
  - · '복방차(復方茶)'와 '단방차(單方茶)'란? … 45
  - · 병배(拼配)에 사용되는 세 품질의 차엽 … 45
  - · 보이차의 '병배(拼配)'와 홍차의 '블렌딩(blending)' … 46
  - · 보이차를 구입할 때 유의점 … 74

PART 2. 보이차의 다양한 분류

인공 숙성 여부에 따른, '보이생차'와 '보이숙차' … 78

- 자연 진화 과정의 '보이생차(普洱生茶)' … 78
- 인공 악퇴 과정의 '보이숙차(普洱熟茶)' … 79

형상에 따른 다양한 분류의 보이차들 … 81

- 잎차 형상의 '산차(散茶)' … 81
  - · 생차 ∥ 보이산차(普洱散茶) … 81
  - · 숙차 ∥ 보이숙산차(普洱熟散茶) … 81
- 압축 형상에 따른 다양한 '긴압차(緊壓茶)' … 84
  - · 떡 모양의 '보이병차(普洱餅茶)'   · 사발형의 보이타차(普洱沱茶)
  - · 벽돌형의 '보이전차(普洱磚茶)'   · '하트형'의 '보염패긴차(寶焰牌緊茶)'
  - · 정사각형의 '보이방차(普洱方茶)'   · 버섯갓형의 '반선긴차(班禪緊茶)'
  - · 경단형의 '보이단차(普洱團茶)'   · 말발굽형 '이무원보차(易武元寶茶)'

특정 시점(사건)에 따른 보이차의 분류 … 99

- '역사상의 보이차'와 '현대상의 보이차' … 99

생산·유통 시대에 따른 분류 … 100

- 국영차창 시대 이전의 '호급차(號級茶)' … 101
- 국영차창의 상표가 사용된, '인급차(印級茶)' … 102
  - · 상표의 디자인에서 유래된 호칭, '팔중차(八中茶)'

・'차(茶)'자의 색상에 따라 분류된 다양한 보이차들
- ● '맥호(嘜號)를 매긴 시대'의 '칠자병차류(七子餠茶類)' … 107
  ・칠자병차류(七子餠茶類)의 연대별 주요 변화
- ● 칠자병차류의 주요 상품들 … 111
- ● '주문자생산방식(OEM)' 시대의 보이차들 … 117
  ・'민간 주문자생산방식(OEM)'의 대유행
  ・새로운 트렌드 _ 야생 고차수의 차엽이 대유행
  ・'주문자생산방식(OEM)' 시대의 주요 상품들

보이차 식별 번호, '맥호(嘜號)'에 따른 분류 … 122

- ● 칠자병차류의 '맥호(嘜號)' … 122
  ・병차의 네 자릿수 맥호
- ● 현대 시대의 맥호 … 124
  ・머리글자 'T' ‖ T○○○○
  ・병차의 부가 번호(-○○○) ‖ "네 자릿수 맥호-(★)○○○"
  ・차창 번호의 변화
  ・보이차의 유명 맥호와 대표적인 상품들

보이차의 '창고 입고 유형'에 따른 분류 … 129

- ● 자연창(自然倉) 보이차 … 129
- ● 건창(乾倉) 보이차 … 130
- ● 습창(濕倉) 보이차 … 131

- ● 부록 : 알아 두면 좋은 지식!
  ◆ 핫 브랜드 보이차! ◆ 궁정보이(宮庭普洱) 숙병차(熟餠茶) … 83
  ・청대(淸代) 중후기에 발전한 '보이칠자병차(普洱七子餠茶)'의 전신, '원차(圓茶)' … 86
  ・원보차(元寶茶)의 독특한 세시풍속 … 96
  ◆ 핫 브랜드 보이차! ◆ '운남보이의 황후', 빙도차(冰島茶) … 128

PART 3. 현대 보이차의 주요 브랜드 업체들

보이차의 '20대 주요 브랜드' 업체들 … 134

- ● 운남곤명차창 ‖ 雲南昆明茶廠 … 134
  ・차업의 역사/ ・중차(中茶) 주요 상품
- ● 맹해차업유한책임공사 ‖ 勐海茶業有限責任公司 … 137
  ・차업의 역사/ ・대익(大益) 주요 상품

- 운남하관타차집단고분유한공사‖雲南下關沱茶集團股份有限公司 … 140
  - 차업의 역사/· 주요 브랜드 상품
- 운남보이차집단유한공사‖雲南普洱茶集團有限公司 … 144
  - 차업의 역사/· 주요 생산 기반, '6대 생태 차원'/· 보수(普秀) 주요 상품
- 안녕해만차업유한책임공사‖安寧海灣茶業有限責任公司 … 149
  - 차업의 역사/· '노동지(老同志)' 주요 상품
- 운남농간집단맹해팔각정차업유한공사‖雲南農墾集團勐海八角亭茶業有限公司 … 151
  - 차업의 역사/· '팔각정(八角亭)' 주요 상품
- 운남전홍집단고분유한공사‖雲南滇紅集團股份有限公司 … 154
  - 차업의 역사/· 봉(鳳) 주요 상품
- 보이난창고차고분유한공사‖普洱瀾滄古茶股份有限公司 … 157
  - 차업의 역사/· 난창고차(瀾滄古茶) 주요 상품
- 운남용생녹색산업집단유한공사‖雲南龍生綠色產業集團有限公司 … 160
  - 차업의 역사/· 용생차업(龍生茶業) 주요 상품
- 운남육대차산차업고분유한공사‖雲南六大茶山茶業股份有限公司 … 163
  - 차업의 역사/· 육대차산(六大茶山, Six-Famous-Tea-Mountain) 주요 상품
- 운남토림차업유한공사‖雲南土林茶業有限公司 … 166
  - 차업의 역사/· 토림봉황(土林鳳凰), 주요 상품
- 운남쌍강맹고차엽유한책임공사‖雲南雙江勐庫茶葉有限責任公司 … 168
  - 차업의 역사/· 맹고(勐庫), 맹고융씨(勐庫戎氏), 망파(忙波), 청강(青崗) 등 상품
- 맹해현복해차창‖勐海縣福海茶廠 … 170
  - 차업의 역사/· 복해차창(福海茶廠) 주요 상품
- 맹해진승차업유한공사‖勐海陳升茶業有限公司 … 172
  - 차업의 역사/· 진승호(陳升號) : 주요 상품
- 운남성서쌍판납주고차산차업유한공사/(용원차업)‖雲南西雙版納州古茶山茶業有限公司/(龍園茶業)
  - 차업의 역사/· 용원호(龍園號), 주요 상품 … 174
- 곤명정원차업유한공사‖昆明正沅茶業有限公司 … 176
  - 차업의 역사/· 운자사계(雲子四季) 상품
- 맹해우림고차방차엽유한책임공사‖勐海雨林古茶坊茶葉有限責任公司 … 178
  - 차업의 역사/· 우림고차방(雨林古茶坊) 주요 상품
- 보이차왕차업집단고분유한공사‖普洱茶王茶業集團股份有限公司 … 180
  - 차업의 역사/· 노고동(老古董) 주요 상품
- 운남용윤차업유한공사‖雲南龍潤茶業有限公司 … 182
  - 차업의 역사/· 용윤차(龍潤茶) 주요 상품
- 운남성맹해윤원창차창‖雲南省勐海潤元昌茶廠 … 184
  - 차업의 역사/· 윤원창(潤元昌) 주요 상품

- 부록 : 알아 두면 좋은 지식!
  - '보이차 제일촌(普洱茶第一村)', 노반장촌(老班章村)? … 186
    ◈ 핫 브랜드 보이차! ◈ 포랑산의 뉴 브랜드, '포랑단주(布朗單株)' … 189
  - 보이차 업계 주요 인물 간략 정리! … 190

PART 4. '보이차(普洱茶)'의 어원을 찾아서

'보이차(普洱茶)' 이름의 유래 … 192

- '보이(普洱)' 지역의 선민, '백복(百濮)' 사람들 … 193
- '백복(百濮)'에서 분화된 운남 소수민족들 … 195
- 맹고면어족(孟高緬語族)(몬·크메르어족)의 계통 및 시대별 명칭 변화
- 보이(普洱)'의 기록상 지명(地名)과 차명(茶名)의 시대적 연표
- 당나라 시대의 '은생차(銀生茶)' … 202
- '보일검(步日瞼)'의 지명 변화 … 204
- '보이(普洱)'는 '포랑족'의 호칭 … 206
- '보차(普茶)'의 기원은 '복인(濮人)'들이 먹던 '복차(濮茶)' … 208
- 명나라 시대의 '보차(普茶)', '아차(儿茶)' … 209
- 청나라 말기, '복아차(濮儿茶)', '보이차(普洱茶)' … 211

'보차(普茶)'의 어원이 '복차(濮茶)'였을 실증적 증거들 … 213

  · 맹해현(勐海縣) 남나산(南糯山)의 대차수
  · 난창현(瀾滄縣)의 경매고차수(景邁古茶樹)
  · 맹랍현(勐臘縣) 이무만살차산(易武蠻撒茶山)
  · 복자족(仆子族)이 '차나무'와 '목화'를 심었다는 기록
  · 차나무의 유전학적인 증거 등
  · 『화양국지·파지(華陽國志·巴志)』의 기록된 '차(茶)'

- 부록 : 알아 두면 좋은 지식!
  · 남조국(南詔國)을 세운 '몽사(蒙捨)' … 203

PART 5. 보이차의 산지, '육대차산(六大茶山)'

'육대차산(六大茶山)'의 유래 … 220

- 청나라 시대에 '육차산(六茶山)' 명칭이 첫 등장 … 220
- '고육대차산(古六大茶山)'의 산지 변천 … 221
- '고육대차산(古六大茶山)' vs. '신육대차산(新六大茶山)'의 차이 … 222
- '신육대차산(新六大茶山)'의 산지 변천 … 222

'고육대차산(六大茶山)' … 225

- 제갈무후의 전설로 유명한 '유락산(攸樂山)' … 226
- 고대 복족의 후예 포랑족이 거주하는 '혁등산(革登山)' … 229
- 고육대차산의 행정, 무역의 중심지, '의방산(倚邦山)' … 230

- 고육대차산에서 중요 차엽 집산지, 망지산(莽枝山) … 233
- 재주와 기예 많은 사람들이 몰려들었던 '만전산(蠻磚山)' … 235
- 전장차마고도(滇藏茶馬古道)의 중심지, 만살산(曼撒山) … 238
- 역병으로 '만살산'을 대체한, '이무산(易武山)' … 239

'신육대차산(新六大茶山)' … 243

- 불해실험차창(沸海實驗茶廠)으로 유명한, 불해산(佛海山), 맹해차산(孟海茶山) … 244
- 신육대차산 중 최고의 고차산(古茶山)인 남나산(南糯山) … 246
- '고산들 사이의 평지', 맹송산(勐宋山) … 248
- 명나라 시대부터 고차산으로 유명한, 남교산(南嶠山) … 250
- '신선들의 발자취가 있는 산'이라는 파달산(巴達山) … 251
- 차나무의 재배 역사가 1300년 이상인, 경매산(景邁山) … 252
- 제다(製茶) 전설이 4000년 이상이나 된, 포랑산(布朗山)/반장(班章) … 254

- 부록 : 알아 두면 좋은 지식!
  · 고육대차산(古六大茶山)의 현지 조사 및 검증 작업 … 224
  · 번작(樊綽)과 『만서(蠻書)』 … 225
  · 제갈량이 차나무를 심어 남겼다는 '무후유종(武侯遺種)'의 전설은 사실인가? … 227
  · '고육대차산' 중 4개의 차산이 있는, '상명향(象明鄉)' … 237
  · 석병현 사람들의 '디아스포라'로 부활한 '고육대차산' … 242
  · 신육대차산 중 5개 차산이 위치한 '보이차제일현', '맹해현(勐海縣)' … 245
  · 차산인 남나산(南糯山)이 '죽순 장(장아찌) 산'?! … 248
  · '난창강(瀾滄江)'은 '큰 코끼리강'?! … 254
  · 서쌍판납 외의 강남 유명 차산지, '임창시(臨滄市)' … 256

PART 6. 차마무역(茶馬貿易)의 역사

차마무역(茶馬貿易)의 기원 … 258

- 차마무역의 여명기 … 258

차마무역의 흥성기, '당(唐)' … 260

- 중국 내륙에서 음차(飮茶) 습관의 형성과 확산 … 260
- 서장(西藏)에 차의 전파 … 262
- 서장에 음차 문화의 확산 … 265
- 서장에서 없어서는 안 될 식품이 된 '차(茶)' … 266
- 차마무역을 촉발시킨, '안사의 난(安史之亂)' … 268
- 보이차 산지인 운남성에 '남조국'이 등장 … 269

'청장차마무역(青藏茶馬貿易)'으로 변방을 다스린, '송(宋)' … 270

'천장차마무역(川藏茶馬貿易)'의 기반을 다진, '원(元)' … 272

'차마정책'의 강화로 변방을 통치한, '명(明)' … 273
- '차마정책(茶馬政策)'의 강한 부활 … 273
- '인안제도(引岸制度)'의 강화 … 273
- '천장차마고도'의 기반인 '조문차로(碉門茶路)'의 형성 … 275
- 명대의 '조문차로(碉門茶路)'는 '공차도(貢茶道)' … 276
- '차(茶)'와 '말(馬)'의 환율 정책은 명의 부국강병책! … 277

'천장차마무역(川藏茶馬貿易)'의 중흥기, '청(淸)' … 282
- '종합무역'으로 발전되는 천장차마무역(川藏茶馬貿易) … 282
- 열악한 무역 길로 인해 '천장남로대도(川藏南路大道)'를 개척 … 283
- 운남 '보차(普茶)(보이차의 옛 명칭)' 산지의 차엽 관리 강화 … 284
- 보차(普茶)의 '국제무역 허브지'로 떠오른 '사모보이지구(思茅普洱地區)' … 286
- 보차(普茶) 무역의 '대흥행' … 287
- 가혹한 징세 등으로 쇠퇴한 보이차 무역 … 288

중화민국의 항일 전쟁자금, 보이차! … 288
- 부록 : 알아 두면 좋은 지식!
  · 행선지별 주요 차마호시(茶馬互市) … 259
  · 차성(茶聖), 육우(陸羽, ?~804)의 등장 … 261
  · 차의 음용법을 몰랐던 토번국의 왕실 … 264
  · 명대 극작가 탕현조가 『차마(茶馬)』에서 예찬한 '차마무역(茶馬貿易)'과 '강마(羌馬)'! … 280
  · 19세기 서장에서 벌어진, 인도 '홍차(紅茶)'와 중국 '천차(川茶)'의 대격돌?! … 290

PART 7. 차마고도(茶馬古道)의 역사

고대 차무역로, 차마고도(茶馬古道) … 292
- 차마고도(茶馬古道)란? … 292

역사상 가장 오래된 차마고도, 탕고도(蹚古道):
섬강장차마고도(陝康藏茶馬古道) … 293

'3대 차마고도(茶馬古道)'_ ① 당번고도(唐蕃古道)/

청장차마고도(靑藏茶馬古道) … 295

- 당대(唐代)의 무역 경로 … 296
- 송대(宋代)의 무역 경로 : '서로차(西路茶)' 무역로 … 297

'3대 차마고도(茶馬古道)'_ ② 전장도(滇藏道)/
전장차마고도(滇藏茶馬古道) … 298

- 당대(唐代) 초·중기 전장차마고도의 경로 … 299
- 당 후기(後期) 전장차마고도의 경로 … 300
- 전장차마고도의 역사상 주요 3대 지선 … 300
- 사모(思茅)-보이(普洱)의 차마역도, '보이차마도(普洱茶馬道)' … 302
- 사모보이지구에서 뻗어나가는 크고 작은 간선들 … 303
- 임창시, 서쌍판납-대리 간 지선상의 다양한 문화 유적지들 … 304

'3대 차마고도(茶馬古道)'_ ③ 천장도(川藏道)/
천장차마고도(川藏茶馬古道) … 305

- 서한(西漢) 시대에 시작된 '천장차마고도'의 기원 … 306
- 천장차마고도의 기틀, '조문차로(硂門茶路)' … 307
- 명대(明代) 초기의 '천장차마고도(川藏茶馬古道)' … 307
- 천장차마고도의 '남로(南路)'와 '서로(西路)' … 309
  · '남로(南路)'
  · '서로(西路)'

청대(淸代)에 남로에서 개척된 길, '천장관도(川藏官道)' … 312

- 남로의 새로운 길, '천장관도(川藏官道)'

- 부록 : 알아 두면 좋은 지식!
  · 천장차마고도(川藏茶馬古道)의 유통 상인, '마방(馬幇)'과 '차배자(茶背子)'들의
    힘든 행로! … 315
  · 팁(Tip)! : 남로변차 '1인(引)'을 운송하려면 몇 필의 말이 필요할까? … 317

- 부록 : 보이차의 충포(冲泡), 보이차를 맛있게 우리는 양식! … 318

- 참조 문헌 및 사이트(URL)

- Photo 및 Illustration 크레디트

PART 1.

보이차(普洱茶)의 기초

보이차(普洱茶)란 무엇인가

보이차의 표준 규정

보이차(普洱茶)는 다른 차류, 즉 녹차(綠茶), 홍차(紅茶), 청차(靑茶) 또는 우롱차(烏龍茶) 등이 산화효소에 의한 산화 정도에 따라 각기 생산되는 것과는 달리, 미생물에 의한 '후발효(後醱酵)'라는 독특한 과정을 거쳐 생산된다. 보이차는 그 후발효 과정을 통해 향미가 보다 더 풍부하게 발달하고 다이어트를 비롯해 약리적인 효능도 생성된다. 따라서 건강에 대한 관심이 높은 오늘날의 젊은 층으로부터 그 수요가 증가하고 있다. 그렇다면 보이차란 과연 무엇인가? 여기서는 보이차의 정의에 대해 살펴본다.

중국에서는 원산지를 속인 보이차들이 우후죽순처럼 판매되어 시장의 질서를 교란하자, 진품 보이차의 시장을 보호하기 위하여 '지리적표지제(GI)'를 도입하여 시행하였다. 즉 2003년에는 '성급 표준', 2008년에는 '국가급 표준'으로 두 차례에 걸쳐 '보이차(普洱茶)'를 명확히 규정하였다.

먼저 '운남성표준계량국(雲南省標準計量局)'이 2003년 3월 운남 지방의 보이차에 대해 처음으로 규정하였다. 그 뒤 2008년 중화인민공화국의 국가품질감독검역검험총국(國家品質監督檢疫檢驗總局), 국가표준화관리위원회(國家標準化管理委員會) 등 최고 권위의 기관들이 공동으로 국가적인 차원에서 「GB/T22111-20081 보이차 표준」을 제정하여 보이차를 새롭게 규정하였다.

오늘날 건강 효능으로 인해 큰 인기를 끌고 있는 보이차(普洱茶).

알아 두면 좋은 지식

보이차의 옛 표준 규정(2003년/운남성표준계량국)

보이차는 운남성 일정 구역 내 '운남대엽종(雲南大葉種)'의 찻잎으로 만든 '쇄청모차(晒青毛茶)'를 원료로, '후발효(後醱酵)' 가공을 거쳐 완성되는 '산차(散茶)'와 '긴압차(緊壓茶)'이다. 외형의 색택(色澤)은 '갈홍(褐紅)'이고, 탕색은 '홍농명량(紅濃明亮)'하다. 향기는 독특한 '진향(陳香)'이고, 전체적인 맛인 '자미(滋味)'는 '순후(醇厚)'하고, '회감(回甘)'이 있다. '엽저(葉底)'는 '갈홍(褐紅)'을 띤다.

보이차의 개정 표준 규정
(2008년/국가품질감독검역검험총국, 국가표준화관리위원회)

보이차(普洱茶)는 '지리적표시보호범위 산지' 내의 '운남대엽종쇄청차(雲南大葉種晒青茶)'를 원료로 하고, 지리적표시보호범위 내에서 특정 가공 기술로 제조된 특정 품질의 찻잎, 그 가공으로 품질이 특정한 보이차로서, '보이차/생차(生茶)'와 '보이차/숙차(熟茶)'의 두 유형이 있다.

여기서 규정을 좀 더 꼼꼼히 살펴볼 필요가 있다. 2008년 국가적 차원에서 개정된 표준 규정은 앞서 2003년에 운남성표준계량국이 처음으로 도입한 표준 규정보다 실은 「GB/T22111-20081 보이차 표준」에 의거하여, '지리적표시보호범위의 산지', '운남대엽종 생장 환경', '테루아적 기후 조건', '보이차 제다 차나무 품종' 등에 대하여 보다 더 세부적으로 규정하고 있다.

왼쪽은 '보이생차(普洱生茶)'이고, 오른쪽은 '보이숙차(普洱熟茶)'이다. 해만차창의 상품은 겉표지에서 '병차(餠茶)' 글자가 녹색이면 생차(生茶), 갈색이면 숙차(熟茶)를 뜻한다.

보이차 표준 규정 속 '차 용어' 해설!

대엽종(大葉種) : 중국 운남성이 원산지인 차나무 품종의 일종. 잎의 크기가 소엽종보다 커서 잎의 크기를 기준으로 분류한 이름.
쇄청(晒青) : 햇볕에 말려서 자연스럽게 건조시키는 과정.
모차(毛茶) : 보이생차나 보이병차를 만드는 과정에서 사용되는 '원료차'를 일컫는 용어.
후발효(後醱酵) : 미생물에 의해 후속적으로 이어지는 발효라는 뜻.
산차(散茶) : 낱낱의 잎들로 구성된 차.
긴압차(緊壓茶) : 보이차 가공 과정 중 독특한 압축 과정을 통해 생산된 차.
색택(色澤) : 색상과 윤택.
갈홍(褐紅) : 갈색을 띤 홍색.
홍농명량(紅濃明亮) : 맑고 투명한 홍색의 찻빛이 밝게 빛나는 모습.
진향(陳香) : 보이차의 저장 과정인 진화(陳化)를 통해 생성되는 묵은 향.
자미(滋味) : 전체적인 맛과 향.
순후(醇厚) : 순정하고 진한 맛.
회감(回甘) : 입안을 감돌면서 단맛이 있는 느낌.
엽저(葉底) : 우린 찻잎을 일컫는 차 용어.

지리적표시보호범위의 산지

먼저 '지리적표시보호범위의 산지'에 대해서 살펴본다. 중국에서는 국가 표준 「GB/T22111-2008 : 지리표준산품, 보이차」에서 보이차의 산지에 대하여 보다 명확히 규정하고 있다.

이에 따른 지리표준산품으로서 보이차 산지 보호 구역은 운남성 '보이시(普洱市)', '서쌍판납(西雙版納)', '임창시(臨滄市)', '곤명시(昆明市)', '대리주(大理州)', '보산시(保山市)', '덕굉주(德宏州)', '초웅주(楚雄州)', '옥계시(玉溪市)', '문산주(文山州)' 등 11개주(시), 75개현(시, 구), 639개 '향(鄕)' 또는 '진(鎭)'의 오늘날 행정 분할 구역이다. 한마디로 지리적표시제도로 보호를 받을 수 있는 보이차의 산지들이다.

보이차의 원료차, '모차(毛茶)'

다음으로 규정에서 살펴볼 요소는 보이차의 원료차이다. 개정 표준 규정에 따르면, 보이차의 모차(毛茶)는 '운남대엽종쇄청차(雲南大葉種晒青茶)'라고 규정되어 있다. 중국에서는 보이차의 원료차를 '모차(毛茶)'라고 한다. 즉 모차인 운남대엽종쇄청차는 쉽게 말하면, '운남대엽종' 품종의 차나무에서 차엽을 따서 특정한 가공 과정을 거쳐 '쇄청(晒青)'을 통해 건조한 것이다. 이때 '쇄청(晒青)'은 찻잎을 햇볕에 자연스럽게 말리는 약한 '건조(乾燥)'의 과정이다. 그리고 운남성에서는 보이차를 만들기 위해 이러한 쇄청 과정을 거친 모차를 별도로 '전청(滇青)'이라고도 한다. 이때 '전(滇)'은 운남성의 옛 지명이다.

운남대엽종의 생장 환경

일반적으로 보이차의 생산에 사용되는 품종인 운남대엽종은 운남성 내에서도 잘 생장할 수 있는 곳이 따로 정해져 있다. 운남대엽종 차나무의 재배와 보이차의 가공에 가장 적합하다고 알려진 곳은 운남성 내에서도 북위 21도 10분~26도 22분, 동경 97도 31분~105도 38분의 지역이다. 또한 이 지리적인 위치 내에서도 운남대엽종은 주로 해발고도가 1000m~2100m이고, 경사도도 25도 이하인 산간지대에 분포하고 있다.

운남성 서쌍판납태족자치주(西雙版納傣族自治州)의
남나산(南糯山)에 자생하는 운남대엽종의 차나무로부터
차엽을 수확하는 소수민족의 여성.

열매와 꽃을 동시에 볼 수 있는 실화상봉수(實花相逢樹)인 차나무.

테루아적 기후 조건

이와 같이 특정한 지리적 위치에 놓인 보이차의 산지는 열대, 아열대의 기후 유형에 속하면서 '입체기후(立體氣候)'를 보이는 것이 큰 특징이다.

보이차 산지의 기후는 전반적으로 온난한 편에 속한다. 여름에는 '혹서(酷暑)'가 없다. 그리고 강우 일수가 많고 운무도 심하다. 겨울에는 최저 온도가 -6도 이상으로서 '혹한(酷寒)'이 없다. 평균 강우량은 800mm 이상으로 많고, 연평균 습도도 70~80%로 높은 편에 속한다. 연간 누적 일조 시간은 2000시간 이상으로 많은 편인데, 특히 겨울을 지나고 초여름에 이르는 동안에 더 많다. '활동적온(活動積溫)'(연간 누적 노출 온도)은 약 4600도 이상이다.

보이차의 생산에 사용되는 차나무와 차엽들

보이차 생산을 위한 주요 차나무 품종의 특징

보이차는 야생종에서부터 재배종에 이르기까지 매우 다양한 차나무로부터 차엽을 따서 생산하고 있다. 그러한 가운데 보이차의 품질을 향상시키기 위해 보이차 업계에서도 중점적으로 재배하는 품종들이 있다.

보이차는 일반적으로 차엽에 함유된 폴리페놀, 아미노산 등 중요 화합물의 함유량이 많을수록 더 우수한 품질로 평가된다. 그리고 새싹의 외관과 몸체가 튼실하고, 잔털과도 같은 '용모(茸毛)'가 많이 나 있으면 고품질로 평가된다. 이러한 특성들은 테루아적 환경 요소에 크게 좌우될 뿐만 아니라 차나무의 품종에 따라서도 많이 달라진다. 여기서는 오늘날 보이차의 생산을 위해 주로 사용되는 차나무의 품종들을 간략히 소개한다.

1. 맹해대엽차(勐海大葉茶)

학명 : *Camellia sinensis* var. *assamica*
원산지 : 중국 운남성 맹해현(勐海縣) 남나산(南糯山)
국가품종번호 : GS13014-1985

이 품종은 '남만차(南蠻茶)' 또는 '불해차(佛海茶)'라고도 한다. 교목형(喬木形)의 차나무로서 대엽종에 속하는 조생종(早生種)이다. 찻잎의 수확기가 가장 빠른 품종이다. 1985년에 '전국농작물품종심사평가위원회'에서 국가 우량 품종으로 지정되었다. 원산지는 운남성 맹해현(勐海縣) 남나산(南糯山) 일대이다. 주로 운남성 남부를 포함해 사천성(四川省), 광서성(廣西省), 귀주성(貴州省), 광동성(廣東省) 등에 광범위하게 분포하고 있다.

차나무는 매우 높게 자라고 중심 둥치가 분명하다. 잎은 긴 타원형으로서 비교적 크다. 봄에 첫 수확은 3월 초순에 이루어진다. 3월 중순이면 일아삼엽(一芽三葉)이 매우 무성해진다. 이 차엽으로는 보이차 외에 홍차나 녹차도 생산한다.

맹해현 격랑화합니족향(格朗和哈尼族鄕)에 위치한 남나산과 사모(思茅) 일대에 분포하는 맹해대엽종의 차엽.

맹랍현 이무산(易武山) 일대에 분포하는 이무녹아차(易武綠芽茶) 품종의 차엽들.

특히 맹해차창(勐海茶廠)에서는 이 차엽으로부터 '운남칠자병차(雲南七子餠茶)'를 많이 생산하고 있다.

2. 이무녹아차(易武綠芽茶)

학명 : *Camellia sinensis* var. *assamica*
원산지 : 중국 운남성 맹랍현(勐臘縣) 이무향(易武鄕) 일대

이 품종은 교목형 대엽종의 중생종(中生種)이다. 중생종은 찻잎의 수확기가 조생종보다는 늦은 품종이다. 원산지는 운남성 맹랍현(勐臘縣) 이무향(易武鄕) 일대이고, 주로 운남성 남부와 서부에 분포하고 있다.

가지는 매우 여린 편이고 갈리는 분지(分枝)가 적다. 또 가지에 수평으로 돋아난 잎에는 잔털인 '용모(茸毛)'가 많다. 차엽은 녹색이며 매우 큰 타원형이다. 엽질은 매우 연하고 부드럽다. 새싹은 비교적 살지고 튼실하다. 녹색에 자색의 가는 띠가 있다.

첫 수확기는 3월 초순이다. 3월 하순이면 '일아삼엽(一芽三葉)'이 무성해진다. 찻잎의 수확률은 중간급이다. 진드기의 일종인 소록엽선(小綠葉蟬, *Empoasca fomosana* Paoli)에 저항성이 좋지만 내한성은 약하다. 이 차엽으로는 보이차 외에 홍차도 생산한다.

운남성 원강현과
베트남 일대에 많이 자생하는
원강나차 품종의 묘목.

3. 원강나차(元江糯茶)

학명 : *Camellia sinensis* var. *pubilimba*
원산지 : 중국 운남성 원강현(元江縣) 양차가향(羊岔街鄕)과 저가(猪街) 일대

이 품종은 '연차(軟茶)'라고도 한다. 소교목형 대엽종에 속하는 중생종이다. 원산지는 중국 운남성 원강현(元江縣) 일대이고, 주로 운남성의 옥계(玉溪) 지역을 포함한 남부와 서부에 분포하고 있다.

이 품종은 생장성이 강하고 비교적 높게 자란다. 둥치가 뚜렷하고 가지가 갈리는 분지가 비교적 많다. 여린 가지에도 융모가 빽빽이 나 있다. 차엽은 수평으로 돋거나 아래로 늘어진다. 잎은 타원형으로서 매우 크다.

또한 차엽은 녹색이나 진녹색을 띠면서 광택이 돈다. 잎의 끝 모서리는 뾰족하다. 엽질은 순하고 부드럽고 표면에는 융모가 매우 많다. 봄에 첫 수확기는 3월 중순이고, 4월 초순이면 일아삼엽도 무성해진다. 차엽의 생산성은 높지만 내한성과 충해에 약하다. 이 차엽으로는 보이차 외에 홍차도 생산된다.

4. 경곡대백차(景谷大白茶)

학명 : Camellia sinensis var. assamica
원산지 : 중국 운남성 경곡현(景谷縣) 민락향(民樂鄉) 앙탑촌(秧塔村) 일대

운남성 경곡현(景谷縣) 일대를 원산지로 하는 매우 독특한 대백차 품종이다. 일반의 대백차 품종과는 별도로 구분하여 부른다. 차나무는 교목형으로서 대엽종의 중생종이다. 운남성 남부와 서부의 차 산지뿐만 아니라 다른 성의 차 산지에서도 재배되고 있다. 차나무는 매우 높고 크게 자라고 가지의 분지가 많다. 잎은 넓적한 타원형으로서 매우 크고 아래로 늘어진다. 잎의 끝 모서리는 뾰족하고 색은 진녹색이다. 엽질은 매우 순하고 부드러우면서 용모가 매우 많다. 생장성이 아주 강하고 발아도도 고른 편이다. 봄의 첫 수확기는 3월 초순이다. 차엽의 생산성이 높지만 내한성과 충해에 저항력이 약하다. 차엽으로는 보이차 외에 녹차, 청차(우롱차), 홍차도 생산한다.

잎이 비교적 크고 기다란 경곡대백차 품종의 차나무.

5. 운항(雲抗) 10호(號)

학명 : Camellia sinensis var. assamica
원산지 : 중국 운남성농업과학원차엽연구소에서 품종 개발
국가품종번호 : GS13020-1987

중국 '운남성농업과학원차엽연구소(雲南省農業科學院茶葉研究所)'에서 개발한 재배종이다. 1973년~1985년까지 맹해현의 남나산 일대에 군집하는 차나무 중에서 몇몇 개체를 선별

한 뒤 계통 육성한 품종이다. 그 뒤 운남성 서쌍판납(西雙版納), 보이(普洱), 임창(臨滄), 보산(保山) 등에서 대규모로 재배된 뒤 사천성(四川省), 귀주성(貴州省) 등에서도 널리 재배되고 있다.

차나무는 교목형으로서 대엽종의 품종이다. 무성생식으로 번식시킨다. 차나무는 매우 높이 자라고 생장 속도도 빠르다. 차엽은 긴 타원형이고 발아력이 강하다. 1987년 '전국농작물품종심사평가위원회'에서 국가 우량 품종으로 공인을 받았다. 차엽으로는 보이차 외에 홍차도 생산한다.

6. 운항(雲抗) 14호(號)

학명 : *Camellia sinensis* var. *assamica*
원산지 : 중국 운남성농업과학원차엽연구소에서 품종 개발
국가품종번호 : GS13051-1987

중국 운남성농업과학원차엽연구소에서 개발한 재배종이다. 운항 10호와 마찬가지로 1973년~1985년에 맹해현 남나산의 차나무 군락지에서 개체를 선별한 뒤 계통 육성한 품종이다. 운남성 서쌍판납태족자치주, 보이, 임창, 보산에서 대규모로 재배되었고, 그 뒤 사천성, 광동성, 광서성, 호남성, 복건성 등에서 널리 재배되었다.

운항 14호는 무성생식으로 번식시킨다. 운항 10호와 차나무의 특성이 거의 동일하다. 교목형 대엽종의 중생종이다. 1987년에 운항 14호는 10호와 마찬가지로 국가농작물품질심사평가위원회에서 국가 우량 품종으로 공인되었다. 차엽으로는 보이차 외에 홍차, 녹차도 생산한다.

7. 운선(雲選) 9호(號)

학명 : *Camellia sinensis* var. *assamica*
원산지 : 중국 운남성농업과학원차엽연구소에서 품종 개발
성급품종번호 : 전차(滇茶) 10호.

중국 운남성농업과학원차엽연구소에서 개발한 재배종이다. 1975년~1995년에 운남성 쌍강현(雙江縣) 맹고진(勐庫鎭) 일대에 군락하는 차나무에서 선별한 개체로부터 계통 육성

한 품종이다. 지금은 서쌍판납, 보이, 임창, 대리 등에서 재배되고 있다. 1999년에는 운남성농작물품질심사평가위원회에서 성급(省級) 품종으로 지정되었다.

이 차나무는 교목형 대엽종의 중생종이다. 무성생식으로 번식하는데, 꺾꽂이법에 강하다. 둥치가 뚜렷하고 가지가 갈라지는 분지가 비교적 많다. 새싹의 생장성이 매우 강하다. 차엽은 긴 타원형으로 녹색이다. 잎의 모서리 끝은 뾰족하다. 엽질은 매우 순하고 잔털인 용모가 많다. 봄의 첫 수확기는 3월 중순이다. 다른 재배종보다 차엽에 '티 폴리페놀(tea polyphenol)'과 카테킨 성분이 많이 함유되어 있다. 내한성이 약한 단점이 있다. 차엽으로는 보이차 외에 홍차로도 생산된다.

8. 쌍강맹고대엽차(雙江勐庫大葉茶)

학명 : *Camellia sinensis* var. *assamica*
원산지 : 중국 운남성 쌍강현(雙江縣) 맹고진(勐庫鎭) 빙도촌(冰島村) 일대
국가품종번호 : GS13012-1985

'쌍강맹고종(雙江勐庫種)'이라고도 한다. 원산지는 운남성 쌍강현(雙江縣) 맹고진(勐庫鎭) 빙도촌(冰島村) 일대이지만, 오늘날에는 운남성 남부 각지에서 재배되고 있다. 그 밖에도 사천성, 귀주성, 광동성, 광서성, 해남성, 호남성 등에서 광범위하게 재배된다. 1985년에 국가농작물품종심사평가위원회에서 국가 품종으로 공인을 받았다.

이 품종은 교목형으로서 대엽종의 조생종이다. 차나무의 둥치는 높고 거대하게 자란다. 차엽은 수평으로 또는 아래로 늘어지면서 자란다. 모양은 긴 타원형이다. 차엽으로는 보이차 외에 홍차, 녹차도 생산한다.

차엽의 크기가 매우 큰 교목형 대엽종의 쌍강맹고대엽차 품종.

9. 봉경대엽종(鳳慶大葉種)

학명 : *Camellia sinensis* var. *assamica*
원산지 : 중국 운남성 봉경현(鳳慶縣) 일대
국가품종번호 : GS13012-1985

'봉경대엽차(鳳慶大葉茶)'라고도 한다. 원산지는 중국 운남성 봉경현(鳳慶縣) 일대이며, 오늘날에는 사천성, 귀주성, 광동성, 광서성, 해남성, 호남성 등에서 널리 재배된다. 1985년 전국농작물품종심사평가위원회에서 국가 품종으로 공인을 받았다.

이 품종은 교목형으로서 특대엽류에 속하고 조아종(早芽種)이다. 즉 일찍 싹이 트는 종이다. 차나무의 둥치는 높고 크게 자라고, 가지가 갈리는 분지도 높은 위치에서 일어나지만 분지의 빈도수는 비교적 적은 편이다. 차엽은 타원형이고 색상은 녹색이다. 차엽의 끝 모서리는 뾰족하다. 봄의 첫 수확기는 3월 초순이다. 3월 하순~4월 초순이면 일아삼엽이 무성해진다. 내한성은 쌍강맹고대엽차, 맹해대엽차보다 더 강할 정도로 우수하다. 이 차엽으로는 보이차 외에 녹차와 홍차도 생산된다. 특히 이 품종으로 생산된 '전홍(滇紅)' 브랜드의 홍차는 중국산 홍차 중에서도 최고급이다.

교목형 특대엽종에 속하는 국가급 품종인 봉경대엽종.

보이차 생산의 주요 차나무 품종과 특징

비고	주요 품종/공인 여부	주요 특징
1	맹해대엽차(勐海大葉茶)/국가 품종	교목형 대엽종의 조생종, 잎은 큰 타원형, 첫 수확기 3월 초순.
2	이무녹아차(易武綠芽茶)	교목형 대엽종의 중생종, 잎은 매우 큰 타원형, 엽질은 매우 연함, 분지가 적고 잔털인 용모가 많음, 추위에 약하지만 충해에 강하다, 첫 수확기 3월 초순.
3	원강나차(元江糯茶)	소교목형 대엽류의 중생종, 잎은 매우 큰 타원형이고 광택이 있음, 분지가 많고 용모가 매우 많음, 첫 수확기는 3월 중순.
4	경곡대백차(景谷大白茶)	교목형 대엽종의 중생종, 잎은 넓적한 타원형, 발아력이 강하지만 추위나 병해에 저항력이 약함, 첫 수확기는 3월 초순.
5	운항(雲抗) 10호(號)/국가 품종	품종 개량한 재배종, 교목형 대엽종, 무성생식에 강하고 발아력도 강함.
6	운항(雲抗) 14호(號)/국가 품종	품종 개량한 재배종, 교목형 대엽종, 무성생식 번식, 운항 10호와 비슷함.
7	운선(雲選) 9호/성급 품종	교목형 대엽종 중생종, 무성생식에 강함, 분지가 많음, 새싹의 생장성이 강함, 용모가 많음, 티 폴리페놀과 카테킨 함유량 많음, 첫 수확기는 3월 중순.
8	쌍강맹고대엽종(雙江勐庫大葉種)/국가 품종	교목형 대엽종의 조생종, 둥치가 높고 거대하게 성장.
9	봉경대엽종(鳳慶大葉種)/국가 품종	교목형 특대엽류의 조아종, 둥치가 높고 크게 성장, 분지의 위치가 높음, 첫 수확기는 3월 초순, 유명 홍차 브랜드 '전홍(滇紅)'의 차엽으로 더 유명함.

출처 : 中國茶文化協會

그 밖의 산지에 따른 운남대엽차의 견본들

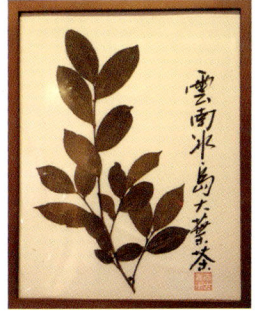
운남 빙도대엽차(氷島大葉茶)

운남 반장대엽차(班章大葉茶)

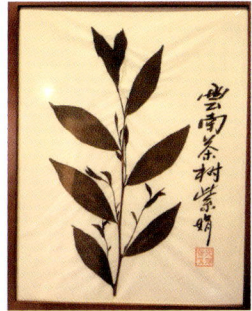
운남 차수엽연(茶樹葉娟)

운남 보이차(普洱茶)

운남 의방대엽차(倚邦大葉茶)

운남 이무대엽차(易武大葉茶)

키가 높게 자라는 교목형 차나무.

가지가 많고 낮게 자라는 관목형 차나무.

PART 1 ◆ 보이차(普洱茶)의 기초

운남대엽종 야생형 차나무와 재배형 차나무의 주요 차이

항목	야생형 차나무	재배형 차나무
유형	고대교목(高大喬木), 소교목(小喬木)	소교목(小喬木), 관목(灌木)
엽편	잎이 크다, 길이 10~25cm, 각질층이 두껍다, 잎이 부드럽지 못하고 거칠다, 잎맥이 불분명하다, 잎 표면은 수평이거나 약간 볼록하다, 잎 가장자리에 요철이 없다.	길이 6~15cm, 잎이 비교적 부드럽고 두껍다, 잎맥이 분명하다, 잎 가장자리는 미세한 요철이 있다.
아엽 (새싹)	월동 후 새싹 인편(鱗片)은 3~5매, 녹색 또는 황록색 또는 말단 부위가 연자색이다, 잔털인 용모(茸毛)는 적거나 없다.	월동 후 새싹 인편은 2~3매, 녹색 또는 황록색 또는 연녹색이다, 용모가 많거나 적다.
화관(花冠)	지름 4~8cm, 꽃잎 8~15매, 흰색, 두껍다.	지름 2~4cm, 꽃잎 5~8매, 흰색 또는 연녹색, 드물지만 미적색도 있다
열매	지름 3~5cm, 과피 두께 0.2~1.2cm, 과피가 목질화되어 강하다.	지름 2~4cm, 과피 두께 0.1~0.2cm, 과피가 얇고 비교적 질기다.
종자	지름 2cm 내외, 종피가 거칠고 투박하다, 갈색 또는 진갈색을 띤다, 구형 또는 송곳형이다.	지름 1~2cm 종피가 매끄럽고 광택이 난다, 대부분 다갈색이다, 대부분 구형이다.
함유 성분	아미노산, 티 폴리페놀, EGCG의 함유량이 낮은 편이다. 페닐알라닌의 함유량은 높은 편이다.	아미노산 함유량이 비교적 높다, 티 폴리페놀의 함유량은 20~40%, EGCG의 차지 비중이 크다, 페닐알라닌의 함유량은 낮은 편이다.

출처 : "Journal of Tea Science"/茶葉科学 2002, 22(2) : 105-108
"中國野生大茶樹的地理分布、多样性及其利用价值"/王平盛, 虞富莲

보이차의 생산에 사용되는 다양한 차엽들

한편, 보이차에 사용되는 차엽은 차나무의 서식 형태에 따라서 몇 가지로 나눠 볼 수 있다. 즉 험준한 산지의 야생 차나무로부터 수확한 '야생차(野生茶)'에서부터 사람의 손길로 잘 관리된 차원에서 수확한 일명 '재배차(栽培茶)', 에코시스템, 생태시스템을 적용한 '생태차(生態茶)' 등이다. 여기서는 자연에서 다양한 형태로 서식하고, 또는 차원에서 인공적으로 재배되는 차나무로부터 수확한 차엽의 몇몇 종류에 대해 알아본다.

인공재배차(人工栽培茶)

인류가 오래전부터 야생 차나무를 선택해 재배하거나 그것을 새로운 품종으로 개량해 온 차나무를 차원에서 인공적으로 재배하여 수확한 차엽이다. 오늘날에는 사람에 의해 조성된 작은 규모의 차밭이나 대규모의 차원에서 인공적으로 재배되거나 품종 개량된 차나무로부터 수확된다. 동백나무속 차나뭇과인 차나무, 즉 카멜리아 시넨시스종(*Camellia sinensis*)은 유전적으로 변종성이 강한 식물이다. 따라서 차원에서는 사람들이 차나무의 우수한 형질을 일정하게 유지시키기 위해 관리 작업을 지속적으로 진행해야 한다. 특히 차나무의 번식 작업에서는 형질의 변화를 예측하기 어려운 파종법보다는 꺾꽂이법과 같은 무성생식을 통해 모세대의 우수한 형질을 후세대로 유지 및 계승하고 있다. 이러한 차엽으로 만든 차는 일반적으로 맛과 향이 좋다. 왜냐하면 사람이 먹기에 적합하도록 개량되었기 때문이다.

야생차(野生茶)

오랜 세월 자연환경 속에서 적자생존을 통해 살아남은 차나무로부터 수확한 차엽이다. 운남성에는 차나무의 원산지인 만큼, 곳곳에서 야생 차나무들이 자라고 있고, 더욱이 수령이 수백 년이나 되는 것들도 많다. 야생차는 이와 같이 사람의 인위적인 손길을 받지 않은 채 자연 상태로 자란 차나무로부터 수확한 차엽이다. 특히 수령이 적어도 100년 이상으로 오래된 야생 차나무나 그로부터 수확한 차엽을 '고수차(古樹茶)'라고도 한다. 오늘날 건강에 대한 관심의 고조로 청정 지역에서 무공해로, 자연적으로 재배하는 바이오다이내믹농법이 각광을 받으면서 야생차의 가치도 시장에서 점점 더 올라가고 있다. 중

차원에서 관리되는 인공 재배형 차나무의 모습.

자연 속에서 자라는
야생차형 차나무의 모습.

생태 시스템적으로 관리되는
생태차의 차나무 모습.

국의 일부 소수민족들은 이러한 차엽으로 만든 차가 '쓴맛'이 강하다고 하여 '고차(苦茶)'라고 부르기도 한다.

반야생차(半野生茶)/과도기형(過渡期型) 품종차

야생 차나무와 인공 재배형 차나무의 중간 형질을 보이는 과도기형(過渡期型) 품종의 차나무로부터 수확한 차엽이다. '과도기형 품종차'라고 하는 이유는 '꽃'과 '열매'는 야생 차나무의 형질을 보이고, '새싹', '잎', '가지'의 특징은 인공 재배형 차나무의 형질을 보이기 때문이다. 이러한 유형의 차나무가 발견됨으로써 오래전 야생 차나무와 오늘날 인공 재배형 차나무의 잃어버린 연결 고리를 찾은 것이다. 이에 대해서는 오래전 야생차가 사람의 관리를 받고 재배되다가 방치되어 자연 상태에서 진화를 이루었을 것으로 보는 사람도 있다. 이러한 과도기형 품종에서 수확한 신선한 새싹과 차엽들은 오늘날에 보이차의 원재료로 많이 사용되고 있다.

생태차(生態茶)

오늘날 전 세계적으로 친환경적인 농법이 각광을 받음에 따라 차밭이나 차원에서도 에코시스템, 즉 생태학적인 농법이 많이 적용되고 있다. 생태차(生態茶)는 이러한 시스템이 적용되는 차나무로부터 수확한 차엽이다. 이는 차나무의 생장에 생태적인 환경을 조성하여 차원의 지속가능성을 확보하고, 농약과 살충제 등을 거의 사용하지 않아 환경오염을 막아서 사회적 비용도 줄일 뿐만 아니라, 소비자의 건강도 담보하기 위해 생산되는 차엽의 형태이다. 이러한 형태의 재배는 비단 중국의 보이차 산지에서뿐만 아니라, 서양인들이 즐겨 마시는 홍차 생산지에서도 점점 더 확대되고 있다.

그 밖의 차엽

그 밖에도 보이차에는 '교목차(喬木茶)'와 '관목차(灌木茶)'라는 차엽도 사용된다. 문자 그대로 각각 교목형 차나무와 관목형 차나무에서 각각 수확한 차엽을 일컫는다. 또한 오랫동안 방치된 차원에서 차나무가 사람의 손길을 거치지 않고 자라면서 자연히 유기농, 무농약으로 생산되는 차엽도 있다.

새롭게 돋아난 새싹들(왼쪽)과 일아이엽의 모습(오른쪽).

보이차 차엽의 다양한 품질 등급

중국에서는 앞서 언급한 수많은 유형의 차엽들을 원료로 사용하고, 여기에 각 산지, 차창마다 독특한 가공 방식을 가하여 다양한 형태의 보이차들을 생산하고 있다. 그런데 보이차의 원료인 차엽에는 품질 등급이 있다. 이 품질 등급은 보통 차엽의 성숙도를 기준으로 나눈다. 일반인들에게도 잘 알려진 '10등급' 체계가 대표적이고, 그 밖에도 '특급 및 5등급'으로 분류한 것도 있다. 여기서는 오른쪽 페이지의 표와 함께 보이차의 원료로 사용하기 위해 차나무에서 딴 차엽인 '차청(茶菁)', 또는 '선엽(鮮葉)'의 등급을 소개한다.

차청은 10등급 체계에서는 5~6등급을 일반적인 보통 등급의 차엽이라고 볼 때, 등급의 숫자가 이보다 낮아질수록 성숙이 덜되고 어린잎에 가깝고, 등급의 숫자가 이보다 더 높아질수록 성숙도가 높아지면서 노엽(老葉)에 속한다. 참고로 이 품질 등급은 나중에 다루게 될 보이차 상품 거래 코드인 네 자릿수 '맥호(嘜號)'에서는 앞에서 세 번째 자릿수에서 표시된다.

한편, 보이차의 생산에서는 특히 '배합(配合)', '증차(蒸茶)', '후발효(後醱酵)', '진화(陳化)' 등 독특한 가공 과정을 거치기 때문에 다른 차류와는 달리 어린 차엽을 사용하였다고 하여 풍미가 반드시 좋은 것이 아니고, 반대로 노엽을 사용하였기 때문에 품질이 나쁜 것도 아니다. 그리고 차엽은 보통 새싹과 그 아래로 세 번째까지 돋아난 잎, 즉 일아일엽(一芽一葉), 일아이엽(一芽二葉), 일아삼엽(一芽三葉)까지 주로 사용하고, 일아사엽(一芽四葉)도 종종 사용하기도 한다.

차청(茶菁)의 10등급 체계(차엽 성숙도 기준)

: 맥호의 표시 위치(●) : '○○●○'

차청 등급	새싹과 차엽의 조성	최종 산품 보이차
1~2급	매우 작고 여린 새싹과 새순	주로 보이타차, 보이산차
3~4급	새싹과 함께 약간 어린 차엽 포함	주로 보이병차, 보이원차
5~6급	일반적인 성숙도와 크기의 차엽	주로 보이전차
7~8급	성숙도가 높고 잎이 대엽	주로 보이숙산차
9~10급	성숙도가 매우 높고 특대엽인 노엽	주로 보이숙산차

출처 : 中國茶文化協會

원료인 '선엽(鮮葉)'의 등급 분류

선엽 등급	차아(茶芽) 함유비
특급	일아일엽 70% 이상, 일아이엽 30% 이하
1급	일아일엽 70% 이상, 균일한 눈도(嫩度)의 기타 아엽 30 % 이하
2급	일아이엽, 삼엽 60% 이상, 균일한 눈도의 기타 아엽 40% 이하
3급	일아이엽, 삼엽 50% 이상, 균일한 눈도의 기타 아엽 50% 이하
4급	일아삼엽, 사엽 70% 이상, 균일한 눈도의 기타 아엽 30% 이하
5급	일아삼엽, 사엽 50% 이상, 균일한 눈도의 기타 아엽 50% 이하

* 눈도(嫩度) : 어리고 연한 정도.
* 일아일엽(一芽一葉) : (운남대엽종) 차나무의 새싹과 그 아래의 잎 하나.
* 일아이엽(一芽二葉) : 차나무의 새싹과 그 아래의 두 잎까지.
* 일아삼엽(一芽三葉) : 차나무의 새싹과 그 아래의 세 잎까지.
* 일아사엽(一芽四葉) : 차나무의 새싹과 그 아래의 네 잎까지.
* 선엽(鮮葉) : 갓 딴 신선한 차엽인 '차청(茶菁)', 또는 아직 가공 과정을 거치기 전인 원료차를 뜻한다.

알아두면 좋은 지식

◆ 핫 브랜드 보이차! ◆

맹고대설산(勐庫大雪山)의 야생차(野生茶)

이 야생차(野生茶) 상품은 운남성 쌍강현 맹고진(勐庫鎭) 경내의 대설산(大雪山)이 산지인 보이차이다.

대설산은 해발고도 2200m~2800m인 곳에 매우 유명한 맹고대설산야생고차수군락(勐庫大雪山野生古茶樹群落)이 분포하고 있다. 이 군락은 야생 맹고대엽차(勐庫大葉茶)의 중요한 산지이다. 이곳 대설산의 1호 고차수는 수령이 2700년이나 되는 것으로 알려져 큰 화제를 모았다.

대설산은 한때 대나무숲이 빽빽이 밀집하여 외부와의 장벽을 이루면서 일부 지역이 격리되어 있었는데, 1997년 가뭄으로 대나무숲이 황폐화되면서 그 너머의 분포 면적 1.2만묘(万亩), 즉 약 800ha에 달하는 대규모의 고차수림이 발견되었다고 한다.

이 맹고대설산야생고차수군락은 지금까지 발견된 고차수 자생지 중에서도 해발고도가 가장 높고, 분포 면적도 가장 넓으며, 차나무의 군체 밀도도 가장 높은 야생고차수군락으로 전문가들로부터 평가를 받으면서 쌍강현이 보이차의 세계에서도 일약 유명 산지로 이름을 날리게 된 계기가 되었다. 그 이후 지금까지도 맹고대설산의 고차수로 생산된 야생차는 그 인기를 더해 가고 있다.

보이차의 재료차인 '모차(毛茶)'

모차(毛茶)의 가공 과정

한편, 보이차는 개정 표준 규정에서 '특정한 가공 과정'으로 생산된다고 언급되고 있다. 이 보이차의 가공 과정은 다른 차류와 마찬가지로 매우 독특하다. 보이차를 만들기 위해서는 먼저 원료차를 만들어야 한다. 이 원료차를 보이차의 세계에서는 '모차(毛茶)', '모조(毛條)'라고 한다.

이 모차를 원재료로 하여 각기 다른 가공 과정을 거쳐 '보이생차(普洱生茶)', 또는 '보이숙차(普洱熟茶)'로 만드는 것이다. 결국 보이차의 생산은 원료차인 모차의 가공 과정에서부터 시작된다고 할 수 있다.

모차(毛茶)의 정의

보이차의 경우에도 다른 농산품들과 마찬가지로 원재료의 품질이 최종 산품의 품질에 큰 영향을 준다. 따라서 보이차의 원료차인 '모차(毛茶)'의 품질이 좋아야 보이생차든지, 보이숙차든지 간에 최종 산품의 품질이 좋아진다. 모차는 운남대엽종의 차엽으로 최종적으로 햇볕에 말리는 '쇄청'의 과정을 통해 만들어지기 때문에, '운남대엽종쇄청차', '보이쇄청차', '전청', 그리고 모차의 가공 과정이 일부를 제외하고 일반적으로 녹차의 가공 과정과 대부분 비슷하기 때문에 '쇄청녹차'라고도 한다. 그런데 어느 경우이든지 간에 보이차의 생산을 위한 원료차로 사용될 경우에는 통상 '모차'라고 부른다.

보이차의 원료차인 모차.
햇빛에 건조되고 있는 모습.

채엽한 찻잎(왼쪽)과 그 찻잎을 바구니에 담아 가공공장으로 운송하는 모습(오른쪽).

● 모차 가공 과정
①선엽(鮮葉) 채집 → ②탄량(攤涼)/위조(萎凋) → ③살청(殺青) → ④유념(揉捻) → ⑤해괴(解塊) → ⑥일광건조(日光乾燥)/쇄청(晒青)

선엽(鮮葉) 채집

'선엽 채집'이란 한마디로 운남대엽종의 차나무에서 신선한 찻잎을 따는 작업이다. '채엽(採葉)' 또는 '채적(采摘)'이라고 한다. 가공하려는 최종 산품인 차의 종류에 따라 차엽을 따는 부위와 기준도 다르다. 녹차가 보통 '일아일엽(一芽一葉)'을 위주로 채엽하는 것과는 달리, 보이차는 '일아이엽(一芽二葉)'을 위주로 채엽한다. 물론 차나무의 품종에 따라서 '일아삼엽(一芽三葉)'을 위주로 채엽하는 경우도 있다. 그러나 일반적으로 일아이엽의 선엽이 성숙도, 함유 성분의 측면에서 보이차를 만들기에 가장 좋은 상태이다. 그러한 원료를 바탕으로 보이차를 만들어야 창고에서의 저장 과정인 '진화(陳化)'에서도 훌륭한 품질을 보증할 수 있다.

탄량(攤涼)/위조(萎凋)

탄량(攤涼)은 수확한 선엽을 건조대에 늘어놓아 수분을 일부 줄여서 시들게 만든 뒤 연화시켜 그 다음 과정을 보다 쉽게 진행할 수 있도록 만드는 작업이다. 이 과정에서 산화

바닥(왼쪽)이나 건조대(오른쪽)에서 수분을 줄이는 탄량(攤涼) 과정.

(酸化)도 일부 일어나 최종 상품의 맛과 향에 영향을 주기도 한다. 보통 '위조(萎凋)'라고도 한다.

신선한 차엽을 15~20cm 정도의 두께로 펼쳐 놓고 건조시킨다. 벽록색(碧綠色)의 차엽에서 흑록색(墨綠色)으로 변색이 관찰되고, 차엽이 연하고 부드러워지면서 무게가 약 20~25% 정도 줄어들면 위조가 적당히 진행된 것이다. 이 과정을 거치면 다음의 살청(殺靑) 과정을 순조롭게 진행할 수 있고 품질도 향상된다. 운남대엽종의 차엽을 펼쳐 놓는 도중에는 차엽을 뒤집는 횟수를 최대한 줄인다. 가장 바람직한 것은 뒤집지 않는 것이고, 만약 뒤집는다면 매우 조심스레 1~2차례 뒤집어 준다. 운남대엽종의 차엽은 위조가 진행되면서 유연해지는데, 이때 뒤집는 과정에서 차엽이 매우 쉽게 손상을 받아 '홍변(紅變)'이 발생할 수도 있다.

살청(殺靑)

살청은 차엽의 세포벽을 파괴하여 방향성 성분과 산화 효소가 배어 나오도록 한 뒤 열을 가해 변성시켜 산화 반응이 일어나지 않도록 하는 작업이다. 모차를 가공하는 과정인 살청에는 솥(팬)에서 비비고 덖는 '과초살청(鍋炒殺靑)'과 원통형 실린더에 넣어서 덖는 '곤통살청(滾筒殺靑)'이 있다.

● 과초살청(鍋炒殺靑)

솥(팬)에서 차엽을 비비고 덖는 작업이다. 보통 '초청(炒靑)'이라고도 한다. 이때 솥(팬)의 조절 온도는 240도~300도 정도이다. 원료인 차엽의 질기고 연약한 정도가 같지 않기 때문에 그 상태에 따라서 솥(팬)에 차엽을 넣는 양, 즉 '투차량(投茶量)'을 조절한다. 보통 봄, 가을에 수확한 차엽인 춘차(春茶), 추차(秋茶)의 투차량은 많이 하고, 여름에 수확한 차엽

뜨거운 팬에 차엽을 놓고 직접
손으로 진행하는 과초살청(鍋炒殺青).

원통형 기계에 차엽을 넣어 살청하는
곤통살청(滾筒殺青).

인 하차(夏茶)의 투차량은 적게 한다.

이러한 살청 과정을 거치면 차엽의 색상이 청록색으로 변하는데, 손으로 쥐어 둥글게 뭉쳐 주면서 겉면을 태우지 않도록 하면 차엽에서 '청향(淸香)'이 난다. 이 청향이 나면 살청이 적당히 이루어진 것이다. 짚단(풀단)을 사용해 찻잎을 움켜쥐고 쓸어 주면서 뜨거울 때 다음 과정인 유념(揉捻) 과정에 들어간다.

● 곤통살청(滾筒殺青)

차엽을 회전식 실린더인 곤통(滾筒)에 넣고 살청하는 작업이다. 실린더 내의 온도는 일반적으로 200도 이상이고, 살청 시에는 수시로 실린더 속의 온도를 점검해 반드시 일정하게 유지해야 한다. 살청이 끝나면 탄 잎이 생기지 않도록 종료하기 약 30분 전에 온도를 내린다. 살청 과정에서도 수시로 차엽의 상황을 점검해야 한다. 살청의 정도가 너무 여리

광주리에 살청된 차엽을 놓고
손으로 압력을 가해 성형하는
수공유념.

빗살무늬의 유념기가 차엽에 압력을 가해
돌리면서 성형하는 기계유념.

고 약하면 균엽기의 레벨을 낮춰 놓아서 투차량을 줄이고, 살청 정도가 너무 강하고 세면 균엽기의 레벨을 높여서 투차량을 늘린다.

유념(揉捻)

유념(揉捻)은 살청 작업을 거친 차엽을 손으로 주무르면서 휘말고 굴려서 비틀린 모양으로 성형하는 과정이다. 이 유념 과정은 비틀린 모양의 차엽을 한데 뭉쳐서 더 강한 힘으로 일정한 모양이 나올 때까지 계속해서 반복된다. 보이차의 유념 방식에는 두 가지가 있다. 손으로 주무르면서 비비고 휘마는 '수공유념(手工揉捻)'과 기계로 강제로 진행하는 '기계유념(機械揉捻)'이 있다.

유념 과정에서 뭉쳐진 차엽을 헤쳐서 풀어 주는 해괴(解塊) 장치.

● 수공유념(手工揉捻)

수공유념에서는 압력을 '약, 중, 강'으로 조절한다. 처음에는 차엽이 비교적 연약하고, 차즙도 나오지 않는다. 이 상태는 아직 유념 단계에 있는 것이 아니다. 그 뒤 압력을 약하게 가하기 시작하면서 중간 시기에 이르면 차즙이 나온다. 이때부터 차엽이 비교적 윤기가 돌기 시작하는 것이다. 그리고 압력이 점차 강해지면 비로소 마지막에 차엽의 기본 모습으로 성형된다. 지나치게 가늘고 기다란 모양이 되는 것을 방지하기 위해 가능하면 약하게 비벼야 한다.

● 기계유념(機械揉捻)

보이차는 원료차인 모차의 연하고 질긴 정도에 따라서 달리 가공해야 한다. 비교적 굵고 질긴 차엽은 유념 과정에서 반드시 압력을 약하게 가해야 하고, 유념기의 회전 속도도 느리게 한다. 더욱이 유념 시간도 짧게 한다. 그렇지 않을 경우에는 차엽에 더 큰 문제가 생긴다. 즉 잎맥이 분리되고 줄기의 껍질이 떨어져 나가면서 탈피된 줄기들이 생긴다.

해괴(解塊)

차엽이 유념 과정을 거치면 뭉쳐진 상태로 있는 것들이 많다. 이러한 상태를 '단괴(團塊)'라고 하고, 이 단괴 상태의 차엽을 헤쳐서 풀어 주거나 분리하는 과정을 '해괴(解塊)'라고 한다. 이 해괴 작업에서 차엽을 흔들어 주거나 모아 주는 등의 작업을 진행하여 유념 과정에서 휘말리거나 비틀어진 모양, 즉 '조색(條索)'과 '긴도(緊度)'(조밀함)를 조절한다. 그러나 차엽의 외형이 가늘고 작으면서 팽팽하게 휘말려 있는 '세눈엽(細嫩葉)'은 해괴 작업이 필요가 없기 때문에 1차 유념 과정이 끝난 뒤 곧바로 체로 골라낸다. 즉 세눈엽과 1, 2급의 차엽은 1차 유념 과정 뒤 해괴 작업에서 체로 쳐서 분리한다. 나머지 차엽에서 비교적

햇볕에 자연적으로 말리는 일광건조(日光乾燥).

'노눈엽(老嫩葉)'의 3급인 차엽들은 2차 유념 과정에서 분리하는데, 도중에 해괴 작업에서 1회 정도 체로 쳐서 분리해 내고, 체 위에 남은 것들은 다시 유념 과정에 들어간다.

일광건조(日光乾燥)

건조는 보통 차엽에서 수분을 최대한 증발시켜 차엽의 특성을 고정시키는 작업이다. 보이차의 가공 과정에서 건조는 주로 햇볕에 약하게 말리는 '일광건조(日光乾燥)'로 진행한다. 이를 보통은 '쇄청(晒青)'이라고 한다.

일광건조의 과정이 끝난 차엽의 수분 함유량은 10% 내외이다. 이 과정을 통해 차엽을 비교적 오랫동안 보존할 수 있을 뿐만 아니라, 최종 산품의 품질도 향상시킬 수 있다. 반면 차엽에 수분 함유량이 너무 많으면, 차엽 내부에서 화학 반응이 과도하게 일어날 뿐만 아니라 미생물의 생장 속도도 빨라서 결국에는 차엽에 곰팡이가 다량으로 발생한다.

'모차(毛茶)'의 완성

이렇게 일광건조(또는 쇄청)의 과정을 통해 1차적으로 만들어진 차엽을 보이차의 세계에서는 '모차(毛茶)' 또는 '모조(毛條)'라고 한다. 운남대엽종의 차엽을 따서 만든 1차 가공 제품이다. 이 모차는 '보이생차(普洱生茶)'와 '보이숙차(普洱熟茶)'의 원료차로 사용된다.

보이생차(普洱生茶)의 가공 과정

> ●보이생차(普洱生茶)의 가공 과정
> ①모차 병배(拼配) → ②사분(篩分)(체로 선별) → ③반완성품 병배 → ④증압 및 성형(蒸壓成形)(긴압)을 통한 긴압차, 또는 산차 → ⑤건조(乾燥) → ⑥포장(包裝)-⑦창고 저장 및 진화

모차의 병배(拼配) 준비

모차가 차창으로 운송되면 그 모차를 표준군과 대조하여 검수한 뒤 재평가하고, 검수 등급에 따라 창고에 입고시켜서 한군데 모아 둔다. 예를 들면, 모차의 수분 함량을 검사한 뒤, 수분 함량이 9%~12%인 1~8등급에 해당되면 차창에 입고시킨다.

사분(篩分)/선별

사분(篩分)은 차엽을 선별 및 분리하고 불순물을 제거하는 작업이다. 차엽에 바람을 불어 보내 크기가 작고 가벼우며 어린 차엽들과, 크고 거칠며 성숙한 차엽들을 분리한다. 전자는 보이긴압차의 겉면 부위를 이루는 '쇄면차(洒面茶)'로, 후자는 보이긴압차의 내부를 이루는 '이차(里茶)'로 사용한다.

반제품의 병배

보이생차의 압력 가공은 일반적으로 '쇄면차(洒面茶)'와 '이차(里茶)'로 나눠 진행한다. 사분(篩分) 작업을 거친 뒤의 반제품인 '사호차(篩號茶)'는 각 보이생차별로 가공 기준군과 대조하여 심사 평가한 뒤, 보이차 겉면의 차엽인 '쇄면차'와 내부의 차엽인 '이차'와 함께 일정 비율로 배합한다. 쇄면차와 이차를 각 사호차에 일정 배합비로 넣고 함께 뭉쳐서 충분히 병배(혼합)한 뒤에 부드럽게 하기 위해 물을 뿌리고 증압(蒸壓) 과정을 진행한다. 이렇게 병배하는 이유는 보이차의 맛과 향에 깊이를 더해 주고, 전체적인 품질도 향상시키기 위한 것이다.

알아두면 좋은 지식

'복방차(復方茶)'와 '단방차(單方茶)'란?

보이긴압차로는 병차, 타차, 전차 등이 있다. 이들 차를 선택해서 구입할 경우에 제일 먼저 중요하게 식별해야 할 것은 긴압차에 사용된 '원재료의 배합(병배)'을 분명하게 확인해야 한다. 이렇게 여러 원료 차엽으로 배합된 차를 '복방차(復方茶)'라고 한다. 복방(復方)이란 원래 한의학에서 두 개 이상의 약재로 조제하는 약방문을 일컫는 말이며, 따라서 복방차는 두 가지 이상의 원재료차를 사용하여 만든 긴압차이다. 긴압차에서 차엽의 배합 비율이 일정치 못하면 품질이 좋지 않다.

한편, 오로지 한 종류의 원재료차를 사용하여 만든 긴압차는 '단방차(單方茶)'라고도 한다. '단방(單方)'의 긴압차라고 해서 품질이 훌륭하거나 맛과 향에 깊이가 더 있는 것도 아니다.

병배에 사용되는 두 품질의 차엽

병배 가공을 거치는 보이긴압차의 품질은 병배에 사용되는 두 품질의 차엽에 의해 크게 달라진다. 이러한 차엽에는 크게 '쇄면차(洒面茶)'와 '이차(里茶)'가 있다.

● 쇄면차(洒面茶)

쇄면차(洒面茶)는 보통 '개면차(蓋面茶)', '면차(面茶)'라고도 한다. 보이긴압차의 겉면에 주로 사용하는 차엽이다. 이 차엽의 등급은 긴압차의 종류에 따라 보통 1~2등급, 3~4등급이다. 긴압차에 사용되는 차엽 중에서도 품질이 가장 높다.

● '이차(里茶)'

이차(里茶)는 보이긴압차 내부에 넣는 차엽이다. 따라서 '두차(肚茶)' 또는 '포심(包心)'이라고도 한다. 차엽의 품질은 쇄면차보다는 비교적 낮다. 보이긴압차 중에서 가장 큰 부피를 차지하는 차엽이다.

보이긴압차는 이와 같은 두 종류의 차엽을 각각 다양한 등급(품질)으로 사용하고, 또는 서로 다른 배합비로 가공하여 전체적인 품질을 형성시킨다. 그런데 긴압차의 종류마다, 생산하는 차창마다, 심지어는 같은 차창 내에서도 그 차엽의 등급과 배합비의 조성이 항상 같지는 않다. 따라서 보이긴압차는 품질과 맛과 향이 저마다 약간씩 다르고, 더 나아가 창고의 저장에서 진화의 과정을 거치면서 최종 상품은 천차만별의 특색을 띠게 된다.

표준군과 대조군을 비교하여 검수하는 모습.

병배를 하기에 앞서 모차를 선별하는 사분 작업.

차엽을 등급별로 일정 배합비로 병배(拼配) 작업하는 모습.

보이차의 '병배(拼配)'와 홍차의 '블렌딩(blending)'

알아 두면 좋은 지식

보이차의 병배와 홍차의 블렌딩 목적은 비슷하다. 양쪽 모두 품질을 균일하게 만들거나 전체적인 품질을 향상시키기 위해 진행하는 작업이기 때문이다. 그러나 구체적인 작업에서는 차이점이 있다.

● 병배(拼配)
보이차를 떡 모양으로 긴압하기에 앞서 차엽을 등급별로 일정한 배합비로 혼합하는 작업이다. 겉면을 이루는 '쇄면차(洒面茶)'와 속을 차지하는 '이차(里茶)'의 배합 비율, 그리고 쇄면차와 이차에 사용되는 차엽의 등급도 달리해 전체 품질을 형성 및 향상하는 것이다.

● 블렌딩(blending)
홍차 생산 시에 그해 작황에 따라 찻잎의 수급이 어려운 경우가 많다. 따라서 작황에 상관없이 일정 품질의 향미를 유지하기 위해 여러 산지, 다른 수확기의 찻잎들을 일정 비율로 블렌딩하거나 더 정밀한 포뮬러를 통해 배합하는 작업이다.

차엽의 무게를 표준화한 뒤(위쪽)
증모에 넣는다(오른쪽).

긴압(緊壓)

증압(蒸壓) 및 성형(成形)은 '긴압(緊壓)'이라고도 하는데, 일반적으로 덩어리를 이룬 차엽, 즉 차괴(茶塊)의 무게를 잰 뒤 증기로 찌고 압력을 가한다. 그 뒤 증압의 틀을 제거하거나 차괴에서 헝겊 자루를 벗기는 등과 같은 다음의 과정을 거친다.

① 차엽의 무게 재기와 증모(蒸模)에 넣기

차엽의 무게를 잴 경우에는 높은 정확도가 요구된다. 무게의 오차가 최대한 ±1%의 범위 내로 들어오도록 해야 한다. 차엽의 무게를 잴 경우에는 동작이 능숙해야 하고, 계량이 정확해야 하며, 또 빨라야 한다. 보이긴압차에서 가장 큰 부피를 차지하는 '이차(里茶)'의 무게를 먼저 잰 뒤에 '쇄면차(酒面茶)'의 무게를 잰다. 그 다음으로 '증모(蒸模)'(증기로 찌는 거푸집 또는 틀)에 부어 넣는다. 이때 넣을 때는 속을 이루는 이차를 먼저 넣은 뒤에 쇄면차를 넣는다.

② 증차(蒸茶)/찻잎 찌기

찻잎을 '증모(찜 틀)'에 넣어 찌는 목적은 찻잎 덩어리, 즉 '차괴(茶塊)'를 부드럽게 하여 압력으로 성형이 쉽게 일어나도록 함과 동시에, 증모가 일종의 '증기로(蒸氣爐)' 역할을 하여 소독과 멸균도 함께 할 수 있기 때문이다. 도관을 통해 증기의 압력을 '작업기'에 전달

차엽에 증기를 쬔다.

전통적인 수작업의 긴압에 사용되는 석모(石模).

수작업의 긴압 방식.

시킬 때, 100도 내외 온도의 수증기를 사용하면 차엽을 신속하게 데울 수 있고, 또 부드럽게 만들 수 있다. 수증기를 차엽 위로 뿜어내면서 잠시 기다리면 차엽이 부드러워지는데, 이때 압력을 가한다. 수증기를 가한 뒤에는 수분이 6~8% 증가하면서 수분의 함유비는 15~18%에 이른다.

③ 가압 및 성형 : 긴압

가압 및 성형은 '수작업의 방법'과 '기계적인 방법'의 두 종류가 있다. 가압 성형에서 중요한 기술은 압력을 적당히 조절하여 '차괴'의 두께가 일정하도록 해야 한다. 특히 압력을 가할 시에 '이차(里茶)'가 틀 밖으로 삐져나오는 것을 방지하기 위해 장치의 설치에 주의가 요구된다. 또한 차괴의 '송긴(松緊)'(긴장도, 탄력도, 신축성의 뜻)도 적당히 유지해야 한다.

④ 퇴모(退模) 또는 거대(去袋)

퇴모(退模)는 증압 틀인 증모(蒸模)를 제거하는 작업, 거대(去袋)는 헝겊 주머니를 벗겨서 제거하는 작업이다. 압력을 가한 뒤에는 증모 내에 있는 차엽을 식혀서 형상을 고정시켜야 한다. 차엽의 형상이 고정되는 것은 식히는 시간이 결정한다. 만약 증모가 비교적 '정

헝겊을 벗기는 거대 작업.

형(定型)'이 좋으면, 압력을 가한 뒤에 약간 방치해 두었다가 틀을 제거하고 차괴에서 헝겊 자루를 벗긴다.

수작업으로 압력을 가해 만든 차괴는 정형을 위하여 식히는 시간이 기계적인 방식보다도 상대적으로 더 길다. 퇴모와 거대를 거친 뒤에는 차병을 가능하면 재빨리 서늘한 장소로 옮겨서 늘어놓는다. 이 과정에서 열기와 수분을 발산시킨 뒤 다시 건조실인 '홍방(烘房)'으로 옮겨 건조시킨다.

건조(乾燥)

전통적인 건조 방식에는 실내에서 바람을 불어 날려서 말리는 '실내풍량건(室內風晾乾)', 햇볕에 말리는 '일광쇄건(日光晒乾)'의 두 방식이 있다. 실내풍량건의 방식은 실내의 건조대 위에 보이생차를 놓은 뒤에 자연스럽게 수분이 빠져나가도록 건조시키면서 최종 완성품의 표준 수분 함량에 이르도록 하는 것이다.

그런데 오늘날에는 '홍방건조(烘房乾燥)'가 가장 보편적으로 사용되고 있다. 이는 보일러의 증기 잔열을 이용하는 방식이다. 증기 잔열을 보일러에서 열 배관을 통해 건조실, 실내에 설치된 건조대의 아래쪽까지 배치된 가온 도관까지 보내 건조를 진행하는 방식이다.

건조실인 홍방의 온도는 40도~60도 사이로 유지해야 하고, 온도가 지나치게 높으면, 균열과 박피, 그리고 겉면은 건조하지만 속은 습한 현상, 잔열로 노랗게 변하는 현상 등이 발생하기 쉽다. 긴압차의 수분 함량은 반드시 13% 이내로 유지되어야 한다.

검사 및 포장

보이차를 건조시키면 비로소 완성차가 만들어진다. 이때 샘플을 채취한 뒤 수분 함량을 검사하고, 단위 무게를 재며, 또 '회함경률(灰含梗率)'(재, 먼지, 가지 등 함유율) 등을 포함하

보이병차를 실내의 건조대에서 말리는 실내풍량건.

보이병차의 차병 포장(왼쪽) 및 통(筒) 단위로 포장하는 작업(오른쪽).

여 품질에 관한 모든 항목을 심사 및 평가한 뒤에 합격으로 처리되면 포장한다. 이 과정에서 차의 내력이 담긴 내비를 차병 중앙에 놓고 내리 누른 뒤 포장한다. 내비는 간단히 말하면 보이차가 생산된 장소나 특성에 관하여 간략히 표기한 종이다. 그 뒤 창고에 입고시켜 저장한다.

창고 저장 및 '진화(陳化)'

보이생차를 일정 기간 동안 그대로 방치해 둔다. 그러면 전체적인 맛인 자미(滋味)가 입맛에 맞게 변화하면서 순정하고 진한 맛, 즉 순후(醇厚)한 맛이 난다. 그리고 차의 성분인 폴리페놀이 산화를 통해 분해되면서, 티 폴리페놀의 전체 함유량도 줄어든다.

찻물(차탕)은 쓰면서도 떫은맛이 약해지고, 확실히 더욱더 '순활(醇滑)'(목 넘김이 순하고 매끄러움)해진다. 향기 속에서는 '청삽(青澁)'(덜 익고 풋풋함)의 느낌이 사라지기 시작하고, 점차 '진향(陳香)'(묵은 향)이 발전하기 시작한다. 보이생차는 저장 과정이 매우 중요하다. 보이차를 쌓아 두는 보관실인 '저방(儲放)'의 환경이 매우 청결해야 '이미(異味)'(이상한 맛)가

창고에 입고하여 적당한 조건에서 숙성을 거치는 진화(陳化) 과정.

보이숙차의 원료차인 모차 준비.

나지 않는다. 또한 온도는 25±3도, 습도는 65%~70%로 유지해야 곰팡이의 발생으로 인한 변질과 오염을 방지할 수 있다.

보이숙차(普洱熟茶)의 가공 과정

● 보이숙차(普洱熟茶) 가공 과정
모차(毛茶) 준비 → 조수(潮水) → 후발효(後醱酵) → 번퇴(翻堆) → 풍건조(風乾燥) → 사분(篩分) → 간체(揀剔) → 병배균퇴(拼配勻堆) → 긴압차(緊壓茶) 또는 산차(散茶) → 건조(乾燥) → 포장(包裝) → 창고 저장 및 진화

모차(毛茶) 준비

보이차 원료, 즉 모차를 먼저 사분(篩分)한다. 즉 쇄면차와 이차로 체로 분리한다. 그 다음에 체로 이물질로부터 차엽을 선별해 분리하는 '간체(揀剔)' 작업을 거친 뒤 건조 작업을 거쳐 수분 함량을 10% 이하로 낮춘다. 수분, 이물질에 관한 검사에 합격하면 비로소 다음 과정에 들어간다.

조수(潮水)

조수(潮水)는 보이차의 원료인 모차에 물을 뿌려 축축하게 만드는 과정이다. 이때 조수(潮水)의 '조(潮)'는 '습기', '눅눅하게 하다', '축축하게 하다'는 뜻이다. 조수는 한마디로 일정량의 깨끗한 물을 모차에 뿌리고 골고루 혼합하는 과정이다. 이 과정을 거쳐야 후발효 작업이 진행된다.

보이숙차의 첫 과정으로서
물을 뿌리는 조수(潮水) 작업.

물을 뿌려 천으로 덮어 적당 온도와 습도를
유지해 후발효 과정을 진행하는 모습.

후발효(後醱酵)

보이숙차의 속성 후발효 과정은 '미생물고태발효(微生物固態醱酵)' 또는 '악퇴(渥堆)'라고 한다. 이 과정은 보이숙차의 가공 과정 중에서도 가장 중요하다. 그 이유는 보이숙차의 독특한 향미와 품질에 결정적인 역할을 하기 때문이다.

이 후발효 과정에 영향을 주는 요인들은 매우 많다. 그중에서도 차엽의 온도, 차엽의 수분 함량, 실내 공기 등은 매우 중요하다. 특히 물의 매개 작용은 가장 중요하다. 보이숙차의 후발효 과정에 들어가기에 앞서 일정량의 물을 가하면, 후발효 과정에서 온도가 적당히 유지되고, 발효가 완료되는 시간도 많이 걸리지 않는다. 만약 물을 뿌려 주지 않으면 차엽은 '탄화(碳化)', 이른바 타서 '소퇴(燒堆)'된다. 그러면 차엽의 향이 낮아지고 차탕의 맛도 약하여 밋밋해진다. 탕색도 어둡고 짙은 홍색을 띠게 된다.

번퇴(翻堆)

번퇴(翻堆)의 과정은 보이숙차의 후발효 과정 중에서 쌓아 놓은 찻잎, 즉 악퇴 과정에 있는 차엽을 뒤섞어 주는 기술이다. 이 번퇴 과정은 보이차의 품질과 제다 효율에 큰 영향을 주는 핵심적인 요소이다. 후발효 과정이 좋게 일어나도록 하려면, 발효의 정도, 발효

후발효가 진행 중인 차엽을
적당히 골고루 뒤집고 섞어 주는
번퇴(翻堆) 작업.

퇴온(堆溫)(쌓아놓은 차엽의 발효 온도), 온도 내지 발효 환경적인 변화를 반드시 조절해야 하는데, 이를 위해서 적절한 시기에 진행하는 작업이 바로 '번퇴(翻堆)' 작업인 것이다.
일반적으로 번퇴 작업은 5~10일 간격으로 진행하는데, 발효 장소, 퇴온(堆溫) 내지 후발효 정도를 지켜본 뒤에 융통성 있게 재빨리 조절한다. 번퇴 작업 시에는 차엽이 뭉쳐진 형태인 '단괴(團塊)'를 흩어 놓는 일이 중요하다. 이를 위해 차엽을 골고루 뒤집어서 퇴온을 40도~65도로 엄격히 유지해야 한다. 몇 차례의 번퇴 작업을 거친 뒤 차엽이 홍갈색을 띨 때 비로소 서늘한 곳에 늘어서 말리는 작업인 '탄량(攤涼)'과 '건조(乾燥)'의 작업을 진행할 수 있다.

풍건조(風乾燥)

보이숙차의 가공 과정에서 후발효(미생물고태발효) 과정이 어느 정도 종결되면, 후발효가 과도하게 일어나는 것을 방지하게 위하여 반드시 건조 작업을 진행해야 한다. 이때 건조는 보이생차가 일광건조 또는 홍방건조를 하는 것과는 달리, 반드시 바람을 불어 보내 말리는 '풍건조(風乾燥)' 방식을 사용한다. 보이숙차의 건조는 불의 열기로 말리는 '홍건(烘乾)'과 덖어서 건조시키는 '초건(炒乾)'은 절대적으로 피해야 한다. 햇볕에 말리는 '쇄건(晒乾)'도 가능하면 최소한으로 해야 한다. 보이숙차는 일반적으로 '실내통구법(室內通溝法)', 즉 실내에 늘어놓고 바람을 불어 보내는 풍건조 방식으로 차엽을 건조시킨다. 통구는 매 50~80cm 간격으로 놓여 있다. 하나의 통구를 지난 바람은 다음에는 반대 방향으로 이동하는 방식으로, 즉 매 통구마다 서로 반대 방향으로 진행한다. 이렇게 바람이 끝없이 순환하면 차엽의 수분 함량비가 13% 이하로 떨어진다.
이때 비로소 차엽은 다음의 단계인 '사분(篩分)'(체로 분리) 작업을 진행할 수 있다.

풍건조 작업 현장.

차엽을 크기 및 길이별로 분리하는 사분(篩分) 작업.

사분(篩分)/체로 분리

'사분(篩分)' 작업은 보이숙차의 한 형태인 산차 가공 중에서 차엽을 크고 거친 것과 작고 세밀한 것으로, 또는 길이가 긴 것과 짧은 것으로 체로 분리하는 중요한 작업이다. 이 사분 작업을 통해 보이차는 각 호두(號頭)(번호)가 정해진다. 일반적으로 체는 둥근 모양인데, 털어서 치는 체와 선풍기 라인이 달린 체가 설치되어 차엽의 여리고 성숙한 것(또는 연하고 질긴 것), 즉 '노눈(老嫩)'을 결정한다. 이로써 '간차주차(看茶做茶)', 즉 차엽을 보고 판단해 그에 합당한 보이차를 만드는 것이다.

간체(揀剔)

차엽이 아닌 차과(茶果), 차화(茶花), 차경(茶梗)(줄기), 이물질 등을 제거하고 솎아 내는 작업이다. 이때 차과(茶果)는 '차나무의 열매', 차화(茶花)는 '차의 꽃', 차경(茶梗)은 '차엽의 파편'과 '차엽 줄기' 등을 일컫는다.

수작업으로 사람들이 이물질을 골라내는 간체(揀剔) 작업의 광경.

병배균퇴(拼配匀堆)

차엽의 각 상태별 등급에 의거하여 중간 단계인 사호차(篩號茶)의 품질이 결정된다. 그런데 차엽은 등급별로도 같지 않고, 같은 사호차라도 품질이 서로 같지 않다. 따라서 다양한 차엽을 쭉 늘어놓고 각각 일정비로 배합하는 '병배균퇴(拼配匀堆)' 작업을 진행한다. 이 작업은 장점을 취하여 단점을 보완하는 것이다. 즉 우수한 차엽을 적당히 섞어서 열등한 차엽의 특성을 숨기면서 품질을 전반적으로 고르게 조정하여 보이차의 맛과 향의 최종 품질을 전반적으로 향상시키는 작업이다. 이는 홍차에서 블렌딩 작업과 비슷하다.

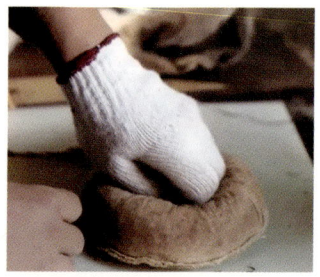
병배균퇴의 기술 방식.

기계식 긴압 과정의 모습.

건조대에 가지런히 쌓아 놓은 차병들.

대나무 껍질을 사용하여 전통적인 방식으로 포장하는 모습.

긴압(緊壓)(기계식 기준)

먼저 보이생차의 긴압 과정과 마찬가지로 악퇴 과정을 거친 차엽을 저울에 놓고 무게를 잰 뒤 일정량으로 표준화한다. 그 뒤 무게가 일정한 차엽들을 바닥에 구멍이 많이 뚫린 양동이에 넣고 아래쪽에서 증기가 올라오는 선반 위에다 약 10초간 올려놓는다. 구멍을 통해 들어가는 뜨거운 증기로 찻잎들은 훨씬 더 연하고 부드러워진다. 이 상태의 차엽을 헝겊 주머니에 옮겨 놓고 증모에 넣은 뒤 압축기로 긴압하여 차병을 만든다. 그리고 차병들은 추가 가공을 위해 선반에 올려놓고 보관한다.

건조(乾燥)

선반에 놓인 차병들로부터 헝겊 주머니를 벗긴 뒤 건조실의 선반에 차곡차곡 쌓아 놓고 건조시킨다.

포장(包裝)

완전히 건조된 차병에 내비를 놓고 내리누른 뒤에 포장 작업에 나선다. 이때 전통적인 방법은 대나무 껍질로 싼 뒤에 대나무 띠로 묶어서 포장한다.

창고 저장 및 진화(陳化)

보이숙차도 창고에 저장하여 진화(陳化)의 과정을 거칠 수 있다. 보이숙차는 일반적으로 3~4년 정도의 시간이 지나야 비로소 진화의 효과를 볼 수 있다고 한다.

보이차 포장의 묶음 단위

보이차는 중국 운남성(雲南省) 보이시(普洱市) 일대에서 생산되는 대표적인 후발효차이다. 이 보이차는 전통적인 무게 단위로 묶여져 오래전부터 판매되고 있다. 예를 들면, 1편(片), 1통(筒), 1건(件)이다. 이때 보이차의 가장 작은 낱개의 단위가 1편(片)이다. 그 밖에도 오늘날에는 전통적인 무게 단위에서 벗어나 새로운 묶음 단위로도 판매되고 있다.

중국은 당나라 시대부터 변방인 서장(西藏)(티베트)과 차(茶)의 무역을 시작하였는데, 특히 차와 말의 무역을 위해 사천성(四川省) 아안시(雅安市)를 비롯하여 차마고도(茶馬古道)를 따라 주요 곳곳에 차마호시(茶馬互市)까지 설치할 정도였다. 그 뒤 서장과의 차마무역은 운남성 보이시와 사천성 아안시에서 시작해 서장의 수도인 납살(拉薩)(라싸)까지 왕복 기간만 1~2년 남짓인 수천 킬로미터의 장거리 무역이 이루어졌다.

이에 따라 차엽을 말에 얹어 험준한 차마고도(茶馬古道)에서도 운송하기에 편리하도록 압축, 또는 긴압(緊壓)함으로써 오늘날의 병차 형태가 만들어진 것이다. 이때 1개의 병차를 '1편(片)'이라고 한다. 결국 보이차의 무게 단위나 묶음 단위는 차마무역이 그 시초였던 것이다.

운남 지방에서 보이차병 7편을 한 묶음으로 하여 대나무 껍질로 포장한 통(筒) 단위의 보이차들을 다시 대나무 광주리에 담는 모습.

오늘날에도 칠자병차 1편(片)의 무게를 전통적인 357g으로 하는 상품들이 많다.

보이병차 1편(片)의 무게에 숨은 과학

보이병차 1편(片)은 압축 또는 긴압하여 둥근 모양으로 만들어졌다고 하여 '원차(圓茶)'라고 하였다. 그리고 근래에 와서는 둥근 떡(케이크) 모양이라고 하여 '병차(餅茶)'로도 부르고 있다. 참고로 말하면, 오늘날에는 '병차'라는 용어가 더 많이 사용되고 있다. 그리고 원차는 일반 병차보다 차엽의 등급이 좀 더 높은 것을 가리키기도 한다.

무역 상인인 카라반 또는 마방들은 보이병차를 말에 실어 차마고도를 통해 운송하였는데, 이때 말이 버틸 수 있는 적재량이 60kg이었다고 한다. 따라서 말의 등 좌우 양쪽에 30kg씩 무게를 분산시켜 운송하였다고 한다.

당시 마방들은 운송의 편리상 보이병차를 여러 편으로 묶어서 포장한 뒤 운송하였다. 이때 고안된 것이 보이병차 7편을 1묶음으로 하여 좌우 각각 12묶음씩, 총 24묶음을 말에 싣고 운송하는 방식이었다. 이때 보이병차 7편의 한 묶음 단위를 '통(筒)', 12통을 묶은 더 큰 묶음 단위를 '건(件)'이라고 하였다. 따라서 보이병차 7편은 1통이고, 12통은 1건이 되는 셈이다.

1편(片)=(2500g/7편)=357g
1통(筒)=(30kg/12통)=2500g
1건(件)='12통'=30kg

말의 입장에서 보면, 보이병차를 등의 좌우 각각에 1건(件)씩, 통(筒)으로는 12통씩, 편(片)으로는 84편씩 싣고 차마고도의 고단한 길을 따라 운송하는 셈이다. 이로부터 보이병차 1편이 357g인 전통이 생겨나 오늘날까지 이어지고 있는 것이다. 이렇게 보이병차 7편을 묶음 단위로 만든 것이 바로 '보이칠자병차(普洱七子餅茶)'이다. 여기서 '칠자(七子)'에는 중국에서 '자손 누대 번영'이라는 기복(祈福) 사상이 내포되어 있다고 한다.

한편, 오늘날에는 보이병차의 묶음 단위에도 점차 변화가 생겨났는데, 전통에 따라 12통이 1건이었던 것이 2006년 이후부터 생산된 보이병차들은 6통을 1건으로 하는 새로운 묶음 단위도 생겨났다. 이는 '통(筒)'과 '건(件)'의 관계만 변하였을 뿐, 보이병차 1편의 무게가 357g인 전통은 유지되었다.

1편(2500g/7편)=357g
1통(15kg/6통)=2500g
1건='6통'=15kg

그 밖에도 오늘날에는 시장의 다양한 요구에 따라 보이차 1편의 무게가 357g이 아닌 경우도 많이 생겨났다. 대표적인 것이 보이차 중에서도 '보이병차(普洱餅茶)'의 경우이다. 이는 시장에 요구에 따라 압축하는 틀, '증모', '석모', '철모' 등의 크기에 큰 변화가 일어났기 때문이다. 이렇게 새롭게 개발된 틀 모양에 따라 보이병차는 1편당 2.5kg, 1kg, 500g, 400g, 250g, 200g 등의 다양한 무게로 생산되고 있다. 이러한 보이병차도 전통적인 증모(또는 석모)를 사용해 만드는 경우에는 물론 1편당 357g이다.

보이차의 숙성 과정, '진화(陳化)'

보이차는 잘 포장하여 적당한 장소에 보관하면서 묵힐수록 그 맛과 향이 점점 더 훌륭해진다는 사실은 이제는 일반인들도 잘 알고 있다. 보이차의 이러한 특성을 '월진월향(越陳越香)'이라고 한다. 즉 오래 묵힐수록 맛과 향이 더 훌륭해진다는 뜻이다.

보이차는 잘 포장한 뒤 창고에서 일정 기간 저장하여 온도, 습도 등의 조건을 조절 및 유지하면서 보관하면 높은 품질을 보증할 수 있다. 예를 들면, 향미의 품질에서 향이 좋아지고, 맛이 순후해지고, 감미로워지며, 목 넘김이 부드럽고 매끄러워지는 것이다. 또한 쓴맛과 떫은맛을 줄이고, 입안의 느낌도 포만감과 함께 달콤하면서 촉촉하게 만들어 준다. 이러한 효과를 내기 위해 보이차를 포장한 뒤 일정한 기간 특정한 조건에서 창고에 저장하고 묵히면서 특성을 바꾸어 나가는 과정이 '진화(陳化)'이다.

진화(陳化)의 과정

보이차를 창고에 정하여 '진화(陳化)'의 과정을 거치면 '월진월향(越陳越香)'의 특성이 나타나는 이유는 다음과 같다. 보이차가 진화의 과정을 거치면, 차엽에 함유된 화학 성분에 비효소적 '자가산화(自家酸化)'가 일어나면서 차엽을 산화시키고 화학 성분들을 분해해 다른 성분으로 변화시킨다. 이 과정에서 갈색의 특정 물질들이 생성되고, 맛과 향도 새롭게 변화하면서 '월진월향'의 특성이 나타나는 것이다.

좀 더 상세히 설명하면, 차엽을 창고에 저장 및 보관하면 에스테르화합물이 산화되면서 휘발성 성분인 '2,4-디에틸알데히드' 등이 생성되면서 '진차(陳茶)'(묵은 차)의 독특한 성질

보이차 7편을 1통 단위로 포장하여 실내에 저장하고 있는 모습.

보이병차들을 차곡차곡 창고에 저장하고 있는 모습.

이 나타나는 것이다. 진차(陳茶)의 특성은 폴리페놀화합물, 아미노산이 생성되고, 당류가 자가산화하면서 차갈소(茶褐素)와 황갈색소 등의 화합물이 생성되는 것이다. 이때 보이차의 '진향(陳香)'(묵은 향)이 나타나고, 차엽의 색택(色澤)(색상과 윤택)도 갈색으로 변화한다. 그리고 찻빛의 색상은 홍갈색을 띤다. 전체적인 맛인 자미(滋味)도 쓰고 떫은 물질이 줄어들면서, 점차 '순화(醇和)'(순정하고 온화)된다.

진화의 조건

보이차의 진화 과정에는 진화의 장소, 시간, 온도, 습도 등 다양한 조건들이 적당하게 요구된다.

진화 장소

보이차의 진화 과정에는 전문적인 '진화 장소'가 필요하다. 온도를 약 25도, 습도를 약 75%로 유지할 수 있고, 통풍, 통기, 건조 시설을 갖추고 있어야 한다. 그리고 오염되지 않고 이취가 나지 않으며 위생도 청결한 곳이어야 한다. 공기가 탁한 곳은 피하고, 햇볕과 비가 들지 않는 곳이어야 한다.

맹해진승차창에서 생산된 보이생차.

진화 시간

진화 작업은 보이차의 종류에 따라 그 시간이 달리 요구된다. 즉 보이생차, 보이숙차에 따라서 창고에 저장하여 진화 과정을 거치는 시간이 다른 것이다.

● **보이생차**(普洱生茶)

운남대엽종의 쇄청차(晒青茶)를 모차로 하여 진화 과정을 거치는 보이생차는 '악퇴발효(渥堆醱酵)'를 거치지 않는다. 대신에 완전히 자연에 기대어 완만한 산화(酸化)를 거쳐 보이차로 완성된다. 보이생차는 자연적인 진화 과정이 매우 느리다. 저장 조건에 따라서 최소한 10~15년의 시간이 요구된다. 일정한 기한 내에 이르면, '월진월향'의 특성을 갖추게 된다. 즉 오래 묵은 것일수록 품질이 더 좋아지는 것이다.

보이생차는 '7포탕색(七泡湯色)'(7회 우려낸 뒤 찻빛 심사 기준)을 기준으로 삼으면, 우린 찻빛이 최초의 황색(1~5년)에서 시작해서 귤색(5~10년), 장미홍색(10~15년), 갈색(15~20년), 레드와인색(20~25년), 홍옥색(25~30년)으로 마치 스펙트럼처럼 변화해 나간다.

● **보이숙차**(普洱熟茶)

보이숙차는 모차인 운남대엽종의 쇄청차에 특정한 가공 과정을 가하여 만든다. 즉 '악퇴발효(渥堆醱酵)'를 거친 뒤에 '산차(散茶)'나 긴압 및 성형을 거쳐 '긴압차(緊壓茶)'로 생산되는 것이다. 그 뒤 보이숙차는 창고의 저장 과정에서 적어도 3~5년간 진화의 시간이 반드시 필요하다. 그러한 시간의 진화 과정을 거친 뒤에야 비로소 독특한 향인 '진향(陳香)'이 생기고, 전체적인 자미(滋味)도 '순후(醇厚)'하면서 '회감(回甘)'이 생긴다.

맹해진승차창에서 생산된 보이숙차.

진화의 저장 조건

보이차를 창고에 늘어놓고 묵히는 진화 과정에서 저장 조건은 보이차의 진화(陳化)에 큰 영향을 줄 수 있다. 먼저 관능적 특성과 물리화학적인 품질의 변화 속도에 큰 영향을 주는 요인으로는 '온도'와 '습도'가 있다. 그리고 진화의 기술적인 측면에 큰 영향을 주는 요인으로는 '미생물', '수분', '온도', '습도' 등이다.

① 미생물(微生物)

보이차를 다른 차류(녹차, 홍차, 백차, 황차, 우롱차)와 비교해 보면 다양한 차이점들이 있다는 사실을 알 수 있다. 첫째, 보이차는 중·소엽종 품종의 차엽보다 더 풍부한 특성을 주는 운남대엽종의 차엽을 원료로 사용한다. 둘째, 특수한 가공 과정을 통해 고농도의 반응물을 생성시킨다는 사실이다.

이러한 차이점들은 솥(팬)에서 차엽을 덖는 과정인 '과초살청(鍋炒殺青)', 햇볕에 쬐는 '일조쇄건(日照晒乾)'(쇄청), '미생물고태발효'(악퇴) 등의 과정에서 유래된다. 특히 보이차만의 특별한 풍미의 품질이 형성되는 데에는 미생물이 결정적인 역할을 한다. 이와 같은 이유로 '미생물이 있기 때문에 보이차도 있다'는 말이 있다. 그리고 이러한 미생물들은 차엽의 섬유소와 반섬유소를 분해하여 차엽의 굵고 거친 특성을 확실히 변화시킨다.

그런데 미생물들이 차엽에 풍부하다고 하여 무조건 품질이 좋은 것은 아니다. 미생물이 과도하게 번식하면 대사산물의 양이 늘어나면서 차엽 내의 유효 성분들이 다량으로 소모된다. 그 결과 차탕의 색과 맛이 평범해지고 품질도 하락하면서 기이한 맛이 난다. 심지어는 곰팡이까지 슬면서 부패한다. 미생물의 활동을 적당한 수준으로 유지하는 것이 중요한 것이다. 다음에 소개하는 것들은 보이차의 매우 독특한 특성을 결정하는 주요 미생물들이다.

- 세균속(細菌屬)
- 효모속(酵母屬)
- 흑곡매(黑曲霉) : 아스페르길루스 니게르(Aspergillus niger)
- 회록곡매(灰綠曲霉) : 아스페르길루스 글라우쿠스(Aspergillus glaucus)
- 근매속(根霉屬) : 리조푸스(rhizopus), 거미줄곰팡이속
- 청매속(靑霉屬) : 푸른곰팡이속

② 수분(水分)

수분, 즉 물은 모든 생물의 생명 활동에 필수적인 요건이다. 특히 미생물에서도 세포의 조성을 위해서는 없어서는 안 될 필수 구성 요소이다. 또한 물은 미생물의 세포 내에서 일어나는 다양한 생물화학적인 반응을 촉진하는 촉매이고, 화학 반응의 용제 또는 용매로서 작용한다. 더욱이 곰팡이의 번식을 위해서도 꼭 필요한 요소이다. 따라서 차엽의 수분 함량은 차엽 내에서 번식하는 미생물의 종류까지도 결정한다. 일반적으로 차엽에 수분의 함량이 많으면 세균이 번식하기 쉽고, 수분의 함량이 적으면 곰팡이와 효모균이 번식하기 쉽다. 이는 다른 식품의 경우에도 마찬가지이다.

결과적으로 창고에 저장하는 동안에 차엽이 수분을 쉽게 흡수하여 미생물이 자생, 번식할 수 있도록 해야 한다. 보이차를 만드는 원료 차엽인 '보이쇄청모차(普洱晒青毛茶)'는 저장 기간에 차엽의 수분 함량을 높여 주어야만 한다. 그럴 경우에 후발효, 즉 '미생물고태발효(微生物固態醱酵)'가 잘 일어나고, '습열 작용(濕熱作用)'도 원활히 일어나면서 차엽의 품질을 훌륭하게 개선할 수 있다. 이때 '습열 작용'이란 따뜻하고 습한 조건에서 미생물이 차엽의 영양 물질을 대사하면서 생장과 번식이 촉진되는 작용이다.

이와 같이 후발효와 습열 작용이 원활히 일어나기 위해서는 차엽의 수분 함량이 약 10% 정도가 적당하고, 저장 창고의 습도는 연평균 75%를 넘지 않도록 유지해야 한다. 만약 수분이나 습도가 이보다 훨씬 더 높을 경우에는 환기를 통해 수분을 증발시켜 차엽이 변질되지 않도록 해야 한다.

③ 온도(溫度)

미생물의 번식과 생장은 온도에 큰 영향을 받는다. 특히 보이숙차 후발효 과정의 하나인 '악퇴습열(渥堆濕熱)'의 과정에서는 온도가 중요한 역할을 한다. '악퇴(渥堆)'는 보이숙차에서 후발효 과정이 잘 일어나도록 '차엽들을 무성하게 쌓아 두는 작업'을 말한다. 이 과정에서 온도에 따른 습열 작용이 일어나 미생물이 대량으로 번식하기 때문에 이를 통칭하여 '악퇴습열(渥堆濕熱)'의 과정이라고 한다. 따라서 온도를 미생물의 생장에 적합하도록 유지하는 작업은 매우 중요하다. 적정 온도를 유지하면, 미생물들이 대량으로 번식하면서 분비한 효소의 작용도 강화된다. 또한 미생물의 수량이 많고 적음에 따라서 분비하는 효소의 농도와 종류도 결정되고, 이는 곧 보이차의 산화 방향과 후발효의 과정에도 큰 영향을 주는 것이다.

한편, 보이차의 진화 과정에서 온도는 일반적으로 약 25~30도가 적당하다. 이때 온도가 급변하지 않도록 하고, 최대한 일정하도록 유지해야 한다. 온도가 너무 높으면 후발효가 빨리 일어나 차엽이 산패될 뿐만 아니라 차탕의 물 성질에도 영향을 주기 때문에 식감이 떨어지면서 전반적으로 후터분한 느낌이 든다. 심한 경우에는 '보이생차'임에도 불구하고 '보이숙차'로 바뀌게 된다.

④ 산소(酸素)

창고에 저장 및 진화의 과정에서 일어나는 화학 반응은 주로 산소를 얻거나 잃는 산화·환원 반응이기 때문에 산소가 창고 내에 부족해서는 안 된다. 산소가 부족한 환경에서는 미생물이 번식하기 어렵기 때문에 효소의 촉매 작용도 일어나기 어렵다. 결과적으로 차엽에 함유된 성분들의 변화가 부족해지면서 자미가 밋밋하고, 탕색에도 노란색이 보이지 않고, 향도 매우 적다. 또한 산소가 부족하면 미생물들이 차엽 내의 당 성분들을 분해하면서 차엽 내의 가용성 당과 아미노산의 함유량도 줄어든다.

반면, 창고 내에 산소가 과도하게 많으면, 차엽 내의 성분들을 과산화(過酸化)시켜 우린 차엽, 즉 엽저의 색상을 어둡게 만든다. 일반적으로 통풍이 잘되는 장소에서는 공기에 산소가 비교적 다량으로 포함되어 있기 때문에 미생물의 번식에 유리하여 차엽의 변화도 가속된다.

⑤ 일조(日照)

보이차를 창고에 저장한 뒤 진화의 과정에서는 차엽이 햇볕에 노출되지 않도록 주의해야 한다. 열선인 적외선은 차엽의 온도를 상승시키고, 화학선인 자외선은 광화학적인 반응을 촉발시키기 때문에 차엽 내의 '페놀류'와 '엽록소'를 산화시키기 쉽다. 그리고 차엽의 '색택(色澤)'과 차탕의 '자미(滋味)'에도 큰 변화를 일으키면서 보이차 고유의 풍미와 신선도를 잃게 만든다.

⑥ 그 밖의 조건

그 밖에도 차엽을 저장하는 창고는 내부 공기를 수시로 환기시켜 냄새가 나지 않도록 해야 한다. 왜냐하면 차엽은 냄새를 쉽게 흡수하는 성질이 있기 때문이다. 그리고 전통적인 포장 재료인 대나무 껍질로 포장하는 것이 좋다. 이는 미생물 발효에도 이롭고, 잡미도 걸러 내 주기 때문에 청순한 향미를 확보하는 데 도움이 된다.

보이차 향미의 유효 기간

보이차의 수명에 대해서는 따로 '정설'이라고 할 만한 자료가 없다고 한다. 다만 '품명(品茗)'을 준 사람만이 직감적으로 판단할 수 있다고 한다. '복원창(福元昌)' 등과 같은 보이차의 진화는 이미 최고점에 이르렀기 때문에 후발효로 인한 함유 성분의 소실과 함께 맛과 품질이 쇠퇴하는 것을 막기 위해서는 반드시 밀봉하여 보관해야 한다.

한편 옛 궁궐의 '금과공차(金瓜貢茶)'와 같은 보이차는 진화 기간만 이미 100~200년에 이르기 때문에 그 맛과 향이 매우 약하다. 즉 차탕에 색은 있지만, 맛은 너무 오랫동안 진화 과정을 거친 탓에 매우 옅고 희미한 것이다.

보이차의 4대 저장 및 진화 방식

보이차의 진화 방식으로는 크게 4가지가 있다. 먼저 '교장법(窖藏法)', '습창진화법(濕倉陳化法)'(이하 습창법), '건창진화법(乾倉陳化法)'(이하 건창법), '습창·건창의 윤전모식법(輪轉模式法)'이 있다. 그 밖에도 지역에 따른 자연 저장법이 있다. 이러한 저장 방식들은 각각 '창고의 건조도', '차엽의 수분 함량', '진화의 시간' 등에서 차이가 난다. 여기서는 보이차의 진화 과정에 대한 4대 방식을 중심으로 간략히 소개한다.

교장법(窖藏法)

'교장법(窖藏法)'은 지하나 땅굴, 움에 저장하는 방식이다. 중국 전통주로서 흔히 배갈로 불리는 백주(白酒)의 교장 방식을 모방한 것이다. 지하나 땅굴, 움 속에서 진화 과정을 진행하면서 온도와 습도를 조절한다. 보이차는 후속발효(後續醱酵)의 식품에 속하는데, 이 교장법은 습창법 및 건창법과 과학적으로 비교해 볼 때 후발효의 효과가 훨씬 더 우수하다고 알려져 있다.

습창법(濕倉法)

'습창법(濕倉法)'은 '고온다습(高溫多濕)'의 저장 조건에서 진화를 진행하는 방식이다. 온도와 습도가 높기 때문에 보이차의 진화가 자체적으로 가속된다. 습창법은 차엽을 조기에 저장하는 방식을 사용하였던 홍콩에서 유래된 전통적인 진화 방식이다. 홍콩은 자연 환경 그 자체가 '고온다습'의 기후적인 특성을 보이기 때문에 예로부터 차엽을 조기에 저장하였다. 이러한 풍습으로 의식적으로 보이차를 축축한 창고에서 저장한다. 심지어는 술과 음료도 그렇게 저장하는 사람들이 있다.

결과적으로 습창법으로 저장하면 보이차의 진화 시간을 단축시킬 수 있다. 단, 과도하게 축축하게 하면 급속한 변화를 초래하여 곰팡이가 발생할 수 있다.

지하의 땅굴이나 움 속에 저장하는 교장법.

고온다습한 인위적인 조건으로 창고에 저장하는 습창법.

습도가 낮은 상태에서 저장하는 건창법.

건창법(乾倉法)

'건창법(乾倉法)'은 '습창법'에 상대적으로 일컫는 말이다. 보이차의 진화 과정에서도 상대 습도를 비교적 낮게 유지해 저장하는 방식이다. 습기를 피하여 최대한 건조하고 청량한 환경 속에서 저장하기 때문에 진화의 속도도 매우 완만하다. 이 건창법은 중국 운남성의 전통적인 진화 방식에 속한다. 운남성에서 보이차가 '숙화(熟化)'하면 상대적으로 건조한 저장 창고에 보관하여 자연 상태로 완만하게 진화시키는 방법에서 유래되었다. 건창법으로 진화 과정을 거친 차엽은 매우 튼실하면서도 윤택도 좋다. 우린 차엽인 엽저의 특성도 매우 부드럽고 연하고, 탕색도 황갈색을 띤다.

습창·건창의 '윤전모식법(輪轉模式法)'

습창법과 건창법을 돌아가면서 교대로 사용하는 방식도 있다. 바로 '습창·건창의 윤전모식법(輪轉模式法)'이다. 보이차를 일정 기간 동안에 습창법으로 저장하여 진화 과정을 거친 뒤에 습기 제거 도구(제습기 등)를 통해 높은 습도를 낮게 내려 준다. 이와 같이 한 번은 습하게, 한 번은 건조하게 '일습일건(一濕一乾)'의 방식을 교대로 진행한다. 습창과 건창의 저장 시간 비율은 보통 '3 대 1'로 한다. 이와 같은 '습창·건창의 윤전모식법'은 하나의 저장 창고 내에서 이루어지는 작업이다. 습창과 건창의 창고 두 곳을 오가며 진행하는 작업이 아니다. 이러한 습창·건창의 윤전모식법은 광동성과 운남성 등의 지역에 따라서 약간씩 차이를 보인다.

자연 진화법

보이생차의 자연 진화에 영향을 주는 중요 요인으로는 내부 요인과 외부 요인이 있다. 먼저 내부 요인으로는 차엽의 '수분 함유량'이 있고, 외부 요인으로는 '산소'와 '온도'가 있다. 그런데 보통은 외부 요인이 적당해야 내부 요인에 따른 효소의 작용이 원활히 일어난다. 예를 들면, 고온다습한 외부 요인이 적당한 조건에서 수분 함유량에 따른 내부의 효소 반응이 점진적으로 생기는 것이다. 이때 외부 요인에서 최적의 온도는 15도~50도, 최적의 습도는 55도~85도이다. 온도가 10도씩 올라갈 때마다 효소의 반응도 가속된다. 단, 온도가 50도를 초과하면, 단백질인 효소가 변성되면서 반응 속도가 오히려 떨어진다. 그 밖에 공기 속의 산소 함유량도 진화의 과정 중 효소 반응에서 중요한 역할을 한다.

지역마다 다른 자연적 저장 조건

보이차의 진화 과정은 일반적으로 '고온다습'한 환경이 필요하다. 한 가지의 예로서 '습도'가 낮으면 미생물은 수분이 부족하여 소멸해 버린다. 그런데 이 습도는 각 지역의 기후마다 다르다. 예를 들면, 광동성, 홍콩, 타이완 등에서는 연평균 기온이 20도 이상이고, 봄·가을에는 30도 이상, 여름에는 40도 내외이다. 그리고 연평균 습도는 70% 이상이고, 특히 비교적 건조한 겨울철에도 습도가 약 55%나 된다.
반면 운남성에서는 전체적으로 사계절의 기후를 보이지만, 건기 외에 고온다습한 기간은 비교적 짧다. 습도는 보통 70% 이상이고, 겨울·가을에는 50% 이하로 내려간다. 특히 겨울에는 기온이 10도 이하로 내려가고 일교차도 비교적 크다. 이와 같이 진화 과정의 자연적인 저장 조건이 지역에 따라 다르기 때문에 결과적으로 보이차는 각 지역의 독특한 기후에 맞게 특색이 있는 상품으로 생산된다.

진화를 통한 차엽의 성분 변화

보이차의 진화 과정은 품질을 재형성하는 과정이다. 그 이유는 차엽 내의 함유 성분들에 화학 반응이 일어나 특성에 큰 변화가 생기기 때문이다. 그러한 화학 반응을 통한 변화들로는 다음과 같은 것들이 있다.

티 폴리페놀류의 자가산화(自家酸化)

차엽에만 함유된 폴리페놀류를 '티 폴리페놀(TP, teapolyphenol)'이라고 한다. 이 티 폴리페놀은 실은 플라보노이드(flavonoid)의 일종으로서 '카테킨(catechin)', '플라보놀(flavonol)', '페놀산(Phenolic acids)', '뎁시드류(Depside)' 등이 있다. 그 밖에도 다양한 폴리페놀류들이 함유되어 있다. 이러한 티 폴리페놀류 중에서도 가장 많은 비중을 차지하는 것은 카테킨이며, 약 80%를 차지하고 있다.

그런데 보이차가 온도와 습도가 일정한 저장 조건에서 진화의 과정을 거치는 동안 차엽에서는 티 폴리페놀이 산소와 접촉하면서 비효소적인 '자가산화(自家酸化)'가 일어나 다른 물질들이 생성되고 중합 반응이 일어난다. 이 과정에서 차엽 내의 티 폴리페놀류의 함유량은 줄어들고 자연히 황갈색의 중합체가 증가하면서 차탕이 황갈색으로 변화한다. 또한 자가산화를 통하여 티 폴리페놀류의 함유량이 변화하면서 맛과 향도 달라진다. 먼저 특히 두드러지는 현상은 쓴맛과 떫은맛이 줄어드는 것이다. 이는 티 폴리페놀류의 대부분을 차지하는 알칼로이드 성분인 카테킨의 함유량이 크게 감소한 결과이다. 그리고 보이차 고유의 향미인 '순후(醇厚)', '회감(回甘)', 전체적인 맛인 '자미(滋味)'도 저마다 다르게 형성된다. 이는 진화 과정의 조건에 따라서 티 폴리페놀류의 함유비가 저마다 달라지기 때문이다.

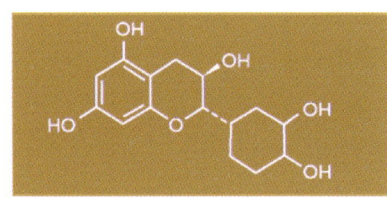

카테킨의 화학 구조.

'테아닌(theanine)'의 산화 및 분해

차엽 내에는 고유한 아미노산인 '테아닌(theanine)'이 함유되어 있다. 이 테아닌의 함유량은 차엽의 품질을 직접적으로 결정하는 중요한 요소이다. 일반적으로 동일한 온도와 습도의 조건에서 차엽의 진화 시간이 길어질수록 테아닌은 산소와 결합하여 다른 물질로 변화되면서 그 함유량이 감소한다. 그리고 새롭게 생성된 물질들이 중합하여 어두운 색상의 중합체를 생성시킨다.

방향성 물질의 산화

차엽 내의 방향성 화합물이 산화되면서 프로피온알데히드(propionaldehyde), 2,4-헵타디에날(Heptadienal), 옥타디에날(Octadienal), 펜테놀(pentenol) 등의 물질들이 생성되면서 신선하고 풋풋한 맛이 사라지는 대신에 오래 묵은 '진향(陳香)'이 점차 뚜렷해진다. 또한 차엽이 어두운 색상으로 변하고, 차탕도 홍갈색을 띠기 시작한다.

차색소의 산화로 '월진월향(越陳越香)' 발생

차엽은 진화 과정을 거치면서 내부에 '차색소'들이 생성된다. 티 폴리페놀의 주요 산화물로서 차색소에는 '차황소(茶黃素)', '차홍소(茶紅素)', '차갈소(茶褐素)' 등이 있다. 먼저 차황소의 화학 성분은 '테아플라빈(theaflavin)'이고, 차홍소의 화학 성분은 '테아루비긴(Thearubigin)'이다. 그런데 이 차색소들이 진화 시간이 길어지면서 점차 고중합체인 차갈소를 형성하면서 탕색도 점차 홍갈색을 띠기 시작한다. 그리고 이 차갈소는 시간이 갈수록 점점 더 함유량이 누적된다.

한편, 차엽 내의 차녹소(茶綠素)도 광산화(光酸化) 반응으로 분해되어 갈색으로 변하면서 보이차 고유의 '월진월향(越陳越香)'과 '홍갈명량(紅褐明亮)'과 같은 특성들이 생성된다. 이때 '월진월향'은 오래 묵을수록 맛과 향이 더 좋아지는 현상이고, '홍갈명량'은 차탕이 맑고 투명하여 홍갈색으로 빛나는 현상이다.

진화가 덜 된 보이생차(왼쪽)와 차갈소가 풍부한 진한 갈색의 보이숙차(오른쪽).

● **후숙발효(後熟醱酵)로 차색소의 변화 과정**
폴리페놀류 → 오르토퀴논(ortho-quinone) → 차황소(테아플라빈) → 차홍소(테아루비기닌)
→ 차갈소(테아브라우닌)

* 후숙발효(後熟醱酵) : 효소의 분비와 습열 작용으로 일어나는 숙성 발효 과정.

당류 화합물의 변화

차엽에는 수용성 당류들도 함유되어 있다. 이 수용성 당류들은 비록 그 함유비가 4~5% 정도밖에 안 되지만, 차탕에 감칠맛을 내는 데 큰 역할을 한다. 즉, 그 물질들을 다량으로 함유할수록 차탕의 자미에서도 단맛과 농후함이 강해지는 것이다. 그런데 진화 과정의 시간이 길어지면 보이차에서도 수용성 당류의 함유량이 비례적으로 증가하면서 보이차의 자미에서도 단맛과 농후함이 증가한다.

보이차를 구입할 때 유의점

품질의 외형적 평가 요소

일반 시장에서 보이차를 구입할 경우에는 그것이 어떤 종류의 보이차이든지 간에 외형적인 요소를 반드시 관찰하고 평가한 뒤에 신중하게 구입해야 한다. 그러한 외형적인 평가 요소에는 다음과 같은 것들이 있다.

● 균정도(勻整度)

보이차의 외형을 살펴보았을 때, 전체 형태가 단정한 것이 좋고, 모서리는 가지런해야 한다. 긴압 또는 압제 당시에 사용한 틀, 즉 '압모(壓模)'로 인해 생긴 결이나 무늬가 뚜렷한 것일수록 더 좋다.

● 송긴도(松緊度)

긴압차의 두껍고 얇은 정도, 크기가 일치하는지의 여부, 단단한 정도가 적당한지 등이다.

● 쇄면의 주요 특징

보이차 표면, 즉 쇄면 쪽에 내부의 이차(里茶)가 외부로 노출되었는지, 층이 결에 따라 일어났는지, 표면이 떨어져 나가거나 불균등한지 등을 살펴보아야 한다.

● 기타 확인 사항

긴압차 전체를 분해한 뒤 내부의 차엽인 이차(里茶)를 검사해야 한다. 이차의 품질 고하, 잎의 어리고 성숙한 정도인 '눈도(嫩度)', 곰팡이가 발생한 현상인 '매변(霉變)'의 유무, 차엽의 줄기 함유도, 불순물의 함유 여부 등을 살핀 뒤 종합적으로 판단한다.

품질의 내질적 평가 요소

긴압차도 다른 차류와 마찬가지로 품질을 정확히 평가하기 위해서는 결국 마셔 보아야 한다. 이는 보이산차도 마찬가지이다. 감별 요소로는 다음의 4가지 항목이 있다.

· 향기(香氣)
· 자미(滋味)
· 탕색(湯色)
· 엽저(葉底)

보이긴압차는 그 종류에 따라 향기, 자미, 탕색, 엽저에서 그 특성이 매우 다양하게 나타난다. 즉 차의 종류에 따라 위 요소의 특성들이 다르기 때문에 일률적으로 말할 수는 없다. 그러나 품질이 좋지 않은 보이긴압차에서는 쉰내, 신맛, 곰팡이 냄새, 썩는 냄새와 같이 이상한 맛과 향이 나기 때문에 감별 과정에서 이러한 기미가 보이면 절대로 구입하지 않는 것이 좋다.

운남성 소수민족들이 보이차의 포장에 사용되는 대나무 띠. 광주리를 엮거나 포장할 때 사용한다.

운남성 소수민족들이 보이차의 1편 또는 1통의 포장에 사용되는 대나무 껍질을 쟁여 놓은 모습.

PART 2.

보이차의 다양한 분류

오늘날 시장에서는 보이차들이 매우 다양한 형태로 판매되고 있다. 그러한 보이차는 몇몇 기준에 따라 분류해 볼 수도 있다. 먼저 가공 방식에 따른 '보이생차'와 '보이숙차'가 있다. 다음으로는 모양에 따라서 잎차 형태인 '산차(散茶)', 그리고 산차를 압력 및 성형의 가공으로 만든 '긴압차(緊壓茶)'가 있다. 또한 긴압차에서도 떡 모양의 '병차(餠茶)', 벽돌 모양의 '전차(磚茶)', 사발 모양의 '타차(沱茶)' 등으로 다양한 종류들이 있다. 그리고 거래 마크인 '맥호(嘜號)', '창고 저장 및 진화 조건', '생산 및 유통 연도'에 따른 분류 등도 있다. 여기서는 보이차의 분류를 몇몇 기준으로 간략히 살펴본다.

인공 숙성 여부에 따른, '보이생차'와 '보이숙차'

보이차의 인공 숙성 여부에 따른 분류는 일반인들에게도 널리 알려져 있다. 자연적인 저장 및 진화 과정을 거친 '보이생차(普洱生茶)'와 인위적인 '미생물고태발효'(악퇴)의 숙성 과정을 거친 '보이숙차(普洱熟茶)'이다. 물론 가공 방식의 차이로 인해 보이생차와 보이숙차의 특성도 완전히 달라진다. 보이생차와 보이숙차의 가공 과정에 대한 상세한 내용은 44쪽~57쪽을 참조하면 된다.

자연 진화 과정의 '보이생차(普洱生茶)'

● **보이생차(普洱生茶)의 가공 과정**
①모차 병배(拼配) → ②사분(篩分)(선별) → ③반완성품 병배 → ④산차(散茶) 또는 증압 및 성형(蒸壓成型)을 통한 긴압차 → ⑤건조(乾燥) → ⑥포장(包裝)(내비 포함) → ⑦창고 저장 및 진화

보이생차는 모차를 인위적인 속성 발효의 과정을 거치지 않고 창고에서 자연 상태로 저장하여 진화 과정을 통해 만들어진다. 처음에는 차엽의 색택(色澤)이 녹색이지만, 점차 시간이 지나면서 흑록색(墨綠色)을 띤다. 그리고 흑갈색으로 변화하는 데는 창고에서 보통은 15년 내지 20년 정도 걸린다고 한다.

자연 진화 과정을 거쳐 생산된 보이생차(普洱熟茶).
완전 숙성되기 전 녹차에 가까운 모습.

적어도 20년 이상의 진화 과정을 거친 보이차는 청순한 향기가 오래 지속되는 것이 특징이다. 그리고 전체적인 맛인 '자미(滋味)'는 농후하고, 입안을 감도는 '회감(回甘)'이 있다. 우린 탕색(湯色)은 녹황색(綠黃色)으로 '청량'(淸亮)하다. 즉 맑고 빛난다. 우린 차엽인 엽저는 황록색을 띠면서 '비후(肥厚)'하다. 즉 살찌고 두툼하다. 더욱이 저장 기간이 30년이 지나면 초본식물의 맛은 완전히 사라지고 깊은 진향과 함께 맛이 더욱더 깊고 부드러워진다.

오늘날에는 보이생차의 이러한 특성으로 인해 가격이 폭등하면서 보이차 애호가들에게는 수집의 대상이 되었고, 심지어 일반인들에게도 재테크의 수단이 되고 있다.

인공 악퇴 과정의 '보이숙차(普洱熟茶)'

● **보이숙차(普洱熟茶) 가공 과정**
①모차 준비 → ②조수(潮水) → ③후발효(後醱酵) → ④번퇴(翻堆) → ⑤풍건조(風乾燥) → ⑥사분(篩分) → ⑦간체(揀剔) → ⑧병배균퇴(拼配勻堆) → 산차(散茶) 또는 증압 및 성형을 통한 긴압차(緊壓茶) → ⑨건조(乾燥) → ⑩포장(包裝)(내비 포함) → ⑪창고 저장 및 진화

인공 속성 후발효 과정을 거쳐 생산된 보이숙차(普洱熟茶).
완전 숙성되어 흑갈색을 띤 모습.

보이숙차는 운남대엽종의 차엽을 따서 모차를 만든 뒤 인위적인 후발효 과정, 즉 악퇴(渥堆) 과정에 들어가기 전까지는 보이생차와 가공 과정이 동일하다.

이 보이숙차가 개발된 배경은 보이생차를 온전히 생산하는 데 소요되는 시간이 20~30년이나 되기 때문에 시장에서의 수요를 충당하지 못하였던 데 있다. 즉 시장에서 보이차의 수요가 급증하면서 생산이 수요를 따라가지 못하였고, 이를 해결하기 위한 하나의 방편으로서 등장한 것이 보이숙차인 것이다.

보이숙차는 1973년 인공 속성 발효 기술을 개발하였던 지역인 광동성(廣東省)의 흑차(黑茶) 가공 과정을 응용하여 곤명차창(昆明茶廠)에서 처음으로 개발하였다. 즉 곤명차창에서 물과 미생물체를 활용하여 적당한 조건에서 '미생물고태발효' 또는 '악퇴'의 기술을 개발한 것이다.

이때 온도와 습도가 핵심적인 요소이지만, 후발효 과정에서 차엽들을 골고루 뒤섞어 주는 번퇴 작업도 품질에 큰 영향을 준다. 보이숙차의 숙성도에 따라서 후발효의 전 과정을 몇 주에서 몇 개월에 걸쳐 진행한다. 그 결과 최소 20년 이상이나 되는 보이생차와 맛과 향이 비슷하게 만들어지는 것이다.

맛과 향이 인위적으로 단기간에 만들어지는 만큼, 보이생차에는 품질이 따라가지 못하는 것으로 평가되고 있다. 그러나 오늘날에는 보이차의 다이어트 및 건강 효능으로 인해 그 수요가 폭발적으로 증가하면서 보이숙차의 소비도 RTD 가루차 형태로 급속히 증가하고 있다.

형상에 따른
다양한 분류의 보이차들

보이차는 일반적으로 녹차, 우롱차, 홍차 등과 마찬가지로 낱낱이 흩어진 잎차의 형태, 즉 '산차(散茶)'와 다양한 모양으로 압축된 '긴압차(緊壓茶)'가 있다. 또한 긴압차는 압축하는 모양에 따라서 세분화할 수 있다. 떡 모양의 '병차(餠茶)', 벽돌 모양의 '전차(磚茶)', 정사각형의 방차(方茶), 사발 모양의 '타차(沱茶)', 버섯 모양의 '마고형(蘑菇形)'의 차, '금괴형(金塊形)'의 차 등이 있다. 여기서는 다양한 모양에 따라 분류되는 보이차들에 대하여 살펴본다.

잎차 형상의 '산차(散茶)'

생차 ‖ 보이산차(普洱散茶)

보이생차는 시중에서 압축 또는 긴압되어 둥근 형태인 것들을 많이 볼 수 있다. 그러나 보이생차에도 압축 또는 긴압하지 않고, 녹차, 홍차와 마찬가지로 잎차의 형태인 산차(散茶)도 있다. 이를 '보이산차(普洱散茶)'라고 한다.

이 보이산차는 보이생병차(普洱生餠茶)와 같이 뭉쳐져 있지 않기 때문에 녹차, 홍차, 우롱차 등의 다른 차류와 마찬가지로 쉽게 우려내 즐길 수 있다. 이와 같은 간편성으로 인해 보이산차는 오늘날 시장에서도 대량으로 유통되고 있다.

숙차 ‖ 보이숙산차(普洱熟散茶)

한편, 일반적으로 보이생차인 보이산차에 상대하여 보이숙차를 산차의 형태로 만든 것을 '보이숙산차(普洱熟散茶)'라고도 한다. 보이숙산차도 여느 긴압한 형태의 보이숙차와 마찬가지로 동일한 과정을 거친다. 차이점이 있다면 압축 또는 긴압의 과정을 거치지 않았다는 것이다.

보이숙산차를 감귤 속에 넣은
길보차(桔普茶)

● 궁정보이(宮庭普洱)

보이숙산차로 유명한 것으로는 '궁정보이(宮庭普洱)'가 있다. 운남성 서쌍판납 지역이 대표적인 산지이다. 특히 맹해차창(勐海茶廠)의 상품인 '맹해궁정보이(勐海宮庭普洱)'는 매우 유명하다. 궁정보이는 오래전 황제에게 진상품으로 올렸던 '황가보이(黃家普洱)'라는 보이산차를 현대적인 가공 방식으로 재현한 것이다. 보이숙산차 중에서도 고품질에 속한다.

보이숙산차로 유명한
궁정보이(宮庭普洱).

◈ 핫 브랜드 보이차! ◈

궁정보이(宮庭普洱) 숙병차(熟餠茶)

운남칠자병차인
궁정금호(宮庭金豪).

궁정금호(宮庭金豪)는 운남칠자병차 계열에 속하는 궁정보이차(宮庭普洱茶) 숙병차(熟餠茶)로 오늘날 시장에서도 꾸준히 인기가 상승하고 있다. 궁정보이차는 청나라 시대의 황실에 진상하던 보이차인 '황가보이(皇家普洱)'를 모방하여 유래되었다고 한다.

일반적인 보이차는 찻잎의 크기가 비교적 큰 것으로 생산하는 데 비하여 궁정금호는 자연에서 재배되는 차나무에서 아주 어린 새싹을 따서 풍부하게 병배하여 인위적인 숙성 과정인 미생물고태발효를 거쳐 생산한 것이기 때문에 황금색의 찻잎인 금호(金豪)가 매우 풍부하게 들어 있는 것이 큰 특징이다. 그로 인하여 보이숙차 중에서도 매우 독특한 맛과 향을 풍기는 것으로 유명하다. 현재 시장에서는 2013년산, 2015년산, 2017년산 등의 제품들이 많이 판매되고 있다.

압축 형상에 따른 다양한 '긴압차(緊壓茶)'

떡 모양의 '보이병차(普洱餅茶)'

보이병차는 보이차 중에서도 압축 또는 긴압 과정을 통하여 둥근 '떡 모양'으로 만든 것이다. 그러한 보이병차 중에서도 가장 오래되고 널리 알려진 상품으로는 '보이칠자병차(普洱七子餅茶)'가 있다. 보이병차는 일반적으로 외형에 따라서 '보이원차(普洱圓茶)'와 '보이철병(普洱鐵餅)' 등으로 다시 나눌 수 있다.

● 보이원차(普洱圓茶)

보이원차는 둥근 원형으로 두께가 가지런한 편이다. 앞면에는 차의 생산 내력이 간략히 적힌 종이 상표인 내비(內飛)가 있다. 가공 과정은 일반적인 보이병차와 같다. 뒷면 중앙부에는 홈이 옴폭 나 있다. 이는 긴압 과정에서 모차를 헝겊으로 둘러싼 뒤 단단히 동여매고 압축 틀인 석모에 넣고 압축기로 비트는 과정에서 생긴 것이다. 일반 보이병차보다도 약간 고품질의 것들이 많다고 한다. 특히 맹해차창의 보이원차는 매우 유명하다. 전통적인 방식으로 만든다면 1편당 357g이지만, 오늘날에는 다양한 무게로도 생산되고 있다.

1997년도의 대표적인 원차인 노수원차(老樹圓茶).

표면에 요철이 나 있는 보이철병(普洱鐵餠).

● **보이철병(普洱鐵餠)**

보이철병은 1950년대부터 보이차의 가공 방식을 기계화하여 생산성을 높일 목적으로 새로운 압축 도구(증모 또는 압축기)를 개발하면서 처음 등장한 보이차이다. 특히 운남성 하관시(下關市)에서는 새로운 압축기와 함께 압축 틀인 증모(또는 석모)를 금속으로 처음 제작하여 '보이철병(普洱鐵餠)'을 만든 것으로 유명하다.

보이철병은 기계식 압축기와 금속재의 틀을 사용하여 차엽을 압축하기 때문에 매우 단단하다. 모차를 밑동에 잔구멍이 많은 금속재의 압축 틀인 증모에 넣고 아래쪽에서 뜨거운 증기를 불어 올리면서 차엽을 부드럽게 만드는 작업과 동시에 위쪽에서는 압축기가 내려오면서 강한 압력으로 압축 및 성형하는 것이다.

이러한 과정을 거친 보이철병은 모양이 가장자리로 갈수록 얇고, 중앙부로 갈수록 약간 볼록한 원반의 형태를 띤다. 이런 뜻에서 '철병(鐵餠)'이라는 이름이 붙었다고 한다. 중국에서 '철(鐵)'은 '쇠' 외에도 '매우 단단한'이란 뜻이 있고, 또 '철병'은 '원반'이라는 뜻으로도 사용된다. 그 밖에도 보이철병은 표면에 울퉁불퉁한 요철이 나 있는 고유한 특징도 있다.

청대(清代) 중·후기에 발전한 '보이칠자병차(普洱七子餠茶)'의 전신,

'원차(圓茶)'

보이 지역에서는 본래 차엽을 보이산차로 많이 만들었다. 보이산차는 서로 다른 차엽을 배합하여 품질을 고르게 하는 데 편리하였기 때문이다. 그 방법은 오늘날의 모차(毛茶)의 가공 과정과 거의 비슷하다.

1950년대 생산된 보이원차인 남인원차(藍印圓茶).

● 보이산차 가공 과정

① 채적(採摘) : 차엽 따기, '채엽(採葉)'이라고도 한다.
② 초배(炒焙) : 솥에서 덖기, '살청(殺靑)' 방법의 하나로 '초청(炒靑)'이라고도 한다.
③ 유차성조(揉搓成條) : 찻잎을 비비고 휘말아 '조색(條索)(전체적인 외형)'을 완성한다.
④ 양쇄(晾晒) : 햇볕에 말린다. '쇄청', '일광건조'라고도 한다.
⑤ 포장 및 판매 : 마대에 넣고 포장해 다른 지역으로 운송 및 판매한다.

차엽을 넣고 말에 짐바리로 실어서 나르던 마대가 박물관에 전시된 모습.

한편, 청나라 중·후기에 들어와 육대차산(六代茶山) 일대에 한족들이 대거 유입되어 차를 판매하고 차원들을 개발하면서 차 도매업체인 '차장(茶莊)', 차 전문 상점인 '차호(茶號)'들도 확산되었고, 보이 지역의 차엽 가공 기술에도 획기적인 발전이 있었다. 즉 가공 기술이 보다 정밀하면서도 독특한 형태로 발전한 것이다. 대표적인 경우가 즉 '원차(圓茶)'로서 그 가공 과정이 보이산차의 방식에서 다음과 같이 발전하였다.

● 보이원차 가공 과정
① **채엽** : 찻잎 따기.
② **분선(分選)** : 선별 및 분리한다.
③ **병배(拼配)** : 품질이 다른 등급의 차엽들을 배합한다.
④ **장통(裝筒)** : 대나무 통에 넣는다.
⑤ **증차(蒸茶)** : 대나무 통에 든 차엽을 증기로 찐다.
⑥ **유원(揉圓)** : 차엽을 주물러서 '원(圓)' 모양으로 만든다.
⑦ **긴병(緊餅)** : 헝겊자루에 넣고 긴압하여 '병(餅)'을 만든다. 오늘날의 '긴압'이다.
⑧ **해대(解袋)** : 헝겊 자루를 벗긴다. 오늘날의 '거대'이다.
⑨ **포찰(包紮)** : 포장한다.

이러한 정밀하고도 독특한 가공 과정으로 인하여 보이차는 외형과 맛의 측면에서 등급이 최대한 향상되었고, 그 결과 청나라 황실로부터 큰 사랑을 받았다. 이는 당시 중국에서 보이차를 마시는 풍조를 이끌었다고 한다.

차엽을 넣고 압력을 가하여 떡 모양으로 만드는 도구인 석모들.

벽돌형의 '보이전차(普洱磚茶)'

보이차를 직사각형의 벽돌 모양으로 긴압한 것을 '보이전차(普洱磚茶)'라고 한다. 보이전차는 중국 변방의 서장이나 고산 지대에 거주하는 소수민족들이 주로 소비하였다. 상인들이 오래전부터 차와 말의 교역 시장인 '차마호시(茶馬互市)' 또는 '차마고도(茶馬古道)'를 통하여 보이차를 구입하면서 운송의 편리를 위하여 제작하였다. 산비탈과 협곡 사이로 구불구불 이어지는 험준한 차마고도를 따라 이루어지는 무역을 통해 최대한 많은 양의 보이차를 운송하기 위한 것이다. 실제로 직사각형이면 차곡차곡 재서 운반하기에도 매우 편리하다.

이 보이전차는 대체로 보이병차에 비해 차엽의 품질이 떨어지는 것으로 알려져 있지만, 실은 장족들이나 소수민족들의 음용 방식에 적합하게 생산된 것이라고 한다. 서장(티베트)에서는 승려들을 포함하여 사람들이 보이전차를 으깨어 물, 젖(버터) 등과 함께 넣고 끓여서 '수유차(酥油茶)'를 만들어 먹는 것으로 유명하다. 티베트는 고산 지대이기 때문에 신선한 야채를 구하기 어려웠던 탓에 사람들이 비타민을 비롯해 각종 영양분의 공급원으로 섭취한 것이다. 이러한 전통은 지금도 계속되고 있다.

한편, 보이전차에도 전통적인 무게가 있다. 보이병차의 전통적인 무게가 357g인 것과 마찬가지로, 보이전차의 경우에는 250g이다. 그러나 오늘날에는 시장의 수요에 맞게 다양한 무게로 판매되고 있다.

보이전차 중에서도
숙성 전차이다.

보이전차의 일종인 보이방차(普洱方茶).
운남성 서쌍판납태족자치주의 특산품.

정사각형의 '보이방차(普洱方茶)'

보이차를 정사각형으로 긴압한 것은 '보이방차(普洱方茶)'라고 한다. 보이방차도 전통적인 무게는 보이전차와 마찬가지로 250g이다. 그런데 오늘날에는 다른 보이차와 마찬가지로 시장의 요구에 따라 무게에 변화가 일어났다. 전통적인 무게에서 벗어나 100g, 500g 등으로도 판매되고 있다.

경단형의 '보이단차(普洱團茶)'

보이단차(普洱團茶)는 '경단(瓊團)'과 같은 구형의 압제차이다. 역사적으로 매우 오래전부터 사용해 온 최초의 압축 형태이기도 하다. 보이(普洱)라는 지명이 중국 조정의 공문서에 최초로 등장한 것은 명나라 시대의 홍무(洪武) 14년(1381년)이었다. 이 문서에 따르면, 이곳에 관부가 설치되어 '보이부(普洱府)'라고 지명이 기록된 것이다. 또한 이 당시에 보이부는 차의 생산, 가공, 차엽의 집산지로서 중요한 집진(集鎭)이었고, 차엽을 증기로 찌는 증청(蒸青), 솥에서 덖는 초청(炒青), 햇볕에 말리는 쇄청(晒青) 방식으로 만든 '단차(團茶)'와 '산차'를 구입하기 위하여 수많은 사람들이 왕래하였다고 기록되어 있다. 이로부터 보이단차는 이미 명나라 시대부터 '증청단차(蒸青團茶)', '초청단차(炒青團茶)', '쇄청단차(晒

가장 원시적인 긴압차인
경단(瓊團) 모양의 보이단차(普洱團茶).

靑團茶'의 형태로 생산되어 산차와 더불어 광범위하게 유통되었음을 알 수 있다.

한편, 16~17세기 명나라 13대 황제인 신종(神宗) 재위기인 만력연간(萬曆年間, 1563~ 1620)의 역사학자 사조제(謝肇制, 1567~1624)가 쓴 운남 지방의 사서인 『전략(滇略)』에는 "세자소용(世蔗所用), 개보차야(皆普茶也)"라고 기록된 것으로 볼 때, 이 당시에는 보이 지역의 단차가 아직은 '보차(普茶)'라 불리었다는 사실도 알 수 있다.

이러한 단차는 마방들이 그 옛날 차마고도를 통해 사천성과 서장 지역의 먼 거리를 오가면서 운송하였는데, 그 과정에서 품질이 하락하여 큰 손실을 입는 단점이 있었다.

본래 보이긴압차는 일반적으로 압축하기에 앞서 증기를 쬐어 모차의 차엽을 부드럽게 만드는데, 이때 증기의 수분이 모차의 차엽에 일정 부분 추가로 흡수된다. 이 과정을 거친 경단형의 보이단차는 내부 차엽에서 수분의 증발이 용이하지 못하여 곰팡이가 생기는 현상, 즉 '매변(霉變)'이 발생하였던 것이다.

그로 인해 단차는 시대가 변하면서 점차 수분의 증발이 용이하도록 모양도 조끔씩 바뀌어 나갔다. 이렇게 하여 등장한 긴압 형태의 보이차가 바로 사발형의 '보이타차(普洱沱茶)'와 버섯갓형의 '향고두(香菇頭)'이다. 결국 단차는 가장 시원적인 형태의 긴압차이지만, 운송 과정상의 곰팡이 발생 등 결함으로 인하여 훗날 새로운 모양의 긴압차를 탄생시키는 모태가 되었다.

사발형의 보이타차(普洱沱茶)

보이차를 사발 모양으로 만든 것을 '보이타차(普洱沱茶)'라고 한다. 보이타차는 위에서 보면 동그랗고, 측면에서 보면 돔같이 보인다. 그리고 아랫면을 보면 중앙부가 옴폭하게 패

아랫면의 중앙부가 옴폭 패인 것이
큰 특징인 보이타차(普洱沱茶).

여 있다. 마치 사발을 뒤집어놓은 모습이다. 이렇게 만드는 이유는 내부 차엽이 공기와 접촉하는 면적을 넓혀 건조 및 운송 과정에서 수분의 증발이 잘 일어나도록 하여 곰팡이가 피는 현상인 '매변(霉變)'의 발생을 막기 위한 것이다.

이 보이차가 '타차(沱茶)[tuóchá]'라고 불리게 된 이유에 대해서 다음과 같은 이야기들이 있다. 먼저 발음상의 변천에서 비롯되었다는 이야기가 있다. 중국어로는 동그란 모양을 '단(團)[tuán]'이라고 하는데, 이것의 발음인 '퇀[tuán]'이 '퉈[tuó]'로 변화하면서 '단차(團茶)[tuánchá]'가 '타차(沱茶)[tuóchá]'가 되었다는 것이다. 참고로 중국에서는 발음이 비슷하거나 같은 글자들을 '해음(諧音)'이라고 한다.

다음으로는 지명에서 유래되었다는 이야기가 있다. 중국에서 '타(沱)[tuó]'는 지명으로서 사천성(四川省) 내의 양자강(揚子江) 지류인 '타강(沱江)(Tuójiāng)'을 가리킨다. 이 보이차가 타강 일대의 사람들이 주로 소비하였기 때문에 '타차(沱茶)[tuóchá]'라 불리게 되었다는 것이다.

이 보이타차에도 전통적인 무게 단위가 있다. 예전에는 1개당 100g, 250g의 무게로 생산되었다. 그런데 보이차 시장이 급성장하면서 오늘날 보이타차는 시장의 요구에 맞춰 다양한 무게들로 생산되고 있다. 전통적인 무게 단위를 포함하여, 50g, 150g, 500g,

보이 지역에서 생산되는 금과공차(金瓜貢茶).

1kg인 것까지도 생산되고 있다고 한다.

한편, 오늘날에는 중국의 여러 곳에서 보이타차들이 생산되지만, 그중에서도 '보이타차의 고향'이라는 하관시(下關市)의 차창에서 만든 상품이 최고의 진품으로 평가되고 있다.

● 호박형의 금과차(金瓜茶)

보이타차에는 노란호박의 모습과 비슷한 긴압차도 있다. 중국에서는 '금과차(金瓜茶)'라고 한다. 이때 '금과(金瓜)'는 중국에서 부르는 노란호박의 일종이다. 그 모습은 노랗고 둥근 표면에 세로로 홈들이 결로 나 있는 늙은호박과 비슷하거나 반구형이다. 여느 보이타차와 마찬가지로 매변이 발생하지 않도록 아랫면에 상당히 큰 홈이 나 있다.

'하트형'의 '보염패긴차(寶焰牌緊茶)'

한편 보이단차에 곰팡이가 생기는 매변 현상을 막기 위해 '하트형(심장형)'으로 긴압한 보이차도 있다.

보이긴압차는 오래전부터 서장 지역에서는 없어서는 안 될 생활의 필수품이었다. 차 상인들은 말이나 노새 등의 짐승에 차를 포함한 짐을 실어 차마고도를 따라서 서장으로 운송하였다. 그러나 차마고도의 길이 멀고 험하여 운송 도중에 항상 보이단차에는 곰팡이가 생기는 매변이 발생하였다. 이러한 문제를 해결하기 위하여 불해차창(沸海茶廠)에서는 1912년~1916년도에 '구형'의 단차를 '하트형'으로 변형시킨 뒤 '보염패긴차(寶焰牌緊茶)'라는 이름을 붙였다. 그리고 이 보염패긴차는 전부 수작업으로 정밀하게 가공되었다. 그리고 1개당 238g으로서 7개들이를 1통(筒) 단위로 하여 대나무 껍질로 포장하였다. 모양이 '구형'에서 '하트형'으로 바뀌면서 긴압차들 사이에도 여유 공간이 충분히 생기면서 수분이 계속해서 증발될 수 있었기 때문에 서장까지 운송하는 과정에서도 매변이 발생하지 않았다.

한편 1910년대인 이 당시 운남성 대리시(大里市)의 하관(下關) 지역에서도 불해차창에 뒤이어 하트형의 보이긴압차가 생산되기 시작하였다. 하관대차호(下關大茶號)의 직원이 불해차창으로 파견되어 긴압 가공 기술을 배운 뒤 다시 하관으로 돌아와서 생산 기술을 매우 엄격히 적용해 하트형의 긴압차를 생산한 것이다. 이때 운남성 여강(麗江)이나 덕흠(德欽) 지역을 오가는 서장의 장족 상인들도 하관 지역으로 말들을 이끌고 와서 약재, 사향 등을 판매하였다. 그리고 당시 장족 상인들은 통상적으로 운남성의 보이(普洱) 지역에서 구입한 긴압차는 '달뢰라마(達賴喇嘛)(달라이라마)'가 지배하는 납살(拉薩)(라싸) 지역인 '전장(前藏)'으로 운송하여 판매하였고, 영승현(永勝縣)에서 구입한 긴압차는 '반선라마(班禪喇嘛)(판첸라마)'가 통치하는 일객칙시(日喀則市)(르카쩌시) 지역인 '후장(後藏)'에 운송하여 판매하였다.

그런데 하트형 보염패긴차는 점차 모양이 표고버섯, 즉 '향고(香菇)'(중국어로 표고버섯)의 모양으로 변해 나갔고, 1967년에는 모양이 직사각형인 '전차(磚茶)'의 형태로 바뀌어 생산되었다. 이때부터 전차의 형태가 시장에서 운송이 편리하여 큰 호응을 받으면서 하트형 또는 버섯갓형의 보염패긴차는 생산이 중단되기에 이르렀다.

버섯갓형의 '반선긴차(班禪緊茶)'

이렇게 중단된 하트형 보염패긴차는 1980년대에 이르러 다시 재현되었다. 그런데 이번에는 엄밀하게 말하면 '하트형'이라기보다는 표고버섯갓을 완전히 닮은 '버섯갓형'의 보이긴압차가 생산된 것이다. 중국어로 표고버섯은 '향고(香菇)'이기 때문에 중국의 차 시장에서는 '향고두(香菇頭)'라고도 불렀다.

'후장(後藏)'의 종교 지도자이자 통치자인 반선라마(班禪喇嘛)(판첸라마)가 1986년에 하관 지역을 방문하여 불교 사원의 제수용으로 사용하기 위해 하트형(심장형) 보염패긴차의 재생산을 요구하면서 버섯갓형의 보이긴압차인 '향고두'가 세상에 다시 등장한 것이다. 이때부터 상표에는 '보염패(寶焰牌)'가 표시되었고, 차 시장에서는 '반선긴차(班禪緊茶)', '반선예차(班禪禮茶)'라고 불렀다.

그 뒤 시장에서는 다시 이름을 '여아차(女儿茶)', '향고두(香菇頭)', '우심타(牛心沱)'로 변경하여 불렀다고 한다. 반선긴차는 오늘날 생차와 숙차의 두 종류 모두가 생산되고 있다. 예전과 차이점이 있다면, 차엽의 등급이 3~8급인 것을 '쇄면차(鎖面茶)', 9~10급인 것을

보염패(寶焰牌)의 반선긴차(班禪緊茶).

'이차(里茶)'로 사용한 것이다. 즉 사용 원료차가 약간 '조로(粗老)'되었다. 이때 '조로'는 차 전문 심사 평가 용어로서 '엽질이 크고 거칠면서 뻣뻣하고, 잎맥이 더 두드러지게 나타난 상태'를 뜻한다. 쉽게 말하면, 쇄면차와 이차에 사용되는 차엽을 품질 측면에서 기존보다 더 크고 거친 것을 사용하였다는 것이다.

한편 1988년에 하관차창에서 생산된 상품에는 차면(茶面)에 사각형의 내비(內飛)를 놓았다. 긴압차의 본체는 검고 반질반질하면서 윤기가 돈다. 차엽의 줄기들은 간간히 약간 희미하게 비친다.

말발굽형 이무원보차(易武元寶茶)

'원보차(元寶茶)', '보이원차(普洱元茶)'의 기원은 약 1200년 전으로까지 거슬러 올라간다. 오늘날 운남성 서쌍판납(西雙版納)의 이무(易武) 지역에서 8~10세기에 위세를 떨쳤던 왕국인 '남조국(南詔國, 738~902)'에서 이미 생산 및 유통되고 있었다고 한다. 그리고 이무 지역은 옛 보이차의 산지로 알려진 '고육대차산(古六代茶山)'의 지역이다. 오늘날에는 산지의 이름을 붙여 '이무원보차(易武元寶茶)'라고도 한다.

이무 지역에서는 원보차에 관한 전설이 내려오고 있다. 위(魏)·오(吳)·촉한(蜀漢) 등이 정립하였던 삼국시대(三國時代, 220~280)에 공명(孔明)이 군대를 이끌고 남부 지방을 정벌할 시

이무원보차(易武元寶茶).

기에 내륙에서 이무 지역으로 따라온 사람들이 차나무를 심어서 만들었다고 한다. 이때 오늘날의 운남성은 촉한에 속하였고, 따라서 운남성 이무 지역의 사람들은 공명을 '차조(茶祖)'라고 부르고 있다.

이무 지역에서는 매년 음력 7월 23일이면 공명을 기리기 위하여 '차조회(茶祖會)'라는 행사가 개최된다. 그리고 운남성 만룡향(曼龍鄕)의 낙수동촌(落水洞村) 뒷산에는 수령이 높은 '차수왕(茶樹王)'이라는 차나무가 지금까지 있으며, 높이는 11.7m, 몸통 지름은 45cm에 이른다고 한다. 품종으로는 '대엽백호차(大葉白毫茶)'에 속한다. 낙수동촌의 사람들은 매년 봄이면 차엽을 따서 제사를 올린다고 알려져 있다.

한편 '원차(元茶)'에서 '원보차(元寶茶)'라는 이름으로 불리는 것은 훨씬 훗날의 일로 보인다. 먼저 '원보(元寶)'는 13세기 들어선 원나라 시대에 유통된 말발굽 형태의 '은정(銀錠)'(은괴) 화폐를 이르는 용어이고, 이때 '원(元)'은 원나라의 개창 국호이기 때문이다. 그리고 '은정(銀錠)'이나 '금정(金錠)'(금괴)의 화폐인 원보는 명나라를 거쳐 청나라 시대에 이르러 대량으로 유통되기 시작하였고, 특히 청나라 중후기에 이르러 차마고도, 특히 천장차마고도(川藏茶馬古道)의 재정비 및 발달과 함께 보이차의 생산도 다시 활기를 띠면서 '원보차'가 '공차(貢茶)'로 지정되어 유명세를 떨쳤기 때문이다. 이 당시 원보차는 차마고도를 통해 공차로 자금성이 있는 북경뿐만 아니라 남쪽으로는 마얀마, 라오스 등의 동남아시아 지역까지 운송되어 판매되었다고 한다.

알아 두면 좋은 지식

원보차(元寶茶)의 독특한 세시풍속

원보차(녹차)를 마시는 습관은 오늘날에는 중국 한족 사람들이 음력 정월 초하루에 마시는 전통 세시풍속으로 자리를 잡고 있다. 이러한 세시풍속은 강소성(江蘇省) 무석(無錫) 지역의 농촌에서 유래되었다고 하며, 그 양식이 매우 독특하다.

원보차를 마실 때는 원보 모양의 '금귤(金橘)'이나 청감람(青橄欖)(중국산 올리브 열매)을 넣어 함께 우려내 마시는 것이다. 이때 청감람의 별칭은 '대복과(大福(腹)果)'(큰 복을 부르는 과일)이다. 그리고 청감람은 '잠시 들러 주세요'라는 뜻의 '청과래(請過来)'와 '해음(諧音)'(한자에서 같거나 비슷한 음)이다. 따라서 음력설 기간에 '큰 복을 부른다는 뜻'과 '초대'의 뜻을 지닌 청감람과 함께 우려낸 차를 손님에게 접대하여 호의를 표시하는 습관은 오늘날까지도 세시풍속으로 널리 자리를 잡은 것이다.

한편, 이무원보차(보이차)는 모양이 말굽형이기도 하지만 또한 중국산 원보 또는 금괴형이기 때문에 부를 상징한다는 뜻이 담겨 중국 차 시장에서는 최근 들어 소중한 사람들에게 감사의 뜻을 전하기 위한 선물용으로 유통 및 판매되고 있다. 일반 시중의 이무원보차는 보통 250g, 500g 등의 다양한 무게로 판매되고 있다.

절강성에서 음력 정월 초하루에 마시는 원보차(元寶茶) 세시풍속.

중국의 다양한 옛 찻집들

중국에서는 공산당에 의해 문화대혁명으로 수많은 찻집들이 폐쇄되고 금지되기 전까지는 찻집들이 곳곳에서 다양한 형태 또는 이름으로 존재하고 있었다. 여기서는 그러한 찻집들을 소개한다.

- ● 명방(茗坊) : 만담과 재담을 나누기 위해 주로 모였던 찻집.
- ● 야차관(野茶館) : 들놀이나 낚시터에서 운영되는 간이 찻집.
- ● 차거(茶居) : 일반적 의미의 찻집.
- ● 차관(茶館) : 일반적 의미의 찻집.

중국의 100년 된 찻집의
내부와 다기 세트들이
진열된 모습.

- **차루(茶樓)** : 2층 형태로 비교적 규모가 큰 찻집.
- **차방(茶坊)** : 동네 근처의 친숙한 찻집.
- **차사(茶肆)** : 비교적 작은 가게 규모의 찻집.
- **차사(茶社)** : 사람들의 회합 장소 개념의 찻집.
- **차실(茶室)** : 일반적 의미의 찻집.
- **차요(茶寮)** : 비교적 작은 가게 규모의 찻집.
- **차원(茶園)** : 만담과 재담을 나누기 위해 주로 모였던 찻집.
- **차점(茶店)** : 일반적 의미의 찻집.
- **청차관(淸茶館)** : 오직 '차'만 판매하는 찻집.

찻집의 단골손님, '노차객(老茶客)'

중국인들의 삶에서는 차를 떼 놓고는 상상할 수 없다. 따라서 예전에는 곳곳에 수많은 찻집들이 다양한 형태로 들어서 있었다. 이러한 찻집에서는 본래 차뿐만 아니라 술, 그리고 간단한 음식들도 판매하였기 때문에 수많은 사람들이 종종 찻집에 들러 여유를 즐겼다. 특히 일부 지역의 찻집에서는 새벽 3~5시경까지 뜨거운 찻물을 제공하여 차를 즐길 수 있었다고 한

찻집에서 차를 마시거나 장기를 두면서 여가를 즐기는 사람들.

다. 따라서 아침잠이 없는 노인들은 매일 새벽부터 찻집을 방문하여 기분을 가다듬었고, 심지어 찻집이 문을 열지 않았으면 인근을 맴돌면서 영업의 개시를 기다렸다고 한다. 이와 같은 찻집의 단골노객들은 '노차객(老茶客)'이라고 불렀다. 이 노차객들은 차에 정통한 사람들이 많았기 때문에 음력 정월에 새로운 신차가 들어오면 향미를 맛보면서 평가할 수 있는 혜택을 누렸다고 한다.

'원보차(元寶茶)'의 테이스터, '노차객'

음력 정월 초하루에는 찻집에 노차객들이 함께 모인다. 이때 찻집에 갓 들어온 등급이 더 높고 신선한 차를 테이스팅해 본다. 즉 티 테이스팅이다. 또한 차항(茶缸)(차항아리)에 한 쪽의 '금귤(金橘)'이나 '청감람(青橄欖)'을 넣고 우려내 맛을 본다. 이른바 '원보차(元寶茶)'의 테이스팅이다. 이렇듯 음력 정월 초하루에 새해를 상징하는 원보차를 테이스팅하면서 재물의 축적과 재운의 운집을 기원하는 것이다. 이러한 문화는 오늘날 세시풍속으로 자리를 잡아 중국의 수많은 사람들이 해마다 즐기고 있다.

특정 시점(사건)에 따른 보이차의 분류

'역사상의 보이차'와 '현대상의 보이차'

보이차는 특정한 시점(사건)에 따라 두 종류로 분류해 볼 수 있다. '역사상의 보이차'와 '현대상의 보이차'이다. 이는 특정 시점이나 획기적인 사건을 기준으로 분류한 것이지만, 그 가공 과정에서도 큰 차이가 있다.

이렇게 양분하는 배경에는 광동성(廣東省)에서 흑차(黑茶)를 만드는 과정을 응용하여 곤명차창(昆明茶廠)에서 1973년도에 새로운 형태의 보이차를 처음으로 개발한 획기적인 사건이 있었다. 즉 곤명차창에서 조수 과정을 비롯해 미생물고태발효, 또는 '악퇴(渥堆)'라는 속성 후발효 과정을 통해 보이숙차를 개발한 것이다. 따라서 1973년도를 기점으로 그 이전부터 전통적으로 계승되어 오던 보이차의 가공 방식과 함께 자연 진화의 방식으로 저장하여 생산된 보이차를 통칭 '역사상의 보이차'라고 부른다. 우리가 잘 아는 운남대엽종의 차나무로부터 만든 '보이병차', '보이타차', '보이전차', '보이원차' 등의 보이생차들이 여기에 속한다. 반면 1973년에 새롭게 개발된 가공 과정인 악퇴를 포함해 일련의 과정을 거쳐 속성으로 후발효된 보이차를 '현대상의 보이차'라고 한다. 일반적으로 보이숙병차, 보이숙산차 등의 보이숙차가 여기에 해당한다.

한편, '역사상' 또는 '현대상'으로 이름이 붙어 마치 시간상의 차이만 있어 보이지만, 이렇듯 가공 기술면에서도 큰 차이가 난다.

곤명차창(昆明茶廠)의 옛 모습.

생산·유통 시대에 따른 분류

중국은 등소평(鄧小平, 1904~1997)이 정권을 잡고 1980년대부터 시장의 개방 정책을 펼치기 시작한 뒤부터 경제가 크게 발전하였다. 그 과정에서 중산층이 늘어나고 성장하면서 건강에 대한 관심이 고조되었다. 이와 함께 1990년대부터는 보이차의 시장도 급속히 성장하기 시작하였다.

일부 차 생산자들 중에서는 보이차가 장차 큰 수익을 낼 것으로 내다보고 기존의 차밭을 갈아엎고 보이차 생산에 집중하는 경우도 있었다. 또한 보이차의 건강 효능과 희소성으로 인하여 가격도 천정부지로 상승하면서 시장에서는 재테크의 수단으로까지 자리를 잡았고, 심지어 가격의 거품 현상도 일어났다.

그런데 보이차는 오랫동안 운남성을 중심으로 일반인들이 음료로 마셨던 평범한 차였기 때문에 딱히 그에 관한 기록들이 많이 남아 있지 않았다. 또한 성 내의 지역마다 보이차의 맛과 향 등의 특성도 저마다 달랐다. 한마디로 상품성과 품질에 관한 규격이 별도로 없었다. 그로 인해 시장에서는 '진품 여부', '품질 대비 가격 적정도' 등에 관한 인증 체계의 마련이 시급하였고, 또한 그동안 유통되던 보이차의 상품성에 관한 분류도 시장에서 요구되었다.

이러한 가운데 중국의 보이차 유통 상인 및 전문가들 사이에서는 보이차의 상품성을 체계적으로 분류하려는 움직임이 자연스럽게 일어났다. 즉 보이차의 상인, 수집가, 생산자, 전문가들이 그동안 생산 및 유통된 보이차에서 공통적으로 볼 수 있었던 특성들을 고찰하였던 것이다. 구체적으로 설명하면 생산·유통 연도별로 병배에서 '차엽의 배합 비'에 차이가 나고, 당시 유행하였던 '포장재'나 '포장 방식', '상품 표시 방식(맥호, 디자인 등)'이 약간씩 달랐던 점에 주목하여, 시대별로 보이차를 역으로 분류하는 작업에 나선 것이다. 이러한 분류는 고찰을 통해 공통적인 특징에 따라 분류한 것으로서 일종의 경험칙에 따른 것이다. 여기서는 현대 보이차 시장에서 등장한 보이차의 생산 및 유통 시대별 분류에 대해 간략히 알아본다.

국영차창 시대 이전의 '호급차(號級茶)'

생산 및 유통 시대 : 1950년도 이전

먼저 국영차창 시대 이전의 것으로 '호급차(號級茶)'로 불리는 보이차가 있다. '호급차'의 이름은 이 보이차가 유명 '상호(商號)'에서 생산되어 유통되었기 때문이라는 이야기가 있다. 대표적인 상호로는 '백년송빙호(百年宋聘號)', '동흥공병(同興貢餠)', '동경호(同慶號)', '동창노호(同昌老號)', '송빙경호(宋聘敬號)' 등이 있다. 이 호급차는 오늘날 시장에서 속칭 '고동차(古董茶)', '골동차(骨董茶)', '빈티지 보이차(vintage pu-erh)' 등 다양한 이름으로 불리고 있다. 이때 '고동(古董)', '골동(骨董)', '빈티지(vintage)'는 모두 '아주 오래된'이란 뜻이다. 따라서 호급차는 그 여러 이름에서도 알 수 있듯이 생산 및 유통 연대에서 가장 오래된 보이차임을 알 수 있다.

그런데 보이차의 세계에서는 호급차가 막연히 오래 묵은 보이차를 뜻하는 것은 아니다. 주로 중화인민공화국이 들어선 1949년(또는 1950년) 이전에 생산된 '보이원차'를 가리킨다. 즉 중국공산당이 1949년에 중화인민공화국을 세우고 차원, 차밭, 가내 공장 등을 모두 국가(지방정부의 성 등)에서 운영하는 공장인 '국영차창'으로 귀속시켰는데, 호급차는 그 이전 시대에 생산된 '보이원차'를 가리키는 것이다.

호급차는 1949년 이전까지만 해도 운남성 일대에서 가족 단위로 운영되는 차밭과 가내 공장에서 생산되었다. 따라서 병차로 가공하는 기술도 각 농가마다 조상으로부터 전승되었기 때문에 제다(製茶) 측면에서도 약간씩 차이가 있었다. 이렇게 생산된 보이병차는 일반 음료로서 자급자족하는 형태로 소비되었기 때문에 대륙을 가로질러 대규모로 유통되는 일도 거의 없었다. 따라서 운남성 외의 지역에서는 소비되는 일이 드물었고, 포장재에도 자급자족용이 대부분이었기 때문에 생산 내력이 거의 기재되지 않았다고 한다. 더욱이 포장재는 뜯은 뒤 버리는 일이 다반사였다.

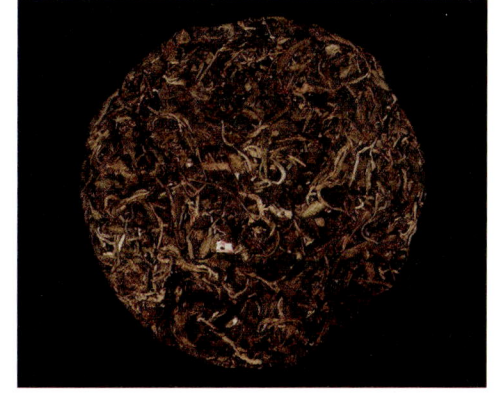

동경호(同慶號) 보이차.

호급차(號級茶)의 특징

구분		특징
포장 방식	차병(茶餅) 포장	차병 1편(片)을 '대나무 껍질(죽피)'로 포장.
	차병 포장재 이력 표시	없음.
	통(筒)	차병 7편들이 1통(筒)을 '죽피'로 포장하고, 죽편(대나무 띠)으로 동여맸다.
	내비(內飛)	내비를 병차 1편마다 내부에 매장.
	내표(內票)	1통(筒)마다 내표를 제일 위에 내장.
	소인(燒印) 위치 및 형태	1통(筒)의 포장 죽피의 상단부.

참조 문헌 : 『First Step to Puer Tea』(Chan Kam Pong 著)를 참조 및 작성.

국영차창의 상표가 사용된, '인급차(印級茶)'

생산 및 유통 시대 : 1950년~1960년대 후반

1960년대에 생산된
팔중차(八中茶) 상표의 보이원차.

다음으로는 '인급차(印級茶)'가 있다. 이 인급차는 '인급원차(印級圓茶)', '명인급차(名印級茶)'라고도 한다. 그 이름의 유래는 호급차(號級茶)가 대나무 껍질로 차병이 포장된 데 비하여 종이 포장재로 차병이 포장되고, 그 포장재에는 생산 이력이 담긴 '인(印)'이 찍혀 있기 때문이다.

모택동(毛澤東, 1893~1976)이 이끄는 중국 공산당이 1949년 중화인민공화국을 건립한 뒤 1950년부터는 차의 가공 공장들이 국영화되면서 이전의 호급차와 큰 차이를 보이기 시작하였다. 차업을 민간 차장(개인 차농장)이 주도하던 것을 국가 정부의 차창이 주도하는 방식으로 크게 바꾸었다. 이에 따라 생산 규모, 가공 방식, 차청의 품질, 포장재의 특징 등에서 큰 변화가 일어나면서 이전의 '호급차'와는 완전히 달라졌던 것이다.

특히 1951년 12월 15일에 중국차업공사(中國茶業公司)가 '팔중차(八中茶)' 상표를 등록하였다. 이 시기에 생산된 보이차는 시장에서 '팔중차(八中茶)'라는 이름으로 불리었다. 대략 그 생산 및 유통은 1950년~1968년 사이까지 진행되었다.

인급차는 포장재에 디자인된 상표의 로고 모양이나 상표에 인쇄된 '차(茶)'자의 색상에 따라 시장에서 다양하게 불리었다. 즉 상표 모양에 따라 '팔중차(八中茶)'가 있고, 팔중차 상표에서 '차(茶)'자의 색상에 따라서 다시 '홍인(紅印)', '남인(藍印)', '녹인(綠印)', '황인(黃印)'으로 세분화되어 불린 것이다. 그러나 이러한 인급차의 호칭은 차 상품 본래의 이름이나 형호(型號)가 결코 아니다. 이는 단지 차인들이 차 상품을 구별하기 위하여 부른 일종의 호칭에서 유래된 것이다.

이러한 인급차는 중국차업공사운남성공사(中國茶業公司雲南省公司)가 총괄하여 맹해차창(勐海茶廠)에서 대부분 생산되었다. 그리고 차병의 사양은 보통 지름이 20~21cm, 무게는 340~370g 정도였다. 원재료는 주로 맹랍과 맹해 지역의 차 산지에서 수확한 차청을 사용하였다.

상표의 디자인에서 유래된 호칭, '팔중차(八中茶)'

한편, 1950년대 초부터는 중국차업공사의 지부인 운남성공사가 관할하는 국영차창에서 생산된 보이병차에서는 상표의 로고가 종이에 인쇄된 상표지로 차병 1편마다 포장되었다. 대나무 껍질로 포장한 '호급차'와는 다른 큰 차이점이다. 그런데 1950년대에 공식 등록된 이 종이 상표지의 로고 디자인은 매우 독특하였다.

종이 상표지 중앙부에 차의 한자어인 '茶'자를 배치하고, 마치 동심원을 그리듯이 그 둘레에 '중국(中國)'을 뜻하는 '中'자 8개가 원형으로 둘러싸고 있고, 더 바깥쪽의 가장자리에는 '중국차업공사운남성공사 중차패원차'의 한자어인 '中國茶業公司雲南省公司 中茶牌圓茶'가 더 큰 원형으로 둘러싸고 있다.

이 병차는 '中'자 8개가 있는 독특한 디자인으로 인하여 시장에서는 '팔중차(八中茶)'라 불리게 되었다. 그리고 종이 내비(內飛)에도 중앙에 '茶'가 있고 그 주위를 8개의 '中'자가 원형으로 둘러싸인 로고가 인쇄되어 있는데, 이것을 '팔중차비(八中茶飛)'라고 불렀다. 당시 이 내비에는 생산 차창을 기재하지 않았다.

참고로 '팔(八)'이라는 숫자는 중국 사람들에게는 친숙한 '팔괘(八卦)'에서 기본 방위의 숫자로서 모든 방향을 가리킨다. 팔중차비를 이 시대에 병차에 넣은 것은 결과적으로 이 상품이 세상의 모든 방향으로 운송되어 세상 곳곳에서 판매되기를 바라는 염원이 담긴 것으로 볼 수 있다.

'차(茶)'자의 색상에 따라 분류된 다양한 보이차들

한편, 중국차업공사 운남성공사의 차창에서는 팔중차 상표 로고에서 한복판에 자리를 잡고 있는 '茶'의 색상을 생산 시기마다 약간씩 달리하여 판매하였다. 이때 '茶'의 색상에 따라 시장에서는 보이병차를 구분하였다. 즉 '茶'의 인(印)이 붉은색이면 '홍인(紅印)', 남색이면 '남인(藍印)', 녹색이면 '녹인(綠印)', 황색이면 '황인(黃印)'의 병차로 구분한 것이다. 이중에서도 시기가 가장 앞선 것은 '홍인'의 '홍인원차(紅印圓茶)'이다.

● 홍인(紅印)‖'茶'

유통 상품 : 홍인원차(紅印圓茶), 무지홍인(無紙紅印), 갑급홍인(甲級紅印), 홍인철병(紅印鐵餠) 등.

홍인원차(紅印圓茶)

1950년대에 생산된 홍인원차(紅印圓茶).

이 홍인원차는 '현대보이원차(現代普洱圓茶)'라고도 한다. 중국차업공사가 차창들을 모두 국영화한 뒤 맹해차창에서 가장 최초로 만든 보이차 상품이다. 특히 맹랍(勐腊) 지역의 우수한 차청을 주로 하고, 맹해 지역의 우수한 차청도 사용하였기 때문에 최고의 품질을 자랑한다. '홍인(紅印)'이라는 이름이 붙은 것은 팔중차 상표 로고에서 '차(茶)'자를 포함하여 외부 포장재에 인쇄된 모든 활자들이 단색의 붉은색으로 처리되었기 때문으로 알려져 있다.

내비에는 '팔중차(八中茶)' 상표의 로고만 인쇄되어 있고 생산 차창은 기재되어 있지 않다. 그리고 이 내비는 차병의 차엽에 대부분이 매장되어 있다. 포장지 앞면 중앙에도 '팔중차(八中茶)' 상표의 로고가 인쇄되어 있다. 물론 '차(茶)'자는 홍색이다. 상표 상단에 '중국차업공사운남성공사(中國茶業公司雲南省公司)'가 한자어의 번체자(繁體字)로 인쇄되어 있다. 상표 하단의 '중차패원차(中茶牌圓茶)'도 번체자로 인쇄되어 있다.

차병은 옛날 전통적인 '긴모(壓模)'를 사용해 원형으로 압축하였다. 차병의 특징은 매우 크고 풍만하다. 차면은 반지르르하고 광택이 난다. 차탕은 훌륭한 홍색이고, 엽저는 유연하고 신선하여 품질이 우수하다. 맛은 매우 진하면서 농후하고, 향은 난향(蘭香)이나 야생녹나무의 향미가 난다.

● 녹인(綠印)‖'茶'/남인(藍印)‖'茶'
유통 상품 : 녹인원차(綠印圓茶), 소녹인(小綠印) 등.

1960년대 생산된 남인원차(藍印圓茶).

녹인원차(綠印圓茶)와 남인원차(藍印圓茶)
녹인은 홍인과 1950년대 초의 동시대에, 또는 그 이후에 광범위하게 유통된 상품이다. 초기 녹인원차는 맹해차창에서 훌륭한 차청으로 가공 생산하였기 때문에 최종 상품의 품질도 대단히 높다. 홍인원차와 함께 쌍벽을 이룰 정도였다. 이 당시에 이미 갑을병급(甲乙丙級)의 분류가 있었다.

포장과 형식은 홍인원차와 거의 비슷하다. 내비에는 '팔중차' 상표의 로고가 인쇄되어 있고, 외부 포장지 앞면의 중앙부에도 '팔중차' 상표의 로고가 있다. 또한 '차(茶)'자는 녹색이다. 상표 상단에 '중국차업공사운남성공사(中國茶業公司雲南省公司)'가 한자어의 번체자

(繁體字)로 인쇄되어 있다. 상표 하단에도 '중차패원차(中茶牌圓茶)'가 번체자로 인쇄되어 있다. 특히 생산 초기의 녹인원차는 '홍인갑을원차(綠印甲乙圓茶)' 또는 '남인갑을원차(藍印甲乙圓茶)'라고도 한다. 오래 묵은 '진향'이 좋고 녹나무향이 나면서 전체적인 향미인 자미도 일품이다.

후기 녹인원차는 '녹인두(綠印頭)'와 '녹인미(綠印尾)'의 두 종류로 다시 세분된다. 먼저 '녹인두(綠印頭)'는 '무지녹인원차(無紙綠印圓茶)'를 말하며, 이것은 맹해 지역의 교목형 고차수에서 딴 차청을 원료로 생차 가공 방식으로 생산하여 품질이 매우 우수하다.

녹인미(綠印尾)는 부분적으로 수령이 어린 차나무에서 딴 차청도 함께 사용하여 생차 가공 방식으로 생산한 것이다.

그런데 녹인원차는 포장지에 등급이 비록 인쇄되어 있지만, 당시 맹해차창에서 고품질의 차청을 구입하여 사용한 결과 사실상 분급의 의미가 없었다. 이와 같은 이유로 갑급, 을급 활자에는 남색 잉크로 덧칠되었다. 반세기의 시간이 지나면서 그 남색 잉크가 퇴색하면서 갑, 을자 모양이 다시 나타나게 되었다. 이 때문에 '녹인 갑급', '녹인 을급', '남인 갑급', '남인 을급'이라고 사람들이 부르게 된 것이다.

따라서 남인원차와 초기의 녹인원차는 실은 서로 같은 제품이지만 다르게 불러온 것뿐이다. 이러한 것들은 진귀한 소장 가치가 있다. 여기에는 '무지남인(無紙藍印)', '남인갑을급(藍印甲乙級)', '남인철병(藍印鐵餅)', '미술자녹인(美術字綠印)'의 분류가 있다.

● 황인(黃印) ‖ '茶'
유통 상품 : 대황인(大黃印), 소황인(小黃印), 황인철병(黃印鐵餅)

황인원차(黃印圓茶)

중차패
황인원차(黃印圓茶).

황인원차는 1960년대에 맹해차창에서 개발되었던 '황인원차(黃印圓茶)'의 병배 공예에서 유래되었다. '현대적인 차청의 병배 기술이 적용된 보이차 상품의 시초'라 할 수 있다. 내비에는 '팔중차' 상표가 있고, 외부 포장지 앞면의 중앙부에도 '팔중차' 상표 로고가 있다. 또한 '茶'자는 황색이다. 상표 상단에 '중국차업공사운남성공사(中國茶業公司雲南省公司)'가 한자어의 번체자(繁體字)로 인쇄되어 있다. 상표 하단의 '중차패원차

인급차(印級茶)의 특징

구분		특징
포장 방식	차병(茶餅) 포장	차병 1편(片)을 생산 이력이 표시된 '종이 상표지'로 포장.
	차병 포장재 이력 표시	상표 로고 첫 사용, 생산 업체의 첫 표시, 즉 '중국차업공사운남성공사 중차패원차'를 한자어 '中國茶業公司雲南省公司 中茶牌圓茶'로 오른쪽에서 왼쪽으로 표시.
	통(筒)	호급차와 동일, 차병 7개들이를 1통(筒)의 단위로 묶어 대나무 껍질로 포장하고, 죽편(대나무 띠)으로 동여맸다.
내비(內飛)		'팔중차' 로고가 새겨진 내비인 '팔중차비'가 차병에 깊이 매장, 차의 생산이력(차창) 표기 없음.
내표(內票)		1통(筒)마다 내표를 제일 위에 내장.
소인(燒印) 위치 및 형태		1통(筒)의 포장 죽피의 상단부에 있다.

참조 문헌: 『First Step to Puer Tea』(Chan Kam Pong 著)를 참조 및 작성.

(中茶牌圓茶)'도 번체자로 인쇄되어 있다.

한편 오늘날 황인원차의 수량은 그다지 많지 않다. 차병의 크기에 따라서 '대황인(大黃印)'과 '소황인(小黃印)'으로 나뉜다. 이 황인원차는 '보이칠자병차'의 전신이기도 하다.

맥호(嘜號)를 매긴 시대의 '칠자병차(七子餅茶)류'

생산 및 유통 시대 : 1960년대 후반~1990년대 후반

인급차(印級茶)에 뒤이어 나타난 것은 '운남칠자병차(雲南七子餅茶)'였다. 이 칠자병차의 시대에는 그 전의 인급차 시대와는 다른 매우 많은 변화가 있었지만, 특히 포장지에 인쇄되는 상표에서는 큰 변화가 일어났다. 대표적인 것이 '중차패원차(中茶牌圓茶)'가 '운남칠자병차(雲南七子餅茶)'로 명칭의 표기가 바뀐 것이다. 이때 '원차(圓茶)'가 '칠자병차(七子餅茶)'로 명칭이 변경된 것은 꽤 주목할 만한 내용이다. 요컨대 '칠자병차(七子餅茶)'는 매우 오래전부터 있었던 호칭이 아니라 사실 20세기 후반에서야 비로소 불리기 시작한 호칭인 것이다.

오늘날 '칠자병차'에 해당하는 보이차는 청나라 시대에는 '원차(圓茶)'로 불렀다. 소위 '칠자원차(七子圓茶)'의 규격과 제도도 사실 이 당시에 만들어진 것으로 알려져 있다. 이와 관련해서는 청나라의 역사서인 『흠정대청회전사례(欽定大淸會典事例)』에 "옹정(雍正) 30년(1735년)에는 운남의 상인들이 차를 구입 및 판매하는 것을 윤허하였고, 7편(片)의 '원차(圓茶)'를 1통(筒)의 단위로 하여, 총 무게는 49냥(兩)으로 한다"고 기재되어 있다.

한편 숫자 칠(7, 七), 즉 칠자(七子)는 원차 7편을 1통의 단위로 하는 점에서, 또는 1편당 무게가 당시의 단위로 7냥(兩)(약 357g)인 데서 유래되었다는 설도 있지만, 중국에서는 칠자가 전통적으로 길한 숫자로서, 다자(多子)(자손번창), 다지(多地)(대지의 풍요), 다복(多福)(큰 행운), 다수(多壽)(긴 수명), 다희(多禧)(큰 즐거움), 다경(多慶)(많은 경사), 다재(多財)(많은 재물)의 일곱 가지 뜻을 내포하고 있고, 칠자병차는 그러한 기복 사상을 담고 있다는 이야기도 있다. 여기서는 소위 '칠자병차의 시대'에 있었던 큰 변화들을 연대별로 간략히 살펴본다.

칠자병차(七子餠茶)의 연대별 주요 변화

1970년대 고전보이차 대남인(大藍印).

● **1960년대 후반~1970년대 초반**

1960년대 후반에서 1970년대 초반에는 상표에 차명인 '중차패원차(中茶牌圓茶)'를 '운남칠자병차(雲南七子餠茶)'로 바꿔서 포장지에 인쇄되기 시작하였다. 주요 상품으로는 '곤명간체자칠자병차(昆明簡體字七子餠茶)'와 '하관중차패간체자칠자병차(下關中茶牌簡體字七子餠茶)'가 있다. 이 두 상품들은 이 시기에 인급차와 혼재되어 생산되었다.

특히 1972년에 중국토산축산운남차엽진출구공사(中國土産畜産雲南茶葉進出口公司)(이하 운남차엽진출구공사)가 설립되면서 그동안 중국차업공사가 담당하였던 보이차 사업들이 이관되었다. 차엽의 수출 업무를 운남차엽진출구공사가 광고성과 호소력을 높이기 위하여 차의 이름도 '원(圓)'을 '병(餠)'으로 개칭하였다. 즉 '원차(圓茶)'가 '병차(餠茶)'로 공식적으로 개명된 것이다. 그리고 포장재의 문구에서도 큰 변화가 일어났다. '중국차업공사(中國

茶業公司)'라는 국영 상호가 더 이상 인쇄되지 않고, 각 차창이 자체 생산하면서 '운남칠자병차(雲南七子餠茶)'라는 통칭으로 인쇄되기 시작하였다. 이로써 소위 '칠자병차(七子餠茶)의 시대'가 도래한 것이다.

1970년대 고전보이숙차 7572.

● **1970년대 중반**

더욱이 1970년대 중반으로 오면서 해외 시장의 수요도 점차 증가하였다. 이러한 배경으로 운남차엽진출구공사는 각 차창에서 생산되는 칠자병차의 상품 식별 표시 및 제도를 통일하여 체계화시켰다. 그 과정에서 운남차엽진출구공사는 1976년부터 차병 1편마다 번호를 매기기 시작하였다. 즉 네 자릿수의 표기인 '맥호(嘜號)'를 사용하기 시작한 것이다.

맥호의 네 자릿수 중에서 앞에서 두 자릿수는 '레시피 개발 연도', 셋째 자릿수는 '차청의 등급 표시', 넷째 자릿수는 '차창의 식별 부호'이다. 이 당시 차창의 식별 부호 중 1은 '곤명차창', 2는 '맹해차창', 3은 '하관차창', 4는 '보이차창'을 가리켰다.

또한 이 시기에는 보이차 세계에서 일대 변혁이 일어났다. 즉 보이차의 상품을 양분할 수 있는 기점을 제공하는 기술이 개발된 것이다. 지금껏 생산되었던 보이생차는 저장 및 숙성 과정인 진화의 시간이 적어도 10년~30년 정도로 매우 길었기 때문에 시장의 수요를 충족하기에는 너무도 부족하였다.

이러한 문제를 해결하기 위하여 보이차의 진화 속도를 가속시키는 기술, 즉 '미생물고태발효' 또는 '악퇴(渥堆)'라는 쾌속 후발효 기술을 개발하여 1973년~1975년 사이에 맹해차창과 곤명차창에서 보이차의 시험 제작에 공식적으로 성공한 것이다. 이로써 소위 '보이숙차'가 탄생하면서 보이차는 이제 '고전적(역사상) 보이차'와 '현대상의 보이차'로 양분되는 새로운 장이 열린 것이다. 이 당시 가장 인지도가 높았던 보이숙차로는 '중차패(中茶牌) 7581 숙차전(熟茶磚)'을 들 수 있다.

1980년대 고전적 보이생차 8582.

● 1980년대

1980년대에는 유명한 보이차들이 매우 다양하게 생산되었다. 철병(鐵餅)의 최초 생산 차창으로도 유명한 하관차창에서는 '중차패'의 서체를 번체자로 인쇄하여 철병을 포장한 '하관중차패번체자칠자병(下關中茶牌繁體字七子餅)', 즉 맥호가 'T8653'인 철병도 생산하였다. 또한 '茶'자가 노란색인 황인칠자병(黃印七子餅), '茶'자가 남색인 '대남인칠자병(大藍印七子餅)', '수남인칠자병(水藍印七子餅)'을 비롯하여, '7542-73 청병(青餅)', '8582 청병', '홍대칠자병(紅帶七子餅)', '7532 운인청병(雲印青餅)', '7542, 8542 후지·박지청병(厚紙和薄紙青餅)', '88 청병' 등도 생산되었다. 이중에서 '7542'와 '88 청병'은 보이차 시장에서도 매우 유명하였다.

1990년대 유행한 자대익칠자병(紫大益七子餅).

● 1990년대 후반까지

1990년대에는 곤명, 맹해, 하관에서 전통적인 방식으로 포장한 보이차 외에도, 포장재에 '대익(大益)'이라는 상표와 문구들을 홍색으로 인쇄한 '홍대익칠자병(紅大益七子餅)' 또는 자색으로 인쇄한 '자대익칠자병(紫大益七子餅)'이라는 상품도 있었다. 그 밖에도 대도강차창(大渡崗茶廠), 여명차창(黎明茶廠) 등의 중대형 차창에서 생산된 것들과 차상인들이 차창에 주문하여 생산된 것들도 많다.

특히 1990년대 후반에는 국영차창에서 점차 민간 차상들로부터 주문을 받아 생산하는 일이 많아지기 시작하면서 포장 방식에서도 이전의 칠자병차 시대의 규격을 벗어나는 경우가 많았다. 또한 차상인들과 시장의 요구에 따라서 국영차창에서 차청을 배합하는 병배와 긴압의 방식에서도 큰 변화가 일어났다. 결과적으로 이 시기에는 칠자병차 시대의 전통이 규격 차원에서도 크게 요동치기 시작한 것이다.

칠자병차류의 주요 상품들

대익(大益) 상표의 홍사대칠자병차(紅絲帶七子餠茶).

홍사대(紅絲帶)

칠자병차에는 차병 표면상에 마치 가느다란 붉은 실과 같은 띠가 내포된 것들이 있다. 홍콩과 대만의 상인들은 이것을 '홍사대(紅絲帶)', '홍사대칠자병차(紅絲帶七子餠茶)'라고 부른다. 이 홍사대(紅絲帶)가 처음으로 나타난 시기는 정확히 알 수 없다. 일부에서는 홍콩과 대만의 상인들이 맹해차창에 7542 보이숙차를 주문, 생산한 데서 유래된 것으로 보고 있다. 맹해차창은 당시에 내수용 차와 수출용 차를 구분하여 생산하였는데, 이 홍사대는 수출용 차의 대표적인 상품이었다는 것이다.

대익(大益) 7542, 7572

보이차 업계에서는 '보이생차와 보이숙차를 대표하는 생산품'으로까지 평가를 받고 있다. 대익(大益) 7542, 7572는 대익차(大益茶)의 대표 브랜드로서 고전 보이차의 상징적인 제품이다.

1970년 중반에 생산된 이러한 보이차의 품질이 뛰어났던 배경에는 맹해차창의 병배(拼配) 기술이 있었기 때문이다. 병배(拼配)는 등급은 같지만 산지가 다르거나, 등급은 다르지만 산지가 같거나, 또는 수확 연도가 다른 차청들을 쇄면차, 이차 등으로 일정 비율로 배합하는 과정이다.

이러한 병배는 장점은 드러내고 단점은 가릴 수 있는 특성이 있어 전체적인 품질에 균형을 맞출 수 있다. 즉 차엽의 색, 향, 맛, 모양을 표준에 부합시켜 생산품의 품질과 관련하여 안정성과 일관성을 보증할 수 있고, 생산품에도 더욱더 독특한 풍격을 가져다줄 수 있다.

대익(大益) 보이생차 7542.

대익(大益) 보이숙차 7572.

그동안 맹해차창은 보이차를 대규모로 생산해 왔고, 수확한 해가 같지 않은 차청들도 충분히 비축하고 있었고, 또한 핵심 기술인 병배를 통해 상품의 품질이 최고의 경지에 올랐다는 평가를 받고 있다.

하관철병(下關鐵餅) T7663.

철병(鐵餠)

철병은 1950년~1960년대에 하관차창에서 최초로 생산되었다. 그 뒤 1970년~1980년대에도 하관차창에서는 계속해서 맥호가 T7573, T7663, T8653, T8613, T8603인 철병들을 생산해 왔다.

철병은 가공 과정에서 기계로 높은 압력을 가해 차청을 긴압하기 때문에 성형한 뒤에는 차병이 매우 견고하고 단단하다. 차병의 외관도 더욱더 분명하고 뚜렷하다. 하관차창의 철병들은 기계와 철모로 긴압하기 때문에 일반적인 돌절구인 '석모'로 긴압할 때 생기는 차병의 오목한 부위가 없다. 대신에 차병의 표면에는 과립상의 돌기들이 많이 나 있다.

88 청병(八八靑餠).

88 청병(八八靑餠)

1980년대에 계획경제의 시대에 생산된 칠자병차이다. 1988년부터 1992년까지 운남성에서 생산된 7542 칠자병차를 홍콩의 상인인 진강(陳强) 선생이 구입하여 홍콩으로 들여온 뒤 다시 진국의(陳國義) 선생이 1993년에 구입하여 창고에 저장하여 오랜 동안 진화의 과정을 거친 제품이다.

88 청병은 보이생차로서 1988년 당시에는 거의 숙성되지 않아서 품질이 별로였지만, 21세기 초까지 20여 년 이상의 건창 진화 과정을 거치면서 품질이 높이 향상되었다. 또한 시장의 트렌드도 진화 방식이 습창에서 건창으로 바뀌면서 사람들의 선호도도 더욱더 높아졌다.

오늘날에 88 청병은 칠자병차 중에서도 그 품질이 걸출하기로 유명하다. '88'이라는 차명이 붙은 것은 중국에서 8은 '행운'과 '재물'을 대표하는 숫자였고, 88은 결과적으로 행운과 재물을 거듭해서 모을 수 있다는 뜻이 내포되어 있기 때문에 시장에서는 차명을 '88 청병(八八靑餠)'이라고 붙인 것이다.

대백채(大白菜), 금공작(金孔雀)

광동성의 차상인이자 대만의 대표적인 차상인이었던 하보강(何寶强) 선생이 1990년대 후반에서 2004년까지 운남성에 있다가 반장차(班章茶)를 접한 뒤, 맹해차창에 위탁 가공 형식으로 생산을 주문하여 '반장대백채(班章大白菜)'와 '공작(孔雀)' 계열의 칠자병차가 만들어졌다. 이것이 오늘날 보이차의 대명사가 된 '반장차(班章茶)'의 첫 제품들이다.

반장대백채(班章大白菜)와 공작(孔雀) 계열의 칠자병차가 세상에 첫 출시되었을 때는 원료의 생산 단가가 너무 높아서 소매가격도 다른 칠자병차보다 몇 곱절이나 높았다. 높은 등급의 차청을 사용한 첫 제품들은 맛의 농밀도가 높았고, 향기도 매우 독특하여 인기가 매우 높았다. 특히 10년 이상의 진화 과정을 거치면서 독특한 향기를 풍기고, 찻물은 순후(醇厚)하다. 오늘날 이 계열의 제품들은 다른 칠자병차의 상품보다 수 배 내지 십수 배의 가격으로 판매된다.

반장대백채(班章大白菜) 보이병차.

자대익(紫大益), 매괴대익(玫瑰大益), 홍대익(紅大益)

1996년~2002년 사이에 생산된 맥호 7542인 칠자병차이다. 2001년까지는 외부 포장지에 '대익(大益)'이라는 식별자가 자색(紫色)으로 인쇄되어 있었다. 그리고 내비에는 본래의 홍색으로 '대익(大益)'의 표지가 유지되었다. 포장지의 색채 및 대익 표지(식별자)가 매괴자색(玫瑰紫色)임에 따라 시장에서는 '자대익(紫大益)' 또는 '매괴대익(玫瑰大益)'이라고 명명하였다. 그리고 포장지의 색채와 대익의 로고가 홍색으로 인쇄되어 있으면 시장에서는 '홍대익(紅大益)'이라고 불렀다.

홍대익(紅大益)과
매괴대익(玫瑰大益)의 보이병차.

녹대수(綠大樹)

1999년부터 이무정산차(易武正山茶)가 유행하기 시작하였다. 이 당시 광동성의 차상인들이 맹해차창에 '병배(拼配)'와 '압제(壓制)(긴압)'를 위탁하였고, 또한 이무정산(易武正山) 대차수(大茶樹)의 차엽을 원료로 하여 여러 차례에 걸쳐 주문 생산하여 건창식(乾倉式)으로 창고에 저장한 것이 2005~2006년에 음료로서 품질의 가치가 높게 평가를 받으면서 지명도가 상승한 것이 바로 이 칠자병차이다. 맹해차창에서 포장재에 녹색의 큰 나무 한 그루를 인쇄하면서부터 시장에서는 '녹대수(綠大樹)'라 부르기 시작하였다. 그 뒤 수많은 기업들이 차병의 포장재에 녹색의 차나무를 인쇄하였고, 그 뒤 이 칠자병차의 이름은 '녹대수(綠大樹)'로 굳어졌다.

이무정산차(易武正山茶)의
녹대수(綠大樹)

칠자병차(七子餠茶)의 특징

구분		특징
포장 방식	차병(茶餠) 포장	차병 1편(片)을 생산 이력이 표시된 '종이 상표지'로 포장
	차병 포장재 이력 표시	● 차명이 '중차패원차'에서 '운남칠자병차'로 개칭되어 통일적으로 표기. ● 맥호의 표기 첫 등장. ● 중국어의 로마식 표기법과 영어식 표현을 칠자병차류에서 처음 소개(곤명, 하관제품은 예외). ● '운남칠자병차(雲南七子餠茶)'의 하단에 영어 'YUNNAN CHI TSE BEEING CHA'가 표기, 팔중차 로고 하단에 '중국토산축산진출품공사운남성차엽분공사(中國土産畜産進出品公司雲南省茶葉分公司)', 그 하단에 영어 'CHINA NATIONAL NATIVE PRODUCE & ANIMAL BY-PRODUCTS IMPORT & EXPORT CORPORATION YUNNAN TEA BRANCH' 인쇄(곤명, 하관차창은 예외). ● 포장재의 상품 이력 및 문구를 '왼쪽에서 오른쪽으로' 표기 시작.
	통(筒)	● 차병 7개들이를 1통(筒) 단위로 묶어 대나무껍질로 대부분 포장(주로 생차). ● 보이숙차는 주로 종이백으로 포장하는 경향. ● 곤명, 하관차창에서 종이백으로 포장. ● 통을 묶는 끈으로 죽편(대나무 띠) 대신에 철사 사용. 종이백 포장에서는 나일론 줄 사용.
내비(內飛)		● '내비의 팔중차 로고 하단에 '서쌍판납태족자치주 맹해차창출품(西双版納傣族自治州勐海茶廠出品)' 문구 표시(예외 곤명, 하관차창 제품).
내표(內票)		● 1통(筒)마다 내표를 제일 위에 내장.
설명서 첨부		● 별도의 칠자병차에 대한 설명문 첨부 시작. (곤명, 하관차창 제품 예외).
소인(燒印) 위치 및 형태		● 1통(筒)의 포장 죽피의 상단부에 소인, 종이백의 경우에는 소인이 없거나 스티커 부착.

참조 문헌 : 『First Step to Puer Tea』(Chan Kam Pong 著)를 참조 및 작성.

'주문자생산방식(OEM)' 시대의 보이차들

각 차창에서 생산되는 칠자병차의 상품 식별 표시 및 제도는 1970년대 중반에 운남차엽진출구공사에 의해 통일되면서 차병의 포장 디자인과 내비에는 개성이라고는 전혀 없었다. 그런데 1997년도에 들어서면서 큰 변화가 일어났다. 당시 민간 차원의 '주문자생산방식(OEM)'이 크게 유행하면서 주문자의 개성과 요구 사항이 담긴 파격적인 칠자병차의 생산이 늘어났다.

또 한편으로는 야생 차나무인 고차수의 차청을 사용하는 고급 브랜드 칠자병차의 생산도 늘어났다. 이는 '칠자병차의 시대'와 확연히 다른 점이었다. 따라서 칠자병차 시대의 말기를 1997년으로 보는 견해도 있다. 반면 칠자병차 시대의 특징들을 지닌 보이병차는 지금도 생산하는 곳이 아직 있기 때문에 현재도 여전히 칠자병차의 시대로 보는 사람들도 있다. 여기서는 칠자병차 시대와는 확연히 다른 새로운 특징과 시대적인 경향에 대해 간략히 소개한다.

운남성의 서쌍판납 지역에서
야생으로 자생하는 고차수의 모습.

민간 '주문자 생산 방식(OEM)'의 대유행

1990년대 후반부터는 중국의 시장 개방화에 힘입어 보이차 시장도 급성장하면서 보이차의 상품에도 큰 변화가 일어났다. 이전까지는 주로 국영차창에 의해 통일된 규격으로 생산되거나 주문자 생산 방식이 부분적으로 적용되어 출시되었지만, 이 시대에는 민간 상인들로부터 '주문자 생산 방식(OEM)'을 통해 보이차를 생산하는 일이 일반화되었다. 그 결과 보이차 상품에도 고급화와 차별화의 유행이 일기 시작하면서, 칠자병차는 통일된 형태에서 파격적으로 벗어나 다양한 포장 방식과 재료, 표기 형태, 그리고 배합 방식 등으로 등장하였다.

더욱이 일부 상인들은 자신이 소유한 브랜드에 차별성을 주기 위해 운남성으로 직접 건너가 차엽의 등급을 자체적으로 정하고, 배합의 방식과 비율도 새롭게 개발하여 주문자 방식의 생산을 의뢰하는 경우도 많았다. 이 시대에 탄생한 보이차 상품으로는 '97, 98 화련청전(華聯靑磚)', '97 노수원차(老樹圓茶)' 등이 있다.

새로운 트렌드 _ '야생 고차수의 차엽'이 대유행

한편, 이 시대에는 국영차창이 통일적으로 생산하였던 이전과는 달리 차엽(차청)의 사용에서도 새로운 바람이 불었다. 즉 민간의 주문자 생산 방식으로 야생 차나무인 고차수로부터 차엽을 수확하여 보이차를 만들기 시작한 것이다. 이는 무농약, 무살충제의 청정지역에서 자연 그대로 자란 바이오다이내믹농법과 같은 방법으로 원재료인 차청을 수확하여 사용하는 것이기 때문에 보이차 시장에서는 폭발적인 인기를 끌었다. 더욱이 고차수의 수령도 오래된 것들이 대부분이기 때문에 그 희소성으로 가치성도 높아 비싼 가격으로 거래되었다. 따라서 사람들이 자산으로서 재테크의 수단으로 많이 활용하기 시작하였다.

'주문자 생산 방식(OEM)' 시대의 주요 상품들

● '97 노수원차(老樹圓茶)'

'97 노수원차'는 홍콩의 도매상인 임기원차행(林奇苑茶行)과 대만의 차상인이 1997년에 맹해차창에 위탁하여 가장 품질이 우수한 차청(실제 수확 연도 1996년)을 사용하도록 주문하여 반장차 개념으로 압제해 만든 것이다. 차청은 국영차창이 관리하던 대차수(大茶樹)

1997년도산 노수원차(老樹圓茶).

로부터 수확하였다. '97 노수원차'는 처음부터 '수노목교(樹老木喬)'의 차청을 사용한다고 표방하였다. 즉 교목형 노차수의 찻잎을 따서 만든다는 것이다.

사실 1997년 생산 당시에는 이미 40여 년 가까이 진화의 시간을 거친 '고동차(古董茶)'나 '인급차(印級茶)'가 시장에서 큰 인기를 끌었던 탓에 진화 기간이 20년~30년이나 되는 1980년의 8582, 중차번체, 1970년대 칠자소황인, 중차간체 등의 상품도 그 고동차 등에 밀렸던 상황이었기 때문에 진화 및 숙성 시간이 극히 짧은 '97 노수원차'는 당연히 시장에서 거의 관심을 받지 못하였다.

그런데 최근 들어서 보이차 시장이 급성장하고, '97 노수원차'도 진화 기간이 20년 가까이 육박하기 때문에 시장에서는 가격이 치솟기 전에 선행적으로 수집되면서 인기가 급부상하였다. 그런데 '97 노수원차'는 1997년 당시에 생산량이 매우 적었고, 또한 일부는 홍콩으로, 일부는 대만으로 나뉘어 입창된 상황이었다. 더욱이 오늘날 사람들로부터 시장에서 큰 인기를 끌고 있는 건창 진화 방식을 채용한 상품은 그 수량이 매우 희소하여 시장에서는 찾아보기가 매우 어려워 가격도 매우 높게 형성되어 있다.

일반적으로 차병은 1편당 외부 포장재로 싸여 있고, 그 속에는 내비가 들어 있다. 차병에는 압제할 때 넣은 가느다란 홍사대(紅絲帶)도 보인다. 차병 7편들이가 1통으로 포장되었고, 포장재는 종이 재질이다. 1통(筒) 속에는 물론 내표도 내장되어 있다.

1997년도산 화련청전(華聯青磚).

● '97, 98 화련청전(華聯青磚)'

'화련청전(華聯青磚)'은 이미 1990년대 중반 이전부터 생산되고 있던 보이전차이다. 이 시대에는 홍콩의 차상인들이 주문자 생산 방식으로 보이차를 대량으로 생산하였다. 그와 같은 시대적인 배경 속에서 화련청전도 운남성공사에 부속된 각 차창들이 홍콩의 차상인들로부터 주문을 받아 생산된 것이다.

그런데 1995년~1996년에는 홍콩의 차상인들이 주문을 중단하였다. 이로 인해 화련청전도 생산이 중지되어 결국 대량의 모차가 운남차엽진출구공사에 재고로 남게 되었다. 이 문제를 해결하기 위해 운남차엽진출구공사가 심천부화분공사(深圳富華分公司)에 판로를 찾도록 지시하였고, 오문(마카오)화련공사(澳門華聯公司)와 생산 합의가 도출된 결과로 탄생한 것이 바로 '97 화련청전'이다.

화련청전은 1997년부터 2000년 사이에 총 4회에 걸쳐 주문자 생산이 이루어졌다. 1997년산은 1포장지 봉투에 2개의 전(磚)이 들어 있고, 이때 1전(磚)은 500그램이었다. 매전마다에는 내비가 들어 있었다. 그런데 2000년산은 품질이 매우 낮게 평가되면서 주문자 생산이 다시 일시적으로 중단되었다. 더욱이 1998년산과 2000년산은 포장까지 동일하여 생산 연도를 속여서 파는 경우도 발생하였다.

그 뒤 시간이 지나면서 중국 보이차계의 한 전문가가 2001년 10월 출시품을 '99이창(易昌)', 2000년 출시품을 '녹대수(綠大樹)', 2002년 출시품을 '97, 98 화련청전(華聯青磚)'이라고 구분하여 명명한 것으로 알려져 있다.

주문자 생산 방식의 시대 보이차 특징

구분		특징
포장 방식	차병(茶餅) 포장	● 차병 1편(片)을 생산 이력이 표시된 '종이 상표지'로 포장, 종이의 재질도 다양해짐. ● 맥호가 없는 경우도 있다.
	차병 포장재 이력 표시	● 브랜드마다 다양한 디자인으로 표기.
	통(筒)/건(件)	● 차병 7개들이 1통(筒) 단위로 묶어 대나무 껍질(주로 생차)이나 종이(주로 숙차)로 포장. ● 6통을 1건 단위로 포장하는 방식 등장.
내비(內飛)		● 내비가 차병에 있는 것도 있고, 없는 것도 있다.
내표(內票)		● 1통마다 내표를 제일 위에 내장하거나, 없는 경우도 있다.
설명서 첨부		● 브랜드마다 다양한 디자인과 내용의 설명서 첨부.
소인(燒印) 위치 및 형태		● 1통의 포장 죽피의 상단에 소인 또는 종이 포장지 위에 스티커 부착.
차병 1편(片)당 표준 중량		● 주문자 생산 방식에 따라서 브랜드마다 병배에서 차청 배합비의 다양화.
병배(배합) 비율		● 주문자 생산 방식에 따라서 브랜드마다 병배에서 차청 배합비의 다양화.
차청(선엽)의 등급/긴압 방식		● 주문자 생산 방식에 따라서 브랜드마다 원재료인 차청의 등급도 다양화. ● 전통적인 긴압 형태에서 벗어나 브랜드마다 약간씩 다른 기계식의 압제 방식.

참조 문헌 : 『First Step to Puer Tea』(Chan Kam Pong 著)를 참조 및 작성.

보이차 식별 번호, '맥호(嘜號)'에 따른 분류

보이차에 식별 부호를 붙이는 맥호(嘜號) 제도는 1970년대 중반의 칠자병차 시대에 등장하였다. 운남차엽진출구공사가 보이차 시장의 규모가 커지자 보이차 상품의 포장 체계를 통일하면서 1976년도부터 각 차창에서 생산되는 칠자병차에 상품 식별 표시 제도로서 네 자릿수의 맥호를 도입한 것이 그 시초이다. 광동어로 '상표'를 뜻하는 용어인 '맥호(嘜號)'는 북경어로는 '차호(茶號)'라고 한다. 이 맥호에는 '보이차의 생산 이력'이 담겨 있다.

칠자병차류의 '맥호(嘜號)'

맥호가 매겨진 시대는 중국이 아직은 계획 경제 시대였기 때문에 국영차창에서 생산된 보이차에 매기는 맥호는 규격이 네 자릿수로 통일되어 있다. 그리고 차창도 대형 차창을 중심으로 4개의 일련번호를 매겼다.

맥호가 7542인 대익 보이병차.

병차의 네 자릿수 맥호, "○○○○"

칠자병차부터 본격적으로 매겨진 맥호는 총 네 자릿수로서 각 자릿수마다 생산 이력이 담겨 있다. 계획 경제 시대에는 이 맥호의 규격과 의미가 통일적으로 유지되었다. 여기서는 당시 맥호의 각 자릿수에 담긴 생산 이력의 의미를 살펴본다.

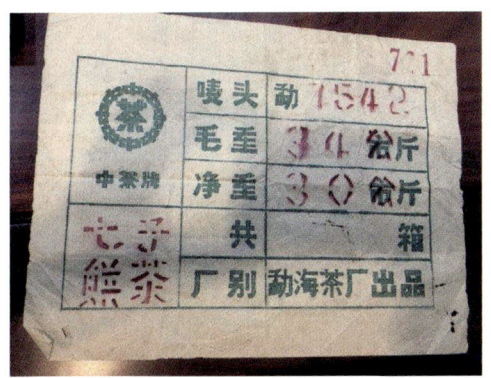

내비에 적힌 맥호 7542.

● 배합 방식(레시피) 개발 연도
‖ "●●○○"

맥호의 네 자릿수에서 앞의 두 자릿수는 병차의 배합이 처음으로 개발 및 확정된 연도를 뜻한다. 이때 주의할 점은 이것이 보이차의 생산 연도가 아니라는 점이다. 즉 보이차에 '7542', 'T7663', '8682'라는 맥호가 표시된 상품은 각각 차병에서 병배의 배합이 개발 및 확정된 연도가 '1975년', '1976'년, '1986년'이었다는 뜻이다. 다시 설명하면, '7542'는 1975년 이후에 생산된 상품에도 동일한 배합 방식을 사용하였다면 동일한 연도가 표시될 수 있다는 뜻이다. 결과적으로 첫 두 자릿수는 보이차의 병배 방식이 결정된 연도를 뜻한다.

● 병배에 사용된 모차의 주요 차청 등급 ‖ "○○●○"

보이병차는 앞서 설명하였듯이, 기본 원료차인 모차를 사용하여 생산된다. 맥호에서 셋째 자릿수는 모차에 주로 사용된 차청의 등급을 표시한 것이다. 철병 맥호 'T7663'을 예로 들면, 보이철병의 병배 과정에 모차의 주요 차청이 좀 더 성숙한 6등급이 사용되었다는 뜻이다.

그런데 보이차는 녹차와는 달리 새싹이나 어린 차엽을 사용할수록 거칠고 성숙한 차엽을 사용한 것보다 맛과 향이 반드시 더 훌륭한 것이 아니다. 즉 셋째 자릿수인 차청의 등급이 낮을수록 반드시 더 좋은 것은 아니라는 점이다. 예를 들면, 차청이 4등급인 '7542'가 8등급인 '8582'보다 보이차 완성품에서 맛과 향이 반드시 더 좋은 것은 아니라는 점이다.

그 이유는 각 차청마다 후속 가공인 후발효나 독특한 진화의 과정을 거치면서 최종 품질과 향미가 완전히 달라지기 때문이다. 결국 셋째 자릿수는 원료의 등급을 표시한 것뿐이며, 보이차의 최종 품질을 의미하지 않는다. 더 나아가서는 맥호가 동일한 상품이라도 그 품질과 향미는 서로 같지 않다.

● 차창 식별 표시 ∥ "○○○●"

맥호에서 넷째 자릿수는 해당 보이차의 상품을 생산한 차창을 표시한다. 운남차엽진출구공사에 의해 맥호가 처음으로 도입되었을 당시에는 중국이 계획 경제 시대였기 때문에 대형 국영차창을 중심으로 보이차를 대량 생산하였다. 따라서 4대 국영차창에 일련번호가 매겨졌는데, 곤명차창(昆明茶廠)은 '1', 맹해차창(勐海茶廠)은 '2', 하관차창(下關茶廠)은 '3', 보이차창(普洱茶廠)은 '4'로 표시하였다. 예를 들어 맥호가 '7542', '7581', '8613'로 포장재에 표시되어 있으면, 각각 '맹해차창', '곤명차창', '하관차창'에서 생산된 상품이라는 뜻이다.

이상의 설명을 종합하면, 보이차 상표에 '嘜號 8613'으로 인쇄된 것은 하관차창에서 1등급의 차청을 사용해 1986년도에 개발된 병배 방식으로 만든 상품이라는 뜻이다.

현대 시대의 맥호

오늘날 보이차 시장에서는 맥호의 의미가 점차 희박해지고 있다. 계획 경제 시대가 끝나고 시장이 점차 개방화되면서 옛 국영차창이었던 곤명차창, 맹해차창, 하관차창, 보이차창에서도 전문가들과 자본이 이탈하여 점차 민간 차창을 열고, 또한 맥호도 자체적으로 매기거나, 처음부터 매기지 않는 경우도 생기면서 전통적인 맥호의 체계는 교란되었다. 더욱이 오늘날에는 차창도 기존의 4대 차창에서 20여 개 이상으로 늘어나면서 그러한 경향은 점차 증가하고 있다. 그럼에도 불구하고 어느 정도 일관된 체계를 갖춘 '맥호의 전통'은 지금까지도 여전히 남아 있다.

머리글자 'T' ∥ T○○○○

간혹 네 자릿수 맥호 앞에 머리글자 'T'가 붙은 것을 볼 수 있다. 특히 보이철병일 때 자주 볼 수 있다. 이때 'T'는 'tight machine compression'의 첫 글자이다. 맥호 앞에 머리글자 T가 붙은 것은 철병과 같이 매우 견고하게 기계로 압축한 상품이라는 뜻이다. 예를 들면, T8613은 1986년도에 개발 및 확정된 병배 방식을 적용하였고, 원료로 사용한 모차의 주된 차청 등급이 1등급이며, 하관차창에서 생산하였다는 것을 의미한다.

병차의 부가 번호(-○○○) ‖ "네 자릿수 맥호-(★)○○○"

보이철병 T8613.

한편 기존의 칠자병차 시대 '네 자릿수 맥호'에는 상품의 생산 연도에 관한 정보는 담겨 있지 않았다. 종종 병배의 방식이 개발된 연도를 마치 제품의 생산 연도로 사람들이 잘못 이해함에 따라서 구별을 위해 새로운 부가 번호의 방식이 등장하였다. 바로 기존의 네 자릿수 맥호 다음에 하이픈(-)이나 별표(★) 등을 표시하고 세 자릿수의 부가 번호를 덧붙이는 것이다. 또는 내비의 난에 스탬프로 부가 번호의 직인을 찍는다. 이 부가 번호에는 최종 상품의 '생산 연도'와 일종의 '생산 회분의 일련번호(로트수)'가 기재된다.

● **생산 연도‖-(★)●○○**

세 자릿수의 부가 번호에서 첫 번째 자릿수(●)는 해당 보이차 상품의 '생산 연도'를 뜻한다. 예를 들면 '8653-602'에서 '6'에 해당한다. 이 '6'은 1986년, 1996년, 2006년, 2016년 중에서 하나를 의미하는 것이다. 보이차의 세계에 첫 입문한 사람들은 이것의 생산 연도가 1996년인지, 아니면 2016년인지, 또는 어느 시기인지 혼란스러울 수도 있다. 그러나 보이차를 오랫동안 접하고 다루었던 전문가들이나 유통 상인들은 그 시대에 유행하였던 포장재의 여러 특징들을 보면서 곧바로 생산 연도를 판별할 수 있다고 한다.

● **생산 회분의 일련번호(로트)‖-(★)○●●**

또한 부가 번호에서 둘째, 셋째 자릿수(●●)는 해당 보이차 상품의 '생산 회분의 일련번호(로트 수)'를 뜻한다. 맥호 '8653-602'에서는 '02'에 해당한다. 이 '02'는 당해 연도에 생산된 회분의 일련번호(로트 수)를 가리킨다.

이상의 설명을 종합해 볼 때, 맥호 '8653-602'인 보이차는 하관차창에서 1986년에 개발한 병배의 방식으로 5등급 차청을 원료로 '1986년 또는 1996년 또는 2006년 또는 2016년'에 2회분째 생산된 상품이라는 뜻이다. 이때 생산 연도에 대한 분별은 보이차 상품의 시대적인 특징에 관한 식견이 필요하다. 또한 생산 회분의 일련번호(로트 수)는 소비자들에게 당해 생산 연도에서도 그 상품이 시기적으로 일찍 생산되었는지, 아니면 늦게 생산되었는지에 관한 정보를 알려 준다.

차창 번호의 변화 ‖"○○○●"

오늘날에는 민간 기업형 차창들이 많이 들어서면서 각자의 차창에 맥호를 독자적으로 매기기 시작하거나, 아니면 처음부터 매기지 않는 것이 유행하면서 차창 번호도 일부를 제외하고는 예전과는 많이 달라졌다. 이 차창 번호는 생산 차창을 알려주는 것이지만, 사실 같은 차창에서 생산된 것이라도 해마다 사용된 차청의 품질이 다르기 때문에 생산 연도에 따라 보이차의 품질은 다르다. 따라서 유명 차창에서 생산되었다는 이유로 품질이 항상 좋은 것만은 아니다.

보이차의 유명 맥호와 대표 상품들

한편, 맥호 체계는 처음부터 소비자들을 위한 것이 아니라 생산 차창과 차상(차도매상)들을 위한 분별의 표시로 시행되었기 때문에 오래전에는 맥호가 기재된 내비나 내표는 그냥 버려졌다. 그러나 오늘날에는 보이차의 시장이 커지고 소비자들에게도 큰 인기를 끌면서 상품 이력을 보증하는 중요한 증명서의 역할을 하고 있다. 따라서 유명 맥호와 대표적인 브랜드들에 대해서도 소비자들이 기억해 두면 보이차 상품을 구입하거나 보면서 판단하는 데 조금은 도움이 될 것이다.

● 유명 맥호

보이전차 : 7581

보이병차 : 7432, 7452, 7532, 7542, 7572, 7582, 8582, 8592, 8653, 8663, 8853

● 보이차의 유명 브랜드

· 대익(大益)

· 숭차패(中茶牌)

· 하관타차(下關沱茶)

· 노동지병차(老同志餠茶)(해만차창)

· 복촌매기보이차(福村梅記普洱茶)

· 노반장보이차(老班章普洱茶)

· 낭하보이차(浪河普洱茶)

· 복해보이차(福海普洱茶)

· 빙도보이차(氷島普洱茶)

맥호가 상표지에 인쇄되지 않은 맹해칠자병차(勐海七子餅茶)의 와운농월(卧雲弄月).

◆ 핫 브랜드 보이차! ◆
'운남보이의 황후', 빙도차(冰島茶)

빙도 고수차병 빙도(冰島).

빙도차는 운남성 쌍강납호족와족포랑족태족자치현(雙江拉祜族佤族布朗族傣族自治縣)(이하 쌍강현) 맹고진(勐庫鎭)의 북부에 위치한 빙도촌(冰島村)이 산지인 보이차이다.

맹고진은 대지가 비옥하여 토질이 훌륭하고 맹고하강(勐庫河江)이 남쪽으로 유유히 흐르고, 산기슭에는 고차수림(古茶樹林)이 있다. 이 고차수림은 수령이 매우 높은 고차수들로 밀집해 있다.

빙도촌은 그 맹고하강의 가장자리에 위치해 있는데, 크게 5개의 빙도촌민소조(冰島村民小組), 즉 빙도오채(冰島五寨)로 조직되어 있다. 빙도촌 아래쪽에 '남박(南迫)', 오른쪽에 '지계(地界)', 지계 건너편의 '파왜(壩歪)', 파왜 옆의 '난오(糯伍)'이다. 이 빙도오채에서 생산된 고수차(古樹茶)만을 '정종빙도차(正宗冰島茶)'라고 한다. 이 정종빙도차는 노수에서 돋아난 새싹으로만 생산하여 그 맛과 향이 매우 진하고 품질이 매우 특출한 것으로 유명하다.

이와 같은 이유로 빙도차를 사람들은 '운남보이의 황후'라고 한다. 그런데 빙도촌에는 차나무의 개체수가 적기 때문에 정종빙도차의 차엽은 품질이 매우 높은 반면에 그 생산량이 매우 적은데, 심지어 노반장(老班章)보다도 훨씬 더 적은 것으로 알려져 있다. 오늘날 이 빙도차는 보이차 세계에서도 그 풍미가 좋기로 유명하다.

보이차의 '창고 입고 유형'에 따른 분류

오늘날의 보이차 시장은 사실 홍콩과 대만 등 해외 시장에서 큰 인기를 끌면서 성장하였다. 특히 홍콩은 자유수출무역의 특구로서 해외 수출의 전초 기지이다. 따라서 중국 내륙에서 생산된 보이차 상품들은 수출을 위해 홍콩으로 운송되어 저장되는 일이 많았다.

그런데 홍콩은 기후적인 특징이 매우 온난다습하여 보이차를 창고에 입고 및 저장하는 방식이 독특하게 발달하였다. 바로 '자연창(自然倉)', '건창(乾倉)', '습창(濕倉)'의 방식이다. 여기서는 공식적인 보이차의 분류는 아니지만, 흔히 시장에서 '자연창보이차(自然倉普洱茶)', '건창보이차(乾倉普洱茶)', '습창보이차(濕倉普洱茶)'로 불리는 보이차의 '창고 입고 유형'에 따른 분류를 간략히 소개한다. 참고로 창고에 입고 및 저장하는 작업은 '입창(入倉)'이라고 하고, 또 창고에 입고, 저장되는 유형은 앞서 소개한 화학 반응인 '진화'와도 매우 밀접한 관련이 있다.

자연창(自然倉) 보이차

창고에서 건창 방식으로 저장하는 보이차를 검사하는 모습.

자연창은 사람이 거주하는 환경에서 4계절의 변화를 겪으면서 자연적인 상태로 저장하는 방식이다. 따라서 자연창으로 저장된 보이차는 그해의 기후에 큰 영향을 받는다.

홍콩과 같은 지역에서는 전반적으로 기후가 매우 습윤하다. 특히 습도는 봄에 가장 높고, 다음으로 여름, 가을, 겨울의 순서이다. 이러한 4계절의 기후 변화에 영향을 받아 보이차도 함께 진화의 과정을 거치는 셈이다.

보이차를 우려냈을 경우에 탕색의 변화도 적당하다. 차황소가 차홍소로 변화하는 데는 약 15~30년 정도 걸리는 것으로 알려져 있다. 2008년 이전에는 대부분의 보이차들이 이러한 방식으로 저장되었다. 그리고 이러한 보이차 중에는 품질이 우수한 것들이 많다.

대표적인 자연창 보이차

	차명		차명
1	백년차왕복원창(百年茶王福元昌)	7	광운공병(廣雲貢餅)(1960년대)
2	용마동경차소(龍馬同慶茶所)	8	무지홍인(無紙紅印)
3	차전지왕가이흥(茶磚之王可以興)	9	노운인(老雲印)(1970년대)
4	공품동흥호(貢品同興號)	10	73 청병(淸餅)(1970년대)
5	홍표송빙호(紅標宋聘號)	11	간체(簡體), 번체(繁體) 철병
6	조기노홍인(早期老紅印)	12	88 홍철(紅鐵) 등등.

건창(乾倉) 보이차

건창은 사람이 인위적으로 온도와 습도를 낮게 통제하는 창고에서 저장하는 방식이다. 이러한 조건 때문에 보이차의 성질 변화도 매우 느리다. 따라서 차병의 신선도가 오랫동안 유지되어 창고에 진열한 연도를 오인하는 경우도 많다. 보이차를 우려냈을 때 나타나는 차색의 변화도 매우 느리다. 차황소(茶黃素)가 차홍소(茶紅素)로 충분히 변화하는 데 최소 30~50년 이상이 걸리는 것으로 알려져 있다. 향미도 단순하고 순정하다. 2001년 이후에 대차수의 차청으로 만든 보이차들은 대부분 이 건창 방식으로 많이 저장하였다고 한다.

습창(濕倉) 보이차

습창은 사람이 창고의 습도와 온도를 인위적으로 높여 저장하는 방식이다. 이러한 조건 때문에 보이차의 성질 변화도 급속도로 진행된다. 그리고 차색도 매우 빨리 변화하는데, 즉 차황소가 차홍소로 변화하는 속도가 빠르다. 치지차(台地茶), 소수차(小樹茶)의 차청으로 보이차를 대량으로 쾌속 숙성시켜 생산할 경우에나 원료 자체가 쓴맛과 떫은맛이 농

습창 보이차의 저장모습.

후하고 강렬하여 장기적으로 저장하더라도 보이차의 성질을 바꾸기가 어려운 조건일 경우 등에 적용하였다. 향미는 심하면 곰팡내가 나고, 차탕의 전체적인 맛인 자미도 약간 밋밋한 것으로 알려져 있다.

그 밖에도 홍콩에서는 동일 창고에 입창된 상태에서 습도의 높낮이를 기준으로 입창을 다시 세분하는 방식이 있다고 한다. 경입창(輕入倉), 중입창(中入倉), 중입창(重入倉)이다. 이에 대해서는 아래의 표를 참조하면 된다.

보이차의 동일 창고 내 습도에 따른 입창 분류(홍콩 기준)

입창 분류	특징
경입창(輕入倉)	● 습도 : 일상 습도이거나 약간 더 높은 곳에 보관. ● 보이차가 보관 도중 수분 증발이 비교적 원활히 일어나면서 품질의 하락이 적고 비교적 안정적이다.
중입창(中入倉)	● 습도 : 일상의 습도보다는 높고 최고 습도보다는 낮은 중간 상태에 보관. 경입창(輕入倉)과 중입창(重入倉)의 중간 정도의 습도이다. ● 보이차에 수분을 경입창보다는 더 많이 제공하지만 적당한 수준의 진화 반응을 촉진하여 품질이 좋은 편이다.
중입창(重入倉)	● 습도 : 세 입창 중 가장 습도가 높은 곳에 보관. 상대습도는 85%~95% 정도. ● 진화의 과정에서는 반드시 수분이 필요한데, 중입창은 수분을 과다하게 공급하여 진화의 과정을 가속시켜 출하를 앞당기는 것이다. 그러나 수분이 과도하면 보이차의 품질이 악화될 우려가 있다. 특히 장시간 저장되면 향미가 불쾌하고 건강에도 위험이 될 수 있다. 전문적인 기술로 습도를 통제하여 짧은 기간에 저장하여 품질이 악화되는 일이 없이 출하할 수는 있지만, 일반적으로는 다른 입창 방식 보다도 선호도가 낮다. 참고로 동일 창고 내의 습기가 많은 구석진 곳에 저장된 보이차도 일종의 중입창에 해당된다. 이럴 경우에는 보관 장소를 여러 차례 옮겨 주는 일이 필요하다.

운남성의 소수민족의 여성들이 대나무 껍질로 포장한 보이차들을 광주리에 담는 모습(위쪽)과
사람들이 대나무 껍질의 묶음을 기다란 나무에 매달아 운송하는 모습(아래쪽).

PART 3.

현대 보이차의 주요 브랜드 업체

보이차의 '20대 주요 브랜드' 업체들

중국에서는 계획 경제 시대에 보이차를 4대 국영차창을 중심으로 생산하였다. 그러나 1980년대 후반에서 1990년대를 거치는 동안 시장이 개방화되고 자유무역이 이루어지면서 보이차를 생산하는 민간 차업들도 많이 등장하였다. 이와 함께 기존의 4대 국영차창에 종사하던 명인들이 따로 독립하여 나가서 민간 차창을 세우거나, 또는 기존의 차창들을 비롯해 민간 차창들이 현대적인 브랜드의 '닷컴 업체'로 발전하였다. 이로 인해 오늘날에는 책임공사를 비롯하여 다양한 형태의 민간 차업들이 들어서 있다. 여기서는 오늘날 보이차 시장의 큰 흐름을 이끄는 주요 차업들에 대하여 간략히 소개한다.

운남곤명차창
雲南昆明茶廠

- ● 차업 이력
  부흥차창(復興茶廠)(1939년) → 운남곤명창(雲南昆明廠)(1960년)
  → 곤명차창(昆明茶廠) → 현재
- ● 맥호 차창 번호 : 'OOO1'
- ● 주요 브랜드 : 중차패(中茶牌)

차업의 역사

곤명차창은 역사가 매우 오래되었다. 1938년 12월 민국정부경제부(民國政府經濟部) 소속 중국차업공사(中國茶業公司)와 운남전성경제위원회(雲南全省經濟委員會)가 합자하여 운남차엽진출구공사(雲南茶葉進出口公司)의 전신인 운남중국차엽무역고분유한공사(雲南中國茶葉貿易股份有限公司)가 설립하여 1939년 10월에 '부흥차창(復興茶廠)'을 창립한 것이 그 시초이다.

부흥차창이 설립된 목적은 운남성의 맹고(勐庫)와 봉산(鳳山)에서 수확한 차청으로 곤명 지역에서 유명 브랜드의 '타차(沱茶)'를 생산하려는 것이었다. 그런데 당시 정치적, 경제적

중차맹해공업단구(中茶勐海工業園區)의 전경.

대규모의 공단을 형성하고 있는 차장의 모습.

인 불안정에 영향을 받아 생산이 자주 중단되고, 차창도 합병을 거치면서 여러 차례 업명도 바뀌었다.

1960년에는 정식 명칭이 '운남곤명창(雲南昆明廠)'이었고, 그 뒤 '곤명차창(昆明茶廠)'으로 개칭된 뒤 보이차 상품을 소량으로 생산하였다. 1965년부터는 250g 무게의 방차(方茶), 전차(磚茶)를 주로 생산해 운남성 북부와 일부 서장(西藏) 지역으로 판매하였다.

1970년대 초 국영차창의 시대에는 맥호에서 차창 번호가 1번으로 매겨져 판매되었다. 그리고 1973년에 운남차엽진출구공사, 즉 중국토산축산운남차엽진출구공사(中國土産畜産雲南茶葉進出口公司)가 곤명차창, 맹해차창, 하관차창의 종사자들을 당시 인공 악퇴 가공으로 흑차를 생산해 홍콩과 현지에서 판매하고 있던 광주차창(廣州茶廠)으로 파견하여 보이차의 '악퇴발효(渥堆醱酵)'의 방식을 익히도록 하였다.

그런데 당시 광주차창에서 익힌 것은 '온수발효(溫水醱酵)'의 방식이었는데, 곤명차창에서는 그 온수발효를 통한 악퇴에는 성공하지 못하였다. 대신에 점차 시행착오를 거듭한 끝에 마침내 곤명 지역의 독특한 기후에 맞는 '냉수악퇴(冷水渥堆)'의 방식을 운용하여 보이숙차를 생산하는 데 성공하였다.

이와 같이 곤명 지역 특유의 '인공악퇴발효(人工渥堆醱酵)'의 가공 방식이 확립되어 운남성의 여러 차창들로 기술자들이 파견되면서 마침내 악퇴 발효의 기술도 점차 널리 보급되기에 이르렀다. 이 곤명차창에서는 중차패의 보이병차를 주로 생산하여 판매하고 있었으며, 그러한 상표에는 '중국토산축산진출구공사(中國土産畜産進出口公司)'라는 문구가 인쇄되었다. 이 곤명차창은 전통적인 악퇴 비결을 유지하면서 오늘날까지도 고품질의 보이차 상품을 계속해서 판매하고 있다.

중차패(中茶牌) 주요 상품

● 보이숙차 : 7581 숙차전(熟茶磚)

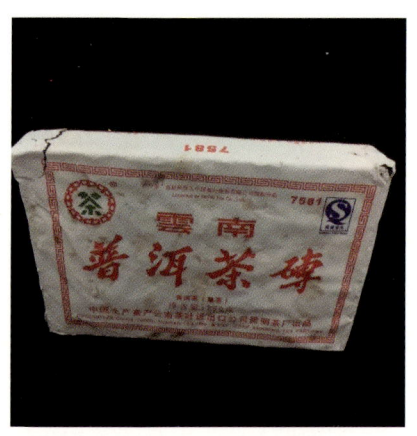

곤명차창에서 최초로 숙차로 만들었던 보이전차.

곤명차창의 초기 중차패 브랜드의 상품이다. 1973년 곤명차창에서는 악퇴 및 발효 기술의 연구 개발에 성공한 뒤, 1975년에 최초로 숙차전(熟茶磚)의 병배 방식을 개발하고 생산한 것이다. 장방형의 7581 숙차전은 보이차 세계에서는 '숙차지모(熟茶之母)'라고 할 만하다. 그리고 맥호 7581은 유일하게도 '곤명전차(昆明磚茶)'를 뜻한다. 정식 상품명은 '운남보이차전(雲南普洱茶磚)'이다.

최초 개발 당시에 7581 숙차전은 압제가 비교적 단단하였고 맛의 품질도 좋지 않아 시장에서는 별로 인기를 끌지 못하였다. 이러한 점들을 개선하기 위해 곤명차창이 1983년에 초기 7581 숙차전에 대하여 모양, 발효 기술, 병배 비율, 입안의 촉감 등의 개량 작업을 진행하면서 시장에서 인기를 끌기 시작하였다. 7581 숙차전 시리즈는 생산 연도가 매우 다양하다.

● 보이생차

· 갑급원차(甲級圓茶) 2011, 357g.
· 조춘원차(早春圓茶) 2012, 357g.
· 후덕청전(厚德青磚) 2012, 600g 등.

맹해차업유한책임공사
勐海茶業有限責任公司

- ● 차업 이력
  불해실험차창(佛海實驗茶廠)(1939년) → 맹해차창(1953년) → 현재
- ● 맥호 차창 번호 : 'ㅇㅇㅇ2'
- ● 주요 브랜드 : 대익패(大益牌), 맹해공작패(勐海孔雀牌)

차업의 역사

이 차업은 역사가 1939년으로까지 거슬러 올라간다. 중국 보이차의 대가 범화균(範和鈞, 1905~1989) 선생 등이 운남성에서 '불해실험차창(佛海實驗茶廠)'을 설립한 것이 그 시초이다. 그리고 1953년 서쌍판납태족자치주(西雙版納傣族自治州)가 설립된 뒤부터 오늘날의 맹해차창으로 개명되었다. 참고로 '불해(佛海)'는 '맹해(勐海)'의 옛 지명이다.

맹해차창의 정문.

중국의 계획 경제 시대부터 4대 차창으로 지정되어 국영차창으로 운영된 맹해차창은 곤명차창과 함께 1973년에 보이숙차를 처음으로 생산한 곳으로도 유명하다. 1980년대에서 1990년대를 지나면서 중국의 차창들이 민영화되기 시작하였지만, 맹해차창은 보이차의 옛 전통 기술을 계승하면서 시장에서도 큰 인기를 끌고 있다.

맹해차창은 중국토산축산운남차엽진출구공사(中國土産畜産雲南茶葉進出口公司)의 관할을 받던 시기에는 '중차패(中茶牌)'의 상표로 생산하였다. 그 뒤 1989년에 '대익패(大益牌)'를 정식 상표로 특허 등록하고, 1993년 초기에 '대익(大益)' 상표로 칠자병차를 출시한 뒤 1996년에는 완전히 민영화하였다. 역사가 약 80여 년에 이르는 만큼 중국 내에서도 가장 일찍 기계화, 전문화를 이룬 차업 중 하나이다. 맹해차창은 보이산차와 보이긴압차를

차엽을 가공하는 모습.

맹해차창의 공장 전경.

모두 생산하고 있고, 보이긴압차에서는 보이병차, 보이전차, 보이타차뿐만 아니라 다른 모양의 보이차도 생산하고 있다. 특히 1970년대~1980년대에 생산된 보이숙차는 오늘날 보이차 시장에서 매우 높은 평가를 받고 있다. 1953년에 맹해차창으로 설립된 뒤 지금까지 개발한 병배 방식의 수는 100여 개에 달하고 있다.

한편, 대익 브랜드 상품은 균획국가환보총국(均獲國家環保總局) 유기식품발전센터(有機食品發展中心)로부터 천연 식품임을 증명하는 '유기식품(有機食品)'으로 공인을 받았고, 차엽은 중국 '녹색식품(綠色食品) 10강' 기업으로 선정되었다. 따라서 오늘날 '대익(大益)'의 상품을 보이차 업계에서 명실상부한 제1위의 브랜드로 인정하는 사람들도 많다. 그리고 대익 브랜드의 상품들은 옛 상품이나 현재 생산된 상품이나 가치가 매우 높게 평가되기 때문에 2006년부터 진품 식별을 위해 마이크로프린트로 인쇄한 보증 티켓이 제작되고 있다.

진품 식별을 위해 마이크로프린트로 인쇄한 보증 티켓.

한편, 맹해차업유한책임공사(勐海茶業有限責任公司)는 박문투자유한공사(博文投資有限公司)와 함께 2004년 10월에 맹해차창을 공동으로 인수하여 오늘날에 이르고 있다.

대익패 주요 상품
● 숙차
대익칠자병차 7262, 7552, 7562, 7572, 7592, 7632, 7672, 7752, 8562, 8592, 0532, 0562 등.

대익칠자병차 7572

대익 브랜드의 대표적인 고전 보이숙차. 이 차업에서 가장 많이 생산된 보이숙차이다. 맹해차창이 최초로 보이숙차를 개발한 이래 여러 세대에 걸쳐서 장인들의 기술들이 축적되어 오늘날에 이른 상품

이다. 따라서 오늘날 보이숙차 중에서도 그 지명도가 매우 높다.

● **생차**

대익칠자병차 7432, 7532, 7542, 7572, 7582, 7742, 8542, 8582, 8972, 0622 등.

대익칠자병차 7542

대익 브랜드의 대표적인 고전 보이생차. 대익 브랜드에서 가장 많이 생산된 생차이다. 맹해차창에서 1975년에 개발한 병배 방식을 지속적으로 적용해 오고 있다. 이 같은 배경으로 보이차 업계에서는 '보이생차의 품질을 판단할 수 있는 시금석이 되는 상품'으로 평가하는 사람도 있다. 2018년도에는 '운남성 10대 명차(名茶)'로 선정되었다. 특히 봄철의 꽃과 과일의 향과 노랗게 빛나는 탕색 등은 전 세계의 애호가들로부터 깊은 사랑을 받고 있다.

운남하관타차집단고분유한공사
雲南下關沱茶集團股份有限公司

● **차업 이력**
운남성하관차창(雲南省下關茶廠)(1941년) → 운남중국차업고분유한공사강장차창(雲南中國茶業股份有限公司康藏茶廠)(1941년) → 운남중국차엽무역고분유한공사신강장차창(雲南中國茶葉貿易股份有限公司新康藏茶廠)(1948년) → 중국차업공사운남성공사하관신강정차창(中國茶業公司雲南省公司下關新康藏茶廠)(1951년) → 중국차업공사하관차창(中國茶業公司下關茶廠)(1951년) → 운남성하관차창(雲南省下關茶廠)(1951년) → 1994년~현재
● **맥호 차창 번호** : 'OOO3'
● **주요 브랜드** : 송학패(松鶴牌), 보염패(寶焰牌), 하관패(下關牌)

차업의 역사

'하관타차(下關沱茶)'의 브랜드 역사는 매우 오래되었다. 명나라 시대에 '보이단차(普洱團茶)'라 불렸던 것이 그 시초이다. 그리고 청나라 광서연간(光緒年間, 1875~1908) 28년(1902년)에 이르러 오늘날 사발 형태로 긴압되어 '하관타차'의 원형이 처음으로 만들어졌다. 이때부터 시작된 역사만 약 118년이나 된다.

하관타차를 전문적으로 생산한 근대 차업의 역사는 이보다 훨씬 뒤의 일로서 1941년에 창립된 운남성하관차창(雲南省下關茶廠)이 그 시초이다. 이 차창은 같은 해에 운남중국차업고분유한공사강장차창(雲南中國茶業股份有限公司康藏茶廠)으로 개명되었다. 그리고 1951년에는 중국차업공사하관차창(中國茶業公司下關茶廠)에서 다시 운남성하관차창(雲南省下關茶廠)으로 개명된 뒤 1994년부터 오늘날의 이름으로 불리고 있다. 현재는 운남성 대리시(大理市)의 대형 긴압차 집산지에 위치해 있기 때문에 속칭 '운남하관타차집단(雲南下關沱茶集團)'이라고도 한다.

중국 계획 경제 시대에는 운남하관차창이 4대 국영차창으로 지정되어 중국토산축산운남차엽진출구공사(中國土産畜産雲南茶葉進出口公司)의 관할 및 통제를 받으면서 보이타차

운남하관타차집단고분유한공사 정문의 모습.

를 생산하였다. 당시 맥호의 차창 번호는 '3'이었다. 그리고 보이병차(생차와 숙차)는 1986부터 생산하기 시작하였고, 생산 이력이 담긴 맥호들은 2005년부터 종이 포장지에 네 자릿수로 표기되었다.

한편, 2004년부터 민영화된 뒤 여러 세대에 걸쳐 장인들의 품질 개선 노력과 '차마고도의 정신'을 계승한다는 역사적 깊이가 더해진 결과, 오늘날에는 차업의 생산 규모도 커지고, 품질 기술도 향상되면서 시장의 점유율도 높아졌다.

이 차업은 오늘날 보이긴압차의 대표적인 생산지로서 특히 보이타차, 보이병차를 주로 만든다. 진화 시간이 오래된 1970년대와 1980년대에 생산된 보이타차와 보이병차는 수집상들을 비롯해 시장에서 매우 높은 가격으로 거래되고 있다. 그 밖에도 5대 차류에 속하는 200여 종의 상품들도 생산하고 있다.

보이차의 대표적인 브랜드로는 '송학패(松鶴牌)', '보염패(寶焰牌)', '하관패(下關牌)'가 있다. 이중 송학패는 1902년에 병배 방식이 개발 및 생산되기 시작한 것으로서 오늘날 전 세계로 수출되고 있다. 보염패는 본래 중국 변방국에서 주로 소비되었지만, 오늘날에는 티 애호가들 사이에서도 일반적으로 소비되고 있다. 물론 하관패도 인기가 높기는 마찬가지이다.

이 차업의 대표적인 브랜드 상품들은 국제, 국가, 성부급의 품질 경연 대회에서 여러 차례나 수상의 영예를 안았을 뿐만 아니라, ISO 9001을 비롯해 녹색식품인증, 미국식품의약국(FDA) 등 국제적인 품질 체계의 인증을 받았다. 이러한 확고한 품질 보증 체계로 상품들은 30여 개의 성과 시(구)에서 독점 체인점에서 판매될 뿐만 아니라, 유럽연합, 러시

하관차창의 생산 현장.

아, 일본, 한국, 말레이시아, 대만, 홍콩, 마카오 지역으로 수출 및 판매되고 있다.

주요 브랜드 상품

● 하관차창 'FT' 상품

운남하관차창과 대만에 본사를 둔 식품업체가 하관차창의 전통적인 방식으로 슈퍼프리미엄 급의 병배차를 만들기 위해 공동 작업에 나선 적이 있었다. 이 특별한 병배차는 최고 품질의 차청으로 생산되어 대만으로 직수출되었다. 이 때부터 'FT'는 '타이완을 위한 것(For Taiwan)'의 약어로 사용되었다.

● 타차의 다양한 상품들

하관갑타(下關甲沱)/생차.

창이타차(蒼洱沱茶)/생차.

대리타차(大里沱茶)/숙차 등.

● 병차 분류

· 보이생차

하관철병 8603, 8613, 8633, 8653, 8673, 'T' 시리즈 상품(T8613 등).

· 보이숙차

8663 등.

● 대표 브랜드

· 송학패(松鶴牌)

하관특급청병(下關特級靑餠).

하관갑타(下關甲沱).

창이타차(蒼洱沱茶) 등.

· 보염패(寶焰牌)

병차 미니 1통(병차 몇 개를 묶은 꾸러미) 등.

· 하관패(下關牌)

2004 하관금사타차(下關金絲沱茶).

하관원차(下關圓茶) 7653(아래 사진) 등.

운남보이차집단유한공사
雲南普洱茶集團有限公司

- ● **차업 이력**
  황가보이차창(皇家普洱茶廠)(청대 옹정 7년, 1729년)
  → 보이차창(普洱茶廠)(1975년) → 2005년~현재
- ● **맥호 차창 번호** : '○○○4'
- ● **주요 브랜드** : 보수패(普秀牌)

공사 전경.

차업의 역사

이 차업의 역사적 기원은 청나라 옹정(雍正) 7년(1729년)에 설립된 황가보이차창(皇家普洱茶廠)이다. 1975년 운남성 귀주(貴州) 정부가 계획 경제의 일환으로 4대 국영차창 중 하나로 보이차창을 보이시(普洱市) 영이현(寧洱縣) 내 황가보이차창 유적지의 인근에 설립한 것이 현대적인 차업의 시초이다. 당시 계획 경제 시대에 맥호의 차창 번호는 '4'였다.

1980년대에서 1990년대에 걸쳐서 국영차창에 민영화의 바람이 불면서 보이차창도 마찬가지의 길을 걸었다. 그리고 보이차창은 1994년에는 대표 브랜드인 '보수(普秀)'를 상표로 등록하였다. 이어 2004년에 홍콩의 심천산업(深圳産業)이 보이차창을 인수한 뒤 오늘날의 운남보이차집단유한공사(雲南普洱茶集團有限公司)로 개명하였고, '보수(普秀)' 브랜드는 오늘날에도 사용하고 있다.

운남보이차집단유한공사는 그 뒤 중국 '국가품질인증(QS)'을 받고, 2008년에는 'ISO 9001', '유기식품(有機食品)', '녹색식품(綠色食品)' 등의 공인을 다수 받았다. 또한 각종 품질 평가 대회에서 여러 차례 수상의 영예를 안았다. 특히 2013년에는 대표 브랜드인 보수(普秀)가 '중국 보이차 톱 10위 브랜드'로 선정되는 등 보이차 시장에서 고급화 전략을 추구하면서 새로운 차창도 설립하였다. 보이차 산지의 대명사인 고육대차산과 맹랍현(勐臘縣) 인근의 이무(易武) 지역에 '이무보이차창(易武普洱茶廠)'을 설립한 것이다. 그 밖에도 직영 수출 경영권도 보유하고 있다.

오늘날에는 운남성의 농산업을 이끄는 선두 업체 중 한 곳으로서 5개의 자회사와 4개의 지사, 주요 생태 차원 6개, 가공 공장 9개를 소유하면서 차의 가공 기술과 문화, 티 시장을 이끌고 있다.

주요 생산 기반, '6대 생태 차원'

공사 사무동.

운남보이차집단유한공사는 영랑이족자치현(寧蒗彝族自治縣)에 6개의 주요 생태 차원을 운영하고 있다. '판산황가공차원(板山皇家貢茶園)', '회련유기차원(會連有機茶園)', '백초지유기차원(白草地有機茶園)', '대흑산생태차원(大黑山生態茶園)', '양수정생태차원(涼水箐生態茶園)'이다. 6개 생태 차원의 총면적은 약 1만 8200ha이다. 차나무들은 해발고도 1500m~1800m의 고산 지대에서 자란다. 이곳에서 생산된 차청은 고품질을 유지하기 위하여 가공 과정에서 매우 엄격하게 관리된다.

판산황가공차원

(板山皇家貢茶園)

● 재배 환경
평균 해발고도 : 1663m
연평균 기온 : 약 15도
유기농 재배 면적 : 약 500ha
고차수 차원 면적 : 약 22ha

이 차원은 6개의 차원 중에서도 가장 먼저 개발되었다. 이 차원의 기원은 청나라 시대의 황가공차원(皇家貢茶園)으로까지 거슬러 올라간다. 약칭 판산차원은 맹선향(勐先鄉), 보의향(普義鄉), 여명향(黎明鄉)의 접점 지역에 위치해 있다.

회련유기차원(會連有機茶園)

● 재배 환경
평균 해발고도 : 약 1774m
연평균 강우량 : 1500mm
연평균 기온 : 약 18도
대차수 재배 면적 : 약 2250ha

약칭 '회련차원'은 맹선향(勐先鄕), 동심향(同心鄕)의 접점 지역인 장령강(長嶺崗) 지역에 위치해 있다.

백초지유기차원(白草地有機茶園)

● 재배 환경
평균 해발고도 : 약 1173m
연평균 강수량 : 1500mm
연평균 기온 : 17도
유기농전환인증 : 2008년
차원 면적 : 약 870ha

백초유기차원은 봉양향(鳳陽鄕), 마흑진(磨黑鎭)의 접점 지역인 백초지산(白草地山)에 위치해 있다.

죽산생태차원(竹山生態茶園)

● 재배 환경
평균 해발고도 : 1450m
연평균 강우량 : 1500mm
연평균 기온 : 20도
총 재배 면적 : 약 314ha
대차수 재배 면적 : 약 86ha

죽산생태차원은 맹선향의 죽산 계곡에 위치해 있다.

대흑산생태차원(大黑山生態茶園)

● 재배 환경
평균 해발고도 : 1700m
연평균 강우량 : 1200~1800mm
총 재배 면적 : 약 2027ha
고차수 재배 면적: 약 50ha

약칭 '대흑산차원'은 시로부터 약 60km 거리의 외곽에 있다.

양수정생태차원(涼水菁生態茶園)

● 재배 환경
평균 해발 고도 : 1500m
연평균 강수량 : 1200~1800mm
연평균 기온 : 18도
재배 면적 : 약 83ha
대차수 재배 면적 : 약 21ha

약칭 양수정차원은 덕화향(德化鄉)의 와타촌(窩拖村)에 위치해 있다.

보수패(普秀牌) 주요 상품

● 숙차/병차

경전(經典) 1908(왼쪽).

경전(經典) 1729(오른쪽).

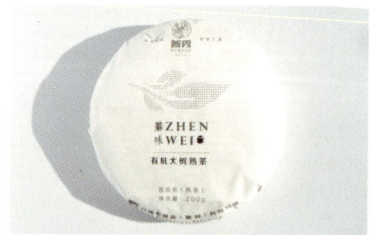

● 유기숙차/병차

진미(蓁味) 유기대수숙차(有機大樹熟茶).

● 생차/병차

0754 칠자병차(왼쪽).

순품(醇品) 2014(오른쪽).

● 유기생차/병차

진미(蓁味) 대수생차(大樹生茶).

안녕해만차업유한책임공사
安寧海灣茶業有限責任公司

- **차업 이력**
  안녕해만차업유한책임공사(安寧海灣茶業有限責任公司)(1999년 설립) → 현재에도 유지
- **맥호 차창 번호** : 'ㅇㅇㅇ8'
- **주요 브랜드** : 노동지(老同志)

차업의 역사

안녕해만차업유한책임공사(安寧海灣茶業有限責任公司), 약칭 '해만차업(海灣茶業)'은 1999년 11월 1일에 설립된 비교적 새로운 차업이다. 맹해차창 창장(廠長) 출신의 보이차 업계 거장인 추병량(鄒炳良, 1939~) 선생과 맹해차창 부창장 출신이자 '자심보이차(資深普洱茶)'의 전문가인 노국령(盧國齡) 선생이 공동으로 창립하였다. 이 두 사람은

작업동의 정문 모습.

맹해차창에서 보이숙차를 처음으로 개발할 당시에 핵심적인 역할을 한 전문가로도 알려져 있다.

해만차업은 운남성 안녕시(安寧市) 녹표진(祿豐鎭)에 위치하며, 대지 면적은 약 5ha 정도 된다. 설립 초기부터 40년 이상의 경력을 지닌 두 명의 최고 전문가들이 옛 전통의 제다 기술을 계승하고, 여기에 '품질제일주의'를 업훈으로 삼으면서 고품질의 보이차들이 생산되고 있다.

해만차업은 운남대엽종의 차엽에서도 고품질의 원료만 엄선하여 사용하여 주로 운남보이차, 운남홍차, 운남녹차를 생산하는 것으로 유명하다. 특히 보이차의 경우에는 병차를 대부분 생산하지만, 그 밖에도 전차, 타차, 티백의 보이차도 생산하고 있다.

또한 '99'라는 혁신적인 병배 방식을 개발 및 확정하고, 생산 설비도 현대화를 위해 자

체적으로 연구 및 개발하여 오늘날에는 국제 규격에 부합하는 생산 설비를 갖추고 있다. 현재 연간 차 생산량의 규모는 약 3000톤에 이른다. 그런데 해만차업의 보이차 상품에는 독특한 특징이 있다. 상표지에서 보이생차는 '병차(餠茶)'를 '녹색'으로, 보이숙차는 '병차(餠茶)'를 '붉은색(자주색)'으로 인쇄하는 것이다.

대표적인 브랜드인 '노동지(老同志)'는 운남성의 유명 브랜드로 호평을 받았고, '보이차 10대 유명 브랜드'가 되었다. 또한 품질 면에서는 중국의 국가품질(QS) 인증뿐만 아니라, 세계적으로도 유명한 일본 JAS 유기인증, 유럽연합의 EU 유기인증, 미국 NOP 유기인증 등을 받으면서 해외 시장이 요구하는 기준을 두루 충족시키고 있다.

가공 공장 내에서 작업중인 사람들.

'노동지(老同志)' 주요 상품

● 생차

병차(餠茶) 7548.

● 숙차

병차(餠茶) 7578.

운남농간집단맹해팔각정차업유한공사
雲南農墾集團勐海八角亭茶業有限公司

- **차업 이력**
  운남성여명농공상연합공사차창(雲南省黎明農工商聯合公司茶廠)(1955년)
  → 운남농간집단맹해팔각정차업유한공사(雲南農墾集團勐海八角亭茶業有限公司)(1964년)
  → 현재는 약칭 '팔각정(八角亭)', '여명차업(黎明茶業)'으로 주로 호칭.
- **맥호 차창 번호** : '미정(?)'
- **주요 브랜드** : 팔각정패(八角亭牌)

여명차업의 정문 모습.

차업의 역사

흔히 시장에서 '여명차창(黎明茶廠)', '여명차업(黎明茶業)', 또는 '팔각정(八角亭)'이라고 불리는 이 차업은 중국 내에서도 가장 오래된 차업에 속한다. 그 기원은 1955년에 운남성 서쌍판납 지역에 설립된 운남성여명농공상연합공사차창(雲南省黎明農工商聯合公司茶廠)이다. 일종의 국영차창으로 설립된 것이다.

그 뒤 1964년 3월 보이차 핵심 생산지인 서쌍판납태족자치주(西雙版納傣族自治州) 맹해현(勐海縣) 맹저진에 있는 운남성농간집단유한공사(雲南農墾集團有限公司)에 부속되어 운남농간집단맹해팔각정차업유한공사(雲南農墾集團勐海八角亭茶業有限公司)로서 대규모로 설립되었다. 이때부터 차엽을 본격적으로 가공하기 시작하였고, 그 주요 생산품은 녹차와 홍차였다.

한편, 1984년에는 표준화 공창을 건립하고, 2001년부터는 보이차를 본격적으로 생산하기 시작하였다. 그 뒤 차창의 장인들이 세대를 거듭하여 지속적으로 개발을 진행하면서 오늘날에는 대표적인 브랜드인 '팔각정(八角亭)'이 '중국 보이차 10대 베스트셀러 브랜드' 중에서도 시장에서 가장 영향력이 있는 브랜드로 성장하였다. 이 차업의 보이차 상품들은 '녹색식품', 'ISO 9001', '해섭(HACCP)' 등의 품질과 관련한 다수의 공인을 받았다.

2018년 제5회 중국 기업 5성급 브랜드 평가 대회에서는 운남농간집단맹해팔각정차업유한공사가 중국 보이차 업계에서도 가장 영향력이 높은 브랜드로 평가를 받아 '금아장(金芽奬)'을 수상하였다. 이때 차업의 총책임자인 진승군(陳勝軍) 선생도 그 공로를 인정받아 당시 차인에게는 큰 영예였던 '육우장(陸羽奬)'을 수상하였다.

건창 방식으로 저장 중인 차창의 모습.

'팔각정(八角亭)' 주요 상품

● 생차

· 포랑산교목고차수(布朗山喬木古茶樹) 조춘은호(早春銀毫)(왼쪽).
· 운남칠자병차(雲南七子餅茶) 0432(가운데).
· 운남맹해칠자병차(雲南勐海七子餅茶) 7540(오른쪽) 등.

● 숙차

· 공작지향칠자병차(孔雀之鄉七子餅茶) 월진월향(越陳越香)(왼쪽).
· 운남맹해칠자병차(雲南勐海七子餅茶) 궁정보이왕(宮廷普洱王)(오른쪽) 등.

운남전홍집단고분유한공사
雲南滇紅集團股份有限公司

- ● **차업 이력**
  순영실험차창(順寧實驗茶廠)(1939년) → 운남성봉경차창(雲南省鳳慶茶廠)(1954년)
  → 1996년~현재
- ● **맥호 차창 번호** : '미정(?)'
- ● **주요 브랜드** : 봉패(鳳牌)

차업 공사의 전경.

차업의 역사

약 100년 역사를 자랑하는 이 차업은 사실 '보이차'가 아니라 '홍차'의 생산에서 시작되었다. 운남전홍집단고분유한공사(雲南滇紅集團股份有限公司) 또는 약칭 '전홍집단(그룹)(滇紅集團)'은 세계적으로 유명한 중국의 명차인 '전홍(滇紅)'의 발원지이다. 당시 차에 관한 최고 전문가이자, '전홍차(滇紅茶)'의 창시자인 풍소구(馮紹裘, 1900~1987) 선생이 1939년도에 창립한 '순영실험차창(順寧實驗茶廠)'이 차업의 시초이다. 그리고 중화인민공화국이 들어서면서 '홍차 수출 지정 업체'로 선정되었다.

1954년에 순영실험차창이 있던 '수현(隨縣)'이 '봉경현(鳳慶縣)'으로 개칭되면서, 차창의 이름도 '운남성봉경차창(雲南省鳳慶茶廠)'으로 바뀌었다. 그 뒤 1996년도에 오늘날의 '운남전홍집단고분유한공사'로 개명되고 체제도 완전히 다시 정비되었다.

오늘날 이 차업은 중국 내에서도 규모가 비교적 크다. 차업이 보유한 차원의 면적은 약 1990ha 면적에 이르고, 그중 약 70ha는 중국, 유럽, 미국으로부터 '유기식품'의 인증을 받았다. 가공 단지는 약 6600ha이고, 모차 가공, 즉 초제(初制) 차창이 85개나 된다. 정제차를 가공하는 차창의 대지는 23ha, 가공 공장의 면적은 7만 제곱미터, 연간 차 생산

전홍집단의 고차수 차원.

가공 공장의 한 모습.

량은 약 1만 5000톤이다. 한편 전홍집단은 홍차인 전홍만큼은 아니지만, 보이생차와 보이숙차도 생산하여 판매하고 있다.

봉패(鳳牌) 주요 상품

● 생차

봉패칠자병차(鳳牌七子餅茶) F7811(왼쪽).
봉패칠자병차(鳳牌七子餅茶) F7813(오른쪽).

● 숙차

봉패칠자병차(鳳牌七子餅茶) F8525(왼쪽).

봉패칠자병차(鳳牌七子餅茶) F8521(오른쪽).

● 홍차

경전(經典) 58(왼쪽).

호박금침(琥珀金針)(오른쪽) 등.

보이난창고차고분유한공사
普洱瀾滄古茶股份有限公司

- **차업 이력**
  난창차창(瀾滄茶廠)(1966년) → 1996년~현재
- **맥호 차창 번호** : '미정(?)'
- **주요 브랜드** : 난창고차패(瀾滄古茶牌)

공사 건물의 입구.   경매산 고차림의 입구.

차업의 역사

보이난창고차고분유한공사는 난창납호자치현(瀾滄拉祜自治縣)에서 1966년부터 운영되던 난창차창(瀾滄茶廠)을 1996년에 새롭게 정비하여 설립한 것이 시초이다. 고차수 브랜드 또는 보이숙차 브랜드에서 매우 유명한 '난창고차(瀾滄古茶)'는 1966년에 개발되었다.

이 차업은 보이시 난창납호자치현 혜민향(惠民鄉)의 경매산(景邁山)을 둘러싸고 있는 망경시(芒京市)와 경매시(景邁市) 일대의 1000년 이상 된 1만 묘(畝)(1묘는 전답 100평) 규모의 고차원(古茶園)에서 자라는 고수차(古樹茶)들을 기반으로 하는 원료차의 가공 업체로서 주로 운영되고 있다.

또한 운남성 곳곳에 위치한 청정 생태의 고수차산에도 100여 곳이 넘는 원료차 가공 기지를 운영하고 있다. 이를 통해 고품질의 원료차를 대량으로 보유한 것으로도 유명하다. 그 밖에도 생산, 브랜드, 마케팅, 체험지, 전자 상거래를 중요시하여 종합적인 차업으로 성장하였다. 현재 운남성 농업산업화경영 및 농산품가공의 성급 중점 선두업체, 보이시 중점 선두업체, 그리고 '보이차 10대 명품 브랜드' 업체로서 확고하게 자리를 잡고 있다. 그리고 수십 년 이상의 보이차 생산 경력을 지닌 기술자들이 고수차에서 획득한 우수한 품질의 원료 차엽을 바탕으로 고품질의 보이차 상품들을 개발하였다. 특히 보이숙차의 유명 브랜드인 '난창고수'에서는 이 차업에서 자체 개발한 독특한 향미인 '난창미(瀾滄味)'를 맛볼 수 있다. 이 난창미는 전 세계에 수많은 애호가들이 있을 정도이다.

한편, 난창고차는 현재 중국, 홍콩, 타이완, 일본, 한국, 동남아시아를 비롯해, 독일, 프랑스 등 유럽에서도 판매되고 있다.

보이난창고차고분유한공사의 생산 기지.

경매산에서 자생하는 고차수들.

난창고차패(瀾滄古茶牌) 주요 상품

● 생차

경매산암냉보이차병(景邁山岩冷普洱茶餅) 001

운남보이칠자병차(雲南普洱七子餅茶) 007

● 숙차

· 경매산암냉보이차병(景邁山岩冷普洱茶餅) 0085(아래 왼쪽).
· 운남보이칠자병차(雲南普洱七子餅茶) 0081(아래 오른쪽) 등.
· 전기(傳奇) 88.
· 차마마소청감(茶媽媽小青柑) 등.

● 숙차(전차)

· 오금(烏金) 등.

운남용생녹색산업집단유한공사
雲南龍生綠色産業集團有限公司

- ● 차업 이력
  - 중국운남사모보이차집단유한공사(中國雲南思茅普洱茶集團有限公司)(1996년 5월)
  - → 운남사모용생차엽집단유한공사(雲南思茅龍生茶葉集團有限公司)(1996년 11월)
  - → 운남용생녹색산업집단유한공사(雲南龍生綠色産業集團有限公司)(1998년) → 현재
- ● 맥호 차창 번호 : '미정(?)'
- ● 주요 브랜드 : 용생차업패(龍生茶業牌)

차업의 정문 입구 모습.

차업의 역사

이 차업은 비교적 근래에 설립되었다. 1996년도에 보이시(普洱市)에 설립된 '중국운남사모보이차집단유한공사(中國雲南思茅普洱茶集團有限公司)'가 차업의 시초이다. 이는 1996년 5월에 '사모시차엽공사(思茅市茶葉公司)', '사모용천생태차실업유한공사(思茅龍泉生態茶實業有限公司)', '운남차엽기계창시험차장(雲南茶葉機械廠試驗茶場)'과 '사모시공소(思茅市供銷)'의 합작사인 '석고천차장(石膏箐茶場)'이 연합체를 결성하여 설립된 것이다.

이때 '사모용천생태차실업유한공사(思茅龍泉生態茶實業有限公司)'의 전신은 1988년 8월에 설립된 사모현차엽과기복무공사(思茅縣茶葉科技服務公司)이고, 석고천차장(石膏箐茶場)은 1986년도에 설립된 것이다.

한편, 정부의 공사 운영 관리 차원에서 이 차업은 1996년도 11월에 '운남사모용생차엽집단유한공사(雲南思茅龍生茶葉集團有限公司)'로 다시 개명되었다. 그리고 1997년 10월에는 운남성 정부로부터 '운남용생(雲南龍生)'의 문구를 사용할 수 있도록 공식적으로 승인을 받았고, 1998년 3월에는 오늘날의 '운남용생녹색산업집단유한공사(雲南龍生綠色産業集團有限公司)'로 개명된 것이다. 보이차 시장에서는 약칭 '용생집단(龍生集團)'이라고 한다.

한편, 중국에서 '용(龍)'은 예로부터 창공을 향해 용맹스럽게 승천하는 신성하고도 영원한 동물로 여겨졌고, 지상에서는 오로지 황제만이 사용할 수 있는 상징적인 동물이었다. 따라서 옛날에는 '용'의 문양이나 그림을 아무나 사용할 수 없었다. 그런데 차업 이름에 이러한 '용이 났다(산다)'는 뜻의 '용생(龍生)'을 넣은 것은 사업이 그만큼 비상하여 영원하게 번창하리라는 기원이 담겨 있음을 알 수 있다.

이 차업은 오늘날 '운남성 5대 차업 집단'에 속할 정도로 규모가 큰 기업이다. 그리고 유기농 차업 분야에서는 중국에서 규모 1위를 달리고 있다. 또한 국가부빈선도기업이자, 농업산업화경영의 중점 선두업체로서 차나무의 재배와 차엽의 수확 및 가공, 그리고 완성품의 판매에 이르기까지 모든 사업을 함께 진행하고 있다.

차원들의 운영 규모는 약 6650ha에 이른다. 이 다원들은 모두 도심에서 떨어진 청정 지역에 위치하고, 차나무는 유기농법으로 재배하고 있다. 그리고 차엽의 수확은 지금까지도 사람이 직접 수작업으로 진행한다. 이렇게 수확한 차엽으로 모차를 생산하는 초제(初制) 가공 공장은 27개나 된다.

한편, 이 차업은 국제적인 그룹 기업으로서, 5개의 자회사, 2개의 지사, 과학기술연구소와 함께 해외무역사무소도 8개나 있다. 주요 상품으로는 보이차 외에도 녹차, 우롱차, 홍차, 특히 재스민차인 말리화차(茉莉花茶) 등이 있다.

'용생차업패(龍生茶業牌)'의 주요 상품

● 생차

· 운남용생보이차(雲南龍生普洱茶) 경전(經典) 2008(왼쪽).
· 대청수(大淸樹) 등.

● 숙차

 · 궁정보이(宮廷普洱)(오른쪽).

 · 운남보이차(雲南普洱茶) 용생칠자병(龍生七子餠)
   0608(오른쪽 아래), 0618, 0638, 0708, 0718, 0738.

 · 운남용생보이차(雲南龍生普洱茶) 513 금호병(金毫餠).

● 말리화차(재스민차)

 · 용생옥아화차(龍生玉芽花茶)

 _ 2001년 전국재스민차품평회에서 금메달 수상.

 · 용생취명(龍生翠茗)

 _ 2002년 전국재스민차품평회에서 금메달 수상.

운남육대차산차업고분유한공사
雲南六大茶山茶業股份有限公司

- ● 차업 이력
  운남육대차산차업고분유한공사(雲南六大茶山茶業股份有限公司)(2002년 설립) → 현재
- ● 맥호 차창 번호 : '미정(?)'
- ● 주요 브랜드 : 육대차산패(六大茶山牌)(Six-Famous-Tea-Mountain)

육대차산차업의 본동 입구 모습.

차업의 역사

이 차업은 비교적 최근에 설립된 신생 업체임에도 불구하고 그 명성이 대단히 높다. 맹해차창 출신의 차 장인들을 주축으로 하여 2002년 곤명시(昆明市)가 봉경현(鳳慶縣)과 합자하고 맹해현(勐海縣)으로부터 투자를 받아 식품생산표준에 맞게 현대화하여 설립한 '운남육대차산차업고분유한공사(雲南六大茶山茶業股份有限公司)'가 시초이다.

본사는 곤명시에 위치하고, 가공 공장인 차창들은 맹해현, 차원은 하개(賀開) 계곡, 차하(岔河), 봉경현, 임창(臨滄) 등에 분포하고 있다. 특히 차나무들이 유기농법으로 재배되는 면적은 약 1100여 ha에 달하고, 이곳에서 생산되는 유기농 차들은 연간 약 5만 톤에 이른다. 또한 이 차업과 전략적 동반자 관계를 형성한 합자 회사들은 전국 30여 개의 성(시, 자치구)에 300여 개가 넘고, 전문 판매점도 1000여 곳 이상에 이른다. 이곳에서는 보이차뿐만 아니라 녹차, 홍차도 판매하고 있다.

또한 이 차업은 품질 관리 체계가 엄격하기로 유명한데, 유기식품(2004년), 국가품질(QS)

(2006년), ISO 9001(2008년), 해섭(HACCP)(2009년)의 공인을 받았다. 또한 품질뿐만 아니라 그 향미도 매우 훌륭하여 국내외의 각종 품평 대회에서 최우수상을 여러 차례에 걸쳐 수상하였다. 대표 브랜드인 '육대차산(六大茶山, Six-Famous-Tea-Mountain)'은 2005년에 중국차홍보협회의 권장 차 브랜드로, 그 뒤에는 '중국차 산업계 100대 기업'에도 선정되었다.

더욱이 이 차업은 국가적인 차원으로 추진되는 빈곤 구제 사업의 선도적인 업체로 발돋움하였다. 이와 관련하여 운남성 정부로부터는 차산업 개발 부문 '운남성 최상위 업체'로, 임창현(臨滄縣) 정부로부터는 '중요 납세 업체'로 선정되었다.

또한 중국 국가상표관리부로부터 '육대차산(六大茶山, Six-Famous-Tea-Mountain)'의 상표가 유명 상표로 평가된 뒤로 시장에서는 운남성의 대표 브랜드 중 하나로 평가되고 있다. 그 밖에도 각종 대학 및 업체, 그리고 연구소와 공동으로 보이차의 후발효 연구를 진행하고, 장학재단도 설립하여 우수한 인재들을 육성하여 보이차 관련 산업을 진흥시키고 있다.

봉경차창의 정문 모습.

육대차산차업의 공장 전경.

육대차산패(六大茶山牌, Six-Famous-Tea-Mountain)의 주요 상품

● 생차

- 전승(傳承) 1975(왼쪽).
- 이무정산보이차(易武正山普洱茶)(오른쪽).

● 숙차

- 준창호(俊昌號)(왼쪽).
- 호급보이차숙차(號級普洱茶熟茶) 금장(金獎) 일호(壹號)(오른쪽).

운남토림차업유한공사
雲南土林茶業有限公司

- **차업 이력**
  남간현차창(南澗縣茶廠)(1985년)
  → 운남토림차업유한공사(雲南土林茶業有限公司)(2007년~현재)
- **맥호 차창 번호** : '미정(?)'
- **주요 브랜드** : 토림봉황패(土林鳳凰牌), 운남명패(雲南名牌)

차업의 역사

차업 공장의 전경 모습.

무량산(無量山)에 위치한 유기 차나무의 종묘 기지.

이 차업은 비교적 최근에 등장하여 유명 브랜드로 크게 성장한 기업이다. 1985년에 설립되어 국영으로 운영되던 남간현차창(南澗縣茶廠)이 시초이다. 이어 2007년 증자로 출자금을 확보해 기존의 남간현차창을 오늘날의 운남토림차업유한공사(雲南土林茶業有限公司)로 재개편한 것이다.

이 차업이 위치한 남간현(南澗縣)은 천년 차마고도의 중요 역참 기지였던 곳으로서 차 문화의 역사와 전통이 매우 유구하다. 특히 무량산(無量山) 고산차(高山茶)의 원료 기지인 임창시(臨滄市)와 사모구(思茅區) 등에 위치한 명산으로부터 수확한 차엽들을 집산하여 독특하고도 개성미가 넘치는 브랜드인 토림봉황(土林鳳凰)을 생산하고 있다. 이 브랜드로는 병차, 전차, 숙차, 생차 등 매우 다양한 형태의 보이차 상품들을 판매하고 있다.

또한 이 차업은 운남성으로부터 '운남명패(雲南名牌)'로 선정되면서 중국의 저명 브랜드의 대열에 올랐다. 운남명패의 상품으로는 생차인 '노수타차는(老樹沱茶)'가 매우 유명하다.

토림봉황패(土林鳳凰牌), 운남명패(雲南名牌)의 주요 상품들

● 생차

· 노수칠자병차(老樹七子餠茶) 운남명패(雲南名牌)(왼쪽).

· 후(厚)(오른쪽).

· 노수타차(老樹沱茶) 운남명패(雲南名牌)(아래쪽).

● 숙차

· 토림봉황보이병(土林鳳凰普洱餠) 701(왼쪽).

· 운남칠자병차(雲南七子餠茶) 703(가운데).

· 노차두(老茶頭)(오른쪽).

운남쌍강맹고차엽유한책임공사
雲南雙江勐庫茶葉有限責任公司

- ● **차업 이력**
  쌍강자치현국영차창(雙江自治縣國營茶廠)(1974년)
  → 운남쌍강맹고차업유한책임공사(雲南雙江勐庫茶葉有限責任公司)(1999년)~현재
- ● **맥호 차창 번호** : '미정(?)'
- ● **주요 브랜드** : 맹고패(勐庫牌), 맹고융씨(勐庫戎氏), 망파패(忙波牌), 청강패(青崗牌)

가공공장에서 보이차의 긴압 과정을 진행하는 모습.

차업의 역사

이 차업은 1974년에 설립된 쌍강자치현국영차창(雙江自治縣國營茶廠)이 시초이다. 약칭 '쌍강현차창'은 1994년에 맹고패(勐庫牌), 1995년에는 망파패(忙波牌), 1997년에는 청강패(青崗牌)를 브랜드로 등록하였다. 그 뒤 1999년 7월에서 파산하였고, 당해 민영화로 설립된 운남쌍강맹고차엽유한책임공사(雲南雙江勐庫茶葉有限責任公司)가 그 브랜드들과 차업을 계승하여 오늘날에 이르고 있다.

대표 브랜드 중 하나인 맹고융씨(勐庫戎氏)는 사실 1935년부터 차업을 가업으로 시작하여 수 대째 운영해 오고 있는 명문가이다. 특히 융가승(戎加升) 선생은 쌍강현(雙江縣)에 1985년에 차엽의 초제(모차 가공) 공장을 세우고, 1993년에는 맹고정제차창(勐庫精制茶廠)을 설립한 것으로도 유명하다.

이 차업의 대표 브랜드인 맹고패(勐庫牌)는 2005년 '운남성 저명 상표'로 평가되었고, 2008년에는 '운남명패(雲南名牌)'의 상품으로 지정되었다. 그리고 농업산업화 국가급 중점 선두업체로 지정된 뒤 2011년부터는 유기농법으로 보이차를 비롯해 다양한 종류의 차들을 생산하고 있다.

이 차업에서 생산된 보이차 상품은 품질이 매우 훌륭하기로 유명하여 시장에서도 신뢰도가 매우 높다. 중국의 주요 성시에서뿐 아니라 홍콩, 마카오, 대만, 한국, 일본, 말레이시아 등의 국가에서도 수요가 많다.

주요 브랜드 상품들

● 생차

· 맹고융씨(勐庫戎氏)(왼쪽).

· 맹고융씨(勐庫戎氏) 본미전승(本味傳承)(오른쪽).

· 망파(忙波) 명전춘첨(明前春尖) 등.

● 숙차

· 맹고(勐庫) 궁정보이(宮廷普洱)(왼쪽).

· 맹고융씨(勐庫戎氏) 전군(傳君)(오른쪽).

맹해현복해차창
勐海縣福海茶廠

- **차업 이력**
  복해차창(福海茶廠)(1983년)
  → 맹해현복해차창(勐海縣福海茶廠)(1998년)~현재
- **맥호 차창 번호** : '미정(?)'
- **주요 브랜드** : 복해차창패(福海茶廠牌)

복해 차업 정문 광경.

차업의 역사

이 차업은 1983년도에 이미 설립되어 운영되던 '복해차창(福海茶廠)'이 시초이다. 그 뒤 보이차 시장의 성장에 부응하기 위하여 1998년도에 맹해차창 출신의 차 전문가들을 중심으로 재조직된 뒤 오늘날의 '맹해현복해차창(勐海縣福海茶廠)'으로 개칭한 것이다.

이 차업은 맹해현에서 동부로 3km 떨어진 외진 장소에 위치해 있다. 가공 공장인 차창은 최신 설비를 갖추고 있다. 약 5000묘에 달하는 유기 생태 차원은 포랑산(布朗山) 산지

복해 차업의 차창 전경의 모습.

의 수원 보호구인 노반장촌(老班章村), 신반장촌(新班章村), 하개(賀開), 광별촌(廣別村) 고차산(古茶山) 일대의 해발고도 1400m~1800m인 나달맹(那達勐)에 위치해 있다. 참고로 '맹(勐)'은 서쌍판납 지역에서 태족이 거주하는 옛 행정구역의 단위이다.

이 지역들은 모두 보이차의 핵심 산지로서 연간 강우량이 1300m~1500mm, 연평균 기온이 18~19도 정도로 천혜의 생육 조건을 갖추고 있다. 생태 유기 차원의 차나무들은 품종이 속칭 '보이차의 왕'이라는 '대엽청차(大葉青茶)'이다. 이 차업에서는 차나무의 재배, 묘종, 가공 등의 전 과정을 유기 농법으로 진행하고 있다.

이 차업에서 생산되는 칠자병원차(七子餅圓茶), 전차(磚茶), 타차(沱茶), 죽통차(竹筒茶), 금과공차(金瓜貢茶), 순탑청과(笋塔青瓜) 등의 상품들은 모두 천연, 청정, 생태 유기농의 보이차이다.

복해차창패(福海茶廠牌) 주요 상품

● 생차
· 노반장고차원대수차(老班章古茶園大樹茶) 금령(金翎) 000001(왼쪽).
· 복해반장유기차(福海班章有機茶)(오른쪽) 등.

● 숙차
· 맹해칠자병차(勐海七子餅茶) '차(茶)' 7266(오른쪽).
· 이무복자호(易武福字號) 등.

맹해진승차업유한공사
勐海陳升茶業有限公司

- **차업 이력**
  맹해진승차업유한공사(勐海陳升茶業有限公司)(2007년) → 현재
- **맥호 차창 번호** : '미정(?)'
- **주요 브랜드** : 진승호(陳升號)/서브 브랜드 : 복원창호(復原昌號), 진승정품(陳升精品)

맹해진승차업공사 정문 모습.

차업의 역사

이 차업은 차업계에서 약 50년간 종사하였던 '차인(茶人)' 진승하(陳升河) 선생이 2007년도에 창립하였다. 이 차업은 고품질의 원료차를 확보하기 위해 2008년도 전후부터 포랑산(布朗山)의 노반장(老班章), 남나산(南糯山) 기슭의 노채촌(老寨村), 그리고 맹송산(勐宋山) 일대에 기반을 두고 있다.

모차 생산을 위한 초제(初制) 기지는 고육대차산(古六大茶山)의 하나인 이무산(易武山)에 위치하고 있다. 그리고 차농가들과 장기적인 합작의 협정서를 체결하여 수확이 가능한 고차원의 면적만 약 660ha에 달한다. 이로써 보이차 산지에서 핵심 원료차를 방대하게 확보한 것이다.

현재 차업은 진승하 선생의 제다(製茶) 신조인 '제약(製藥)' 정신을 업훈으로 계승하여 보이차를 생산하고 있다.

면적이 수만 제곱미터에 달하는 표준화 가공 공장에 보이차 전용의 생산 설비를 갖추고 있다. 한마디로 말하면, 차원에서 수확한 원료차로부터 보이차의 생산, 가공, 판매, 연구 개발까지 종합적으로 진행하는 전문 업체이다.

이 차업은 이와 같은 기반 시설을 바탕으로 중국 정부로부터 국가품질(QS), 녹색식품, 유기식품 등의 인증을 받았고, 오늘날에는 '운남성 중점 선두업체', '중국 차엽업계 종합실력 100위 업체', '운남명패' 등으로 보이차 업계에서도 일류 기업으로 성장하였다.

대표적인 브랜드로는 '진승호(陳升號)'가 있고, 그 서브 브랜드로는 '복원창호(復原昌號)', '진승정품(陳升精品)' 등이 있다. 이중 '진승호(陳升號)'는 전문 판매점이 중국 전역과 홍콩, 마카오, 대만 지역에 약 300여 곳으로 분포하고 있을 정도로 유명하다. 그 밖에도 한국, 일본, 싱가포르, 말레이시아 등의 세계 각지로 다양한 브랜드의 차 상품들이 수출되고 있다.

'진승호패(陳升號牌)'의 주요 상품

● 생차

- 운남칠자병차(雲南七子餅茶) 반장노수(班章老樹) 계열(왼쪽).
- 운남칠자병차(雲南七子餅茶) 이무고수(易武古樹) 계열(오른쪽).
- 복원창호이무대수(復原昌號易武大樹).
- 서쌍판납맹해칠자병차(西雙版納勐海七子餅茶) 진승정품(陳升精品) 등.

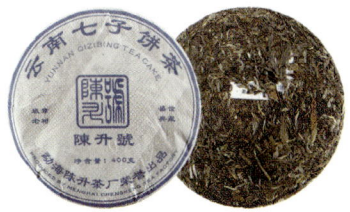 

● 숙차

- 맹해칠자병차(勐海七子餅茶) 보이숙차(普洱熟茶) 궁정(宮廷)(왼쪽).
- 운남칠자병차(雲南七子餅茶) 보이숙차(普洱熟茶) 7262(오른쪽).

운남서쌍판납주고차산차업유한공사(용원차업)
雲南西雙版納州古茶山茶業有限公司(龍園茶業)

> ● **차업 이력**
> 대도강용원차창(大渡崗龍園茶廠)(1999년) → 운남서쌍판납주고차
> 산차업유한공사(雲南西雙版納州古茶山茶業有限公司)(龍園茶業)
> (2003년)
> ● **맥호 차창 번호** : '미정(?)'
> ● **주요 브랜드** : 용원호(龍園號), 성세용원(盛世龍園),
>   기과수(幾棵樹), 행천호(行天號) 등.

용원차업의 차창 전경.

이 차업은 1999년에 설립된 대도강용원차창(大渡崗龍園茶廠)이 시초이다. 그 뒤 2003년에 지금의 운남서쌍판납주고차산차업유한공사(雲南西雙版納州古茶山茶業有限公司)로 개명하였다. 차업은 서쌍판납주에서도 경관이 아름답기로 유명한 풍경 지구에 위치해 있다.

맹해현 파사촌(帕沙村), 경홍시(景洪市) 맹송촌(勐宋村)의 고차원에 10여 개의 생산 기지가 있다. 특히 차마고도의 경유지이면서 중국에서 '차엽 제일의 고향'이라 불리는 대도강(大渡崗) 인근에는 약 1330ha에 달하는 고차원이 조성되어 있다. 그중 약 330ha는 유기 생태 차원이다.

거대한 부지에 들어선 가공 공장에서는 수령이 100년 이상인 고차수 차엽으로 고품질의 생태 보이차를 생산하고 있다. 이곳에 종사하는 인원수는 1000여 명이 넘고, 차의 연간 생산량은 약 수천 톤에 달한다. 그 밖에도 오늘날에는 8개의 주요 지사를 두고, 보이차 상품의 연구 개발, 보이차 문화 견학, 차원의 관광, 보이차 생산의 체험도 할 수 있는 종합적인 차업으로 성장하였다. 8개의 주요 지사는 다음과 같다.

· 대도강용원생태차창(大渡崗龍園生態茶廠)
· 맹해용원차창(勐海龍園茶廠)

· 운남용원호차업유한공사(雲南龍園號茶業有限公司)
· 서쌍판납주차문화전파센터(西雙版納州茶文化傳播中心)
· 용원·융품차문화체험센터(龍園·融品茶文化體驗中心)
· 용원차업체험센터(龍園茶業體驗中心)
· 서쌍판납용원차업대세계(西雙版納龍園茶業大世界)
· 서쌍판납용원차문화관(西雙版納龍園茶文化館)

현재 서쌍판납주 중점 선두업체, 운남성 차엽 산업 발전 선진 기업으로 지정되어 있고, 대표적인 브랜드로는 '용원호(龍園號)', '성세용원(盛世龍園)' '기과수(幾棵樹)', '행천호(行天號)' 등이 있다. 특히 용원호(龍園號)는 '운남성 저명 브랜드'이면서 '중국 보이차 10대 지명도 상품'이다.

주요 브랜드의 상품들

● 생차
· 성세용원(盛世龍園) 생차(오른쪽).
· 용원호용병(龍園號龍餅) 포랑산고차수(布朗山古茶樹).
· 용원호대마방1호(龍園號大馬幇 1號).
· 용원호맹해여아차(龍園號勐海女儿茶).
· 용원호협회고수금과(龍園號協會古樹金瓜) 등.

성세용원(盛世龍園) 생차.

● 숙차
· 성세용원(盛世龍園) 숙차.
· 용원호용마웅풍(龍園號龍馬雄風).
· 용원호노수건창노수차(龍園號老樹乾倉老樹茶).
· 용원호보이숙차대마방1호(龍園號普洱熟茶大馬幇 1號).
· 용원호맹해갑급전차(龍園號勐海甲級磚茶).

성세용원(盛世龍園) 숙차

곤명정원차업유한공사
昆明正沅茶業有限公司

- ● **차업 이력**
  · 곤명정원차업유한공사(昆明正沅茶業有限公司)(2007년~ 현재)
- ● **맥호 차창 번호** : '미정(?)'
- ● **주요 브랜드** : 정원(正沅), 운자사계(雲子四季), 일구향(逸口香), 일품순(逸品醇) 등.

곤명정원차업 공사의 정문.

차업의 역사

이 차업은 2007년에 곤명시(昆明市)에서 창립되었다. 주로 보이차, 흑차, 공예차, 홍차 등을 생산하거나 상품의 위탁 판매(도매 및 소매)도 겸하고 있다. 또한 차 문화의 전파와 차업 경영 관리에 관한 자문 업무도 보고 있다. 특히 안녕해만차업유한책임공사(安寧海灣茶業有限責任公司)(해만차업)로부터는 '노동지(老同志)' 브랜드의 지정 위탁 판매를 맡고 있다. 주요 브랜드로는 '정원(正沅)', '운자사계(雲子四季)', '일구향(逸口香)', '일품순(逸品醇)' 등이 있다.

이 차업에서 판매하는 원료차와 상품들은 그 품질이 높기로 매우 유명하다. 중국 국내 검역검험기관의 검측을 통과한 것 외에도, 세계적인 품질 평가 기관인 SGS(Société Générale de Surveillance)로부터도 공인을 받았다. 2015년에는 운자사계(雲子四季) 계열의 보이차가 SGS의 수백 항목에 달하는 식품 안전 검사에서도 통과될 정도로 식품 안전성의 공인을 받았다. 2016년에는 차업이 그동안 연구를 통해 개발한 발효 기술로 생산한 보이숙차인 '운자사계칠자병(雲子四季七子餠)'과 '운자사계일구향(雲子四季逸口香)'이 제1회 '전차배(滇茶杯)' 품평 대회의 '생산 부문'에서 '금상'을 수상하는 영예를 안았다.

현재에는 '정원(正沅)', '운자사계(雲子四季)', '일구향(逸口香)', '일품순(逸品醇)' 브랜드의 보이차와 홍차 브랜드 상품들은 중국 내에서뿐만 아니라 홍콩, 대만, 한국, 러시아, 아르헨티나 등 세계 각지로 수출되고 있다.

운자사계패(雲子四季牌) 주요 상품

● 생차

· 운자사계(雲子四季) 밀림기향(密林奇香)(오른쪽).
· 운자사계(雲子四季) 운자타(雲子沱)

운자사계(雲子四季) 밀림기향(密林奇香).

● 숙차

· 운자사계(雲子四季) 일구향(逸口香)(왼쪽).
· 운자사계(雲子四季) 운자타(雲子沱) 고려공산(高黎貢山)(가운데).
· K6 호포차(壺泡茶)(오른쪽).
· K3 대포차(袋泡茶)/티백

맹해우림고차방차엽유한책임공사
勐海雨林古茶坊茶葉有限責任公司

- ● 차업 이력
  맹해우림고차방차엽유한책임공사(勐海雨林古茶坊茶葉有限責任公司)(2012년~현재)
- ● 맥호 차창 번호 : '미정(?)'
- ● 주요 브랜드 : 우림고차방(雨林古茶坊)

맹해우림고차방차엽공사 차창의 일광건조 모습.

이 차업은 2012년도에 운남성 서쌍판납태족자치주의 맹해현에 설립되었다. 맹해현의 원시 우림 지역에서 희귀한 고차수(古茶樹)를 찾아내 차엽을 수확한 뒤 오로지 옛 전통 방식을 엄격히 준수하면서 '고수차(古樹茶)'만을 생산하고 있다. 이 운남성은 차나무의 원산지인 만큼 지금도 삼림이 우거진 지역에는 고차수들이 많이 분포하고 있다.

이 차업에서 옛 전통 방식에 따라 고수차를 제작하는 기술과 공예는 오늘날 맹해현의 중요무형문화유산으로 지정되어 있다. 대표 브랜드로는 '우림고차방(雨林古茶坊)'이 있고, 주로 병차, 타차, 전차, 죽통차(竹筒茶) 등의 보이차를 생산하고 있다. 이러한 보이차 상품들은 오늘날 미국, 일본, 동남아시아 등의 해외에서도 큰 인기를 끌고 있다.

우림고차방패(雨林古茶坊牌) 주요 상품

● 생차

· 우림고차방(雨林古茶坊) 우림특제(雨林特制) 공작(孔雀)(왼쪽).
· 우림고차방(雨林古茶坊) 노반장(老班章)(가운데).
· 우림고차방(雨林古茶坊) 경매(景邁)(오른쪽).

● 숙차

· 우림고차방(雨林古茶坊) 복의(伏羲)(오른쪽).
· 우림고차방(雨林古茶坊) 노반장(老班章).
· 우림고차방(雨林古茶坊) 반고(盘古).

보이차왕차업집단고분유한공사
普洱茶王茶業集團股份有限公司

- **차업 이력**
  보이차왕차업집단고분유한공사(普洱茶王茶業集團股份有限公司)(2012년~현재)
- **맥호 차창 번호** : 미정(?)'
- **주요 브랜드** : 노고동(老古董), 항서상(恒瑞翔), 운령양광(雲嶺陽光)

차엽공장의 전경 모습.

차업의 역사

이 차업은 '보이차의 고향'이라는 보이시의 영이현(寧洱縣) 영이진(寧洱鎭)에 2004년도에 설립되었다. 이곳은 역사상 그 옛날 보이차의 원산지이자 집산지로서 큰 번영을 누렸던 곳이다.

차업은 오늘날에는 12개의 고차원을 보유하고 있다. 고차원의 총면적은 약 1990ha 정도 된다. 그리고 유기농 다원은 면적이 약 790ha이다. 연간 차 생산량은 약 3000여 톤에 달한다.

차업의 주요 브랜드로는 '노고동(老古董)', '항서상(恒瑞翔)', '운령양광(雲嶺陽光)'이 있다. 이중 노고동 브랜드에는 전통 보이산차와 긴압차를 비롯하여 약 200여 종류의 상품들이 있다. 이 차업은 2005년에 국가 유기식품, AA급 소비자 애호상품, 국가품질안전(QS), 'ISO 9001'의 공인을 받았다. 2005년에는 '운남성 소비자 애호상품', 2006년에는 '전국 식품안전시범제품'으로 인정을 받았다.

현재는 국가고등신기술기업과 운남성 농업산업화 중점 선두업체로 지정되어 있고, 중국 각 성시에 20여 개의 전문 판매점을 두고 있다. 최근에는 해외 시장에도 진출하여 인기를 끌고 있다.

차왕집단태산유기농원(茶王集團泰山有機茶園).

노고동패(老古董牌) 주요 상품

● 생차

· 노고동(老古董) 무량산고수차(無量山古樹茶)(왼쪽).
· 노고동(老古董) 보이차왕칠자병(普洱茶王七子餠)(오른쪽).

● 숙차

· 노고동(老古董) 보이차왕칠자병차(普洱茶王七子餠茶) 보이차(普洱茶) 6813G(위쪽).
· 노고동(老古董) 경매(景邁)(오른쪽).

운남용윤차업유한공사
雲南龍潤茶業有限公司

- ● 차업 이력
  창녕차창(昌寧茶廠)(1958년) → 운남용윤차업유한공사(雲南龍潤茶業有限公司)(2005년~현재)
- ● 맥호 차창 번호 : '미정(?)'
- ● 주요 브랜드 : 용윤차(龍潤茶)

용윤차업공사의 정문 전경.

차업의 역사

이 차업은 1958년에 설립된 창녕차창(昌寧茶廠)이 그 시초이다. 약 60여 년 동안 창녕현, 봉경현, 운현, 곤명시의 네 곳에 생산 기지를 건설하였고, 최근에는 추가로 보이시, 서쌍판납에도 두 곳의 생산 기지를 더 건설하였다.

이 차업은 차나무의 재배에서부터 차엽 수확, 가공, 판매, 상품의 연구개발과 함께 차 문화의 교육과 전파의 일도 함께 진행하고 있다. 또한 차 상품의 생산과 관련해서는 유기농식품인증, 열대우림연맹인증(RA), 미국 유기농인증(NOP), 일본 농산품유기인증(JAS), 우수농산물규격인증(GAP), 중국 유기농인증(CNAS) 등의 공인을 받았다.

오늘날에는 운남성 외에도 복건성, 절강성, 호남성 등에 위치한 국가 핵심 생산 차구에서 고품질의 차엽을 획득하여 보이차뿐만 아니라 홍차, 백차, 녹차 등 6대 차류를 약 500여 종류나 생산하고 있다. 또한 국제적인 표준에 부합하도록 차를 생산하여 중국차 산업계의 시야를 광범위하게 넓히고 있다. 특히 2009년에는 홍콩의 주요 차 시장에도 진출하여 중국의 차업계에서는 최초로 상장 업체가 되었다.

용윤차패(龍潤茶牌) 주요 상품

● 생차
- 용윤차(龍潤茶) 용윤(龍潤) 816(왼쪽).
- 용윤차(龍潤茶) 초란(楚蘭)(오른쪽) 등.

● 숙차
- 용윤차(龍潤茶) 용윤(龍潤) 826(왼쪽).
- 용윤차(龍潤茶) 진향(陳香)(오른쪽) 등.

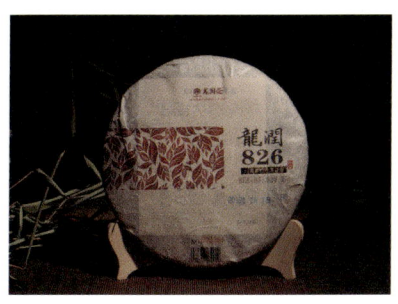

운남성맹해윤원창차창
雲南省勐海潤元昌茶廠

● **차업 이력**
　운남성맹해윤원창차창(雲南省勐海潤元昌茶廠)(2012년~현재)
● **맥호 차창 번호** : '미정(?)'
● **주요 브랜드** : 윤원창(潤元昌)

맹해윤원창차창의 정문 전경.

차업의 역사

이 차업이 설립된 것은 비교적 최근의 일이다. 2012년도 보이시에서 '보이차 제일현'이라는 맹해현 포랑산(布朗山) 기슭의 노반장 지역에서 처음으로 설립되었다. 이 차업은 '품질(品質)'과 '품위(品位)'를 '제일의 가치'로 내세우고, 포랑산의 독특한 고차수의 차엽을 사용하여 오직 최고급 상품을 생산하는 일에만 집중해 왔다.

따라서 맹해 보이차의 전통적인 제다 방식인 정밀하고도 깊은 조예를 사랑하는 수많은 보이차 전문가들에게 폭넓게 사랑을 받고 있다.

윤원창패(潤元昌牌) 주요 상품

● **생차**
　· 윤원창(潤元昌) 운남맹해생태교목원차(雲南勐海生態喬木圓茶) 오금호(烏金號) 2012.
　· 윤원창(潤元昌) 마흑(麻黑) 등.

오금호(烏金號).

마흑(麻黑).

● 숙차

· 윤원창(潤元昌) 운남맹해생태교목원차(雲南勐海生態喬木圓茶) 포랑지춘(布朗之春)(왼쪽).
· 윤원창(潤元昌) 윤지춘(潤之春)(오른쪽).

'보이차 제일촌(普洱茶第一村)', 노반장촌(老班章村)

'보이차 제일촌'이라는 문구는 사라지고 '노반장(老班章)'이라고만 적힌 현판.

노반장촌(老班章村)

노반장촌(老班章村)은 운남성 서쌍판납주(西雙版納州) 맹해현(勐海縣) 포랑산(布朗山) 일대의 포랑족(布朗族) 마을에 위치해 있다. 본래의 옛 지명은 '반장(班章)', '반장노채(班章老寨)'이다.

약 2000년 전에 고대 원주민인 포랑족이 이곳에 거주하였다고 한다. 포랑족은 오늘날 보이차(普洱茶)의 옛 이름인 '보차(普茶)'의 기원이었다는 설도 있다. 그리고 약 200년 전에는 합니족(哈尼族)이 거주하였던 곳이다.

이 촌락은 평균 해발고도 1216m, 최고봉 높이 2280m의 포랑산 기슭에 자리하고 있다. 기후는 연평균 기온이 18.7도, 연평균 일조 누적 시간이 2088시간, 연평균 강우량이 1341mm~1540mm로서 차나무가 자라기에 천혜의 자연 생태 조건을 두루 갖추고 있다. 현재에는 합니족이 정주한 뒤로, 수령이 약 200년 이상의 대수교목의 대엽종 고차수들이 무성하게 분포하고 있다. 이러한 고차수들은 천혜의 자연 환경 속에서 자라나면서 차엽는 다른 곳에서는 결코 찾아볼 수 없는 특색들을 지니고 있다.

특히 노반장촌의 무공해, 무농약의 자연 기운이 담긴 차엽을 원료로 생산한 일명 '보이차 제일촌(普洱茶第一村) 노반장(老班章)'이라는 상품명의 보이차들은 일부 사람들에 의해 '이무(易武)'와 동급으로 취급되면서 큰 인기를 끌었다.

이와 같이 노반장촌(老班章村)이 훌륭한 원료차의 산지로 유명해지면서 시장에서도 수요가 급증하여 수많은 상인들이 이곳을 찾아와 차엽을 구입해 간 결과, 지금도 가격이 계속해서 상승하고 있다고 한다. 그런데 노반장촌의 실제 생산량은 시장의 수요에 비하면 매우 부족한 상황이기 때문에 다른 지역에서 생산한 차엽들도 뒤섞어서 판매하는 일들도 생겨났다. 이에 따라 노반장촌에서는 2006년부터 다른 지역의 차엽들을 촌락으로 반입하는 행위를 일절 금지하는 자치규약까지 제정하였다.

'보이차 제일촌'이란?

보이차 상품에서는 서로 다른 차엽의 상품임에도 외부 포장지에 '보이차 제일촌(普洱茶第一村) 노반장(老班章)'이라고 인쇄되어 있는 것을 종종 볼 수 있다. 예를 들면, 맹해차업유한책임공사의 브랜드명인 '대익패'의 보이병차에서도, 맹해진승차업유한공사의 브랜드명인 '진승호'의 보이병차에서도 '보이차 제일촌 노반장'이라고 표기되어 있는 것이다.

사실 '보이차 제일촌 노반장'은 특정 차업의 브랜드명이 아니라, 노반장 촌락의 명패 문구이다. 다만, 노반장촌의 훌륭한 원료차를 사용해서 만들었기 때문에 '브랜드명'이 아니라 '개별 상품명'으로서 붙인 것이다.

한편, 중국에서는 '보이차 제일현(普洱茶第一縣)'이라고 하면, 일반 사람들은 보통 '맹해현(勐海縣)'을 가리킨다고 한다. 왜냐하면 맹해현에는 수많은 보이차 산지들이 밀집되어 있기 때문이다. 그렇다면 노반장촌이 맹해현의 그 수많은 보이차의 성지들을 제치고 과연 '보이차 제일촌'인가? 여기에 대해서는 이견이 많을 것으로 충분히 예상되고, 실제로 그에 관한 분규도 있었다고 한다. 이로 인한 것인지 정확하지는 않지만, 오늘날 노반장촌의 입구에는 '보이차 제일촌(普洱茶第一村)'의 문구를 빼고 '노반장(老班章)'이라고만 적힌 새로운 명패가 걸려 있다고 한다.

'노반장차(老班章茶)'의 특징

노반장촌에서 생산된 차엽으로 만든 보이차, 일명 '노반장차'의 특색은 매우 독특한 것으로 알려져 있다. 해발고도 1200m 이상의 거친 환경 속에서 자라는 교목형 대차수로부터 수확한 차엽은 노반장차에서만 맛볼 수 있는 향미를 안겨준다고 한다.

보이차 애호가들에게 큰 인기를 끌고 있는 노반장차의 한 상품인 금령.

노반장차의 향미는 그 훌륭한 특색이 수도 없이 많지만, 대표적인 특징으로는 '고삽농강(苦澁濃强)'이 있다. 중국 심평 전문 용어로 '고삽(苦澁)'은 맛이 떫고 쓴맛이 강하다는 뜻이고, '농강(濃强)'은 풀바디감이 강하게 펼쳐진다는 뜻이다. 또한 차엽 본디 향미의 기운인 '신운(神韻)'도 매우 풍부하다고 한다. 우린 차엽인 엽저는 특히 살지고 튼실하여 '비후(肥厚)'한 것으로 평가되고 있다.

알아두면 좋은 지식

◆ 핫 브랜드 보이차! ◆

포랑산의 뉴 브랜드, '포랑단주(布朗單株)'

천년차왕(千年茶王) 포랑단주.

포랑단주(布朗單株)는 운남성 포랑산(布朗山) 노반장(老班章), 신반장(新班章) 등의 천년고차수(千年古茶樹), 대차수(大茶樹), 노차수(老茶樹) 등으로부터 생산되어 최근 큰 인기를 끌고 있는 보이차이다.

포랑산의 반장차와 함께 포랑단주 천년차왕(千年茶王)은 차나무 재배의 기원지인 포랑산의 유명세에 걸맞게 고차수의 맛과 향의 품질도 매우 우수한 것으로 평가되고 있다.

포랑산(布朗山)은 포랑족(布朗族)의 선민(先民)들이 원래부터 거주해 왔던 터전이다. 그리고 포랑족들은 수천 년 전부터 포랑산 일대에서 차나무를 재배하고 찻잎을 따서 보이차를 만들어 소비한 것으로 알려져 있다. 따라서 포랑산 일대는 오늘날 차나무 재배의 기원지로 생각되는 것이다.

또한 '보이차(普洱茶)'라는 이름의 어원도 실은 포랑족의 선민인 '복인(濮人)'에서 유래되었다는 설도 있다. 이에 따르면 보이차(普洱茶)는 그 옛날 '복인(濮人)의 차', '복인(濮人)이 마시는 차'라는 데서 유래되었다는 내용이다(PART 4 참조).

따라서 보이차를 최초로 재배한 사람들의 후예인 포랑족이 거주하는 포랑산 일대의 노반장, 신반장 등에 자생하는 오래된 차나무로부터 생산된 '포랑단주(布朗單株)'는 보이차의 세계에서 역사적 의미가 매우 깊다고 할 수 있다.

알아 두면 좋은 지식

보이차 업계 주요 인물 간략 정리!

● 풍소구(馮紹裘, 1900~1987)

세계적으로 유명한 중국 홍차인 '전홍차(滇紅茶)'의 창시자. 1939년 순영실험차창(順寧實驗茶廠)을 창립한 당대 최고의 차 전문가. 순영실험차창은 오늘날 세계적인 홍차 브랜드 전홍의 생산업체인 운남전홍집단고분유한공사(雲南滇紅集團股份有限公司)로 계승 및 발전.

● 범화균(範和鈞, 1905~1989)

1939년 운남성 불해(佛海)(현 맹해현)에서 불해실험차창(佛海實驗茶廠)을 설립. 중화민국시대 보이차 등을 생산해 항일 전쟁 자금을 마련한 애국자로도 유명함. '불해실험차창'은 불해현(佛海縣)이 1958년 맹해현(勐海縣)으로 개칭된 뒤 맹해차창(勐海茶廠)을 거쳐 오늘날 맹해차업유한책임공사(勐海茶業有限責任公司)로 계승 및 발전.

● 추병량(鄒炳良, 1931~)

맹해차창의 창장 출신, 해만차업(海灣茶業)의 공동 창시자. 맹해차창에서 1973년 현대상의 보이차인 보이숙차를 처음 개발할 당시 핵심적인 역할을 한 차 전문가. 맹해차창 여성 부창장 출신인 노국령(盧國齡) 선생과 함께 1999년 안녕해만차업유한책임공사(安寧海灣茶業有限責任公司), 약칭 '해만차업'을 공동 창립.

● 노국령(盧國齡)

'자심보이차(資深普洱茶)'의 전문가, 해만차업(海灣茶業) 공동 창시자. 맹해차창 부창장 출신으로 1973년 맹해차창에서 보이숙차를 처음 개발할 당시 핵심 역할을 담당. 1999년 추병량 선생과 '해만차업(海灣茶業)'을 공동 창립.

● 융가승(戎加升, 1946~2020)

1935년부터 대대로 계승되어 오는 명문 차업 세가인 융씨(戎氏)의 제다기예(製茶技藝) 제2대 전승자. 운남융씨영덕차엽유한책임공사(雲南戎氏永德茶叶有限責任公司) 창시자. 1985년 쌍강현(雙江縣)에 모차 가공 공장 설립. 1993년 맹고정제차창(勐庫精制茶廠) 창립. 운남쌍강맹고차엽유한책임공사(雲南雙江勐庫茶葉有限責任公司) 이사장. 중국차엽행업종신성취장(中國茶葉行業終身成就獎) 획득자.

● 진승하(陳升河, 1951~)

운남맹해진승차업유한공사(雲南勐海陳升茶業有限公司) 2007년 창립 및 이사장. 운남보이차 전문가. 운남성보이차협회상무부회장, 서쌍판납노반장차연구회 회장.

● 진승군(陳勝軍)

'팔각정(八角亭)'으로 불리는 운남농간집단맹해팔각정차업유한공사(雲南農墾集團勐海八角亭茶業有限公司)의 총책임자 역임. 팔각정(八角亭) 브랜드를 2018년도 '중국 보이차 10대 베스트셀러 브랜드' 중에서도 가장 영향력이 있는 브랜드로 성장시키는 핵심적 역할 담당. 차인에게 최대 영예인 '육우장(陸羽獎)' 수상.

PART 4.

'보이차(普洱茶)'의 어원을 찾아서

'보이차(普洱茶)' 이름의 유래

오늘날에 건강 차의 대명사가 된 '보이차(普洱茶)'. 그 보이차는 과거에는 사람들이 어떻게 불렀을까? 앞서 간단히 설명하면, 당, 송, 원, 명나라 시대까지 거슬러 올라가면 '은생차(銀生茶)', '보차(普茶)'로, 청나라 시대, 특히 19세기 후반에서 20세기 초부터 비로소 '보이차(普洱茶)'로 불리었다는 것이다. 여기서는 '보이차'라는 이름이 실은 오래전 운남성 남서 지역의 보이차 산지에 살던 소수민족인 '와족(佤族)', '덕앙족(德昂族)'과 '포랑족(布朗族)'의 선민인 '복인(濮人)'의 명칭에서 유래되었다는 내용을 간략히 소개한다. 이는 중국 운남성의 보이차 분야의 권위자면서, 고고학자, 역사학자인 황계추(黃桂樞) 선생이 문헌과 현지 조사를 통해 고증학적으로 연구한 내용 중의 일부를 요약한 것이다.

보이차(普洱茶)의 운남칠자병차류에 속하는 궁정금호(宮庭金毫).

황계추(黃桂樞, 1936~)

운남 묵강(墨江) 태생. 운남성사모시문물관리소장, 중국고고학회원, 중국박물관학회원, 중국민족학학회원, 중국민족사학회원, 운남남사연구회부이사장, 사모지구작가협회이사, 보이시 문물관리소 소장 등을 역임.

'보이(普洱)' 지역의 선민, '백복(百濮)' 사람들

백복(百濮)의 후예인 와족(佤族) 사람들.

'보이(普洱)'라는 용어의 유래를 알기 위해서는 보이차 산지로 알려진 운남성 서부 또는 서남부 지역에서 오래전부터 살면서 차나무로부터 찻잎 따서 차를 마셔 왔던 소수민족부터 먼저 알아야 한다.

운남성 서부 또는 서남부 지역에는 매우 오래전부터 '포랑족(布朗族)', '와족(佤族)', '덕앙족(德昂族)'의 세 소수민족들이 거주하고 있었다. 이 세 소수민족들은 춘추전국시대, 즉 시황제가 진(秦)을 세우기 이전인, 선진시대(先秦時代, B.C. 770~B.C. 220)에 이 지역에 거주하였던 고대 민족, '백복(百濮)'에서 분화된 소수민족들로서 오늘날 '백복(百濮)-와덕앙포랑족계(佤德昂布朗族系)'로 분류되고 있다.

이 세 소수민족들은 모두 동일 선조의 후예로서 언어 계통이 동일한 어족이며, 오늘날에 '맹고면어족(孟高緬語族)'(몬·크메르어족)으로 분류한다. 중국어로 '맹고(孟高)'는 인도차이나 반도의 캄보디아(크메르족), '면(緬)'은 미얀마(몬족)를 뜻하고, 따라서 '맹고면어족'은 '몬·크메르어족'인 것이다.

한편, 서한(西漢)의 철학자이자 문학가인 양웅(揚雄, B.C. 53~B.C. 18)은 『촉도부(蜀都賦)』에서 선민인 백복에 대해 "동유파가(東有巴賈), 면긍백복(綿亘百濮)"이라고 기재하고 있다. 즉 '파가(巴賈) 지역의 동쪽에는 백복인들이 끊임없이 거주하고 있다'고 기록한 것이다. 이때 '파가(巴賈)'는 오늘날 운남성 서남의 동남아시아인 버마(미얀마)와 미얀마 지역에 걸쳐 있었던 고대 왕조인 '파간(Pagan)'을 가리킨다. 따라서 미얀마 동부에 백복인들이 많이 거주하고 있다고 기술한 것이다.

운남성(雲南省) 임창시(臨滄市)
창원와족자치현(滄源佤族自治縣)의
행정촌인 옹정촌(翁丁村).

이와 같이 차나무의 원산지이자 보이차의 산지인 운남성 서부 또는 서남부의 거주민들은 어족으로 볼 때, 오히려 동남아시아 캄보디아의 크메르인이나 미얀마(버마)의 몬족에 더 가까운 '백복(百濮)'을 선조로 하여 약 2000여 년 전부터 '한족(漢族)'과는 전혀 다른 언어와 생활양식, 그리고 문화를 형성하며 살아왔던 것이다. 그런데 더 놀라운 사실은 동남아시아의 캄보디아와 미얀마, 그리고 중국 운남성의 접경지는 운남대엽종의 고차수들이 정글 지역에 수없이 많이 분포하고 있어 오늘날에는 차나무의 원산지로 보는 것이 정설로 자리를 잡고 있다. 따라서 고대 선민인 백복 사람들은 어쩌면 일상 생활환경이 차나무로 둘러싸여 있어 차를 일찍부터 즐겼는지도 모른다.

> **양웅(揚雄, B.C. 53~B.C. 18)**
>
> 중국 서한(西漢)의 문학가, 철학가, 언어학자. 촉의 수도인 성도(成都), 지금의 사천성 성도(成都) 출신. 대표적인 저서로 『촉도부(蜀都賦)』, 『감천(甘泉)』, 철학서 『하동(河東)』, 문자학서인 『법언(法言)』, 『방언(方言)』 등이 있다.

'백복(百濮)'에서 분화된 운남 소수민족들

운남성의 남서부의 포랑족 거주지.

한편 '백복(百濮)' 종족의 지파들 중에서는 '포만(苞満)', '민복(閩濮)'이라고 불렸던 소수민족들이 점차 융성하였다고 한다. 이러한 소수민족들은 진·한·위진·남북조(秦·漢·魏晉·南北朝)의 시대에 민족과 명칭들이 분화되기 시작하였다. 수·당·오대·송(隋·唐·五代·宋)에 이르러서는 그 소수민족의 수와 명칭들도 크게 늘어났다. 금치만(金齒蠻), 망만(茫蠻), 망만(望蠻), 망저자만(望苴子蠻), 복자만(朴子蠻), 복자(朴子), 삼복(三濮) 등이다. 원대(元代)에 이르러서는 사람들이 백복의 후손들을 '포인(蒲人)', '포만(蒲蠻)', '복자만(朴子蠻)'이라 불렀다고 한다.

그런데 원나라 시대에는 이 소수민족들이 동일 선조의 민족 공동체로 인식되어 통칭 '복족 사람', 즉 '복인(濮人)'이라 불렀다고 한다. 그런데 명나라 시대부터는 이러한 민족들이 각기 분화, 발전하기 시작하였다. '포만(蒲蠻)'과 '고라(古喇)·합라(哈喇)·합두(哈杜)'의 두 계열로 양분화된 것이다. 그 뒤 '포만(蒲蠻)'은 청나라 시대에 '포인(蒲人)', '포만(蒲蠻)'으로 불린 뒤 오늘날의 운남성 서남부에 거주하는 '포랑족(布朗族)'이 되었다. 그리고 '고라(古喇)·합라(哈喇)·합두(哈杜)'의 계열은 청나라 시대에 '가와(卡瓦)·합라(哈喇)·알라(嘎喇)'로 불린 뒤 오늘날의 운남 서남부에 거주하는 '와족(佤族)'이 되었다.

그런데 명나라에서 청나라의 시대로 바뀌면서 민족 분화로 인해 '붕룡(崩龍)'이라는 민족도 등장하였는데, 이 붕룡은 오늘날의 운남 서부에 거주하는 '덕앙족(德昂族)'이 되었. 결국 백복을 동일 선민으로 하는 복인들은 시대에 따라 민족 분화를 거쳐 오늘날 세 소수민족인, 즉 '포랑족(布朗族)', '와족(佤族)', '덕앙족(德昂族)'을 형성한 것이다(197쪽 표 참조). 이 세 소수민족은 통칭 '백복(百濮)-와덕앙포랑족계(佤德昂布朗族系)'라고 한다.

이와 같이 시대에 따라 민족명은 달라졌지만, 그 민족들을 부르는 호칭의 발음(독음)은 동일한 경우가 많다. 왜냐하면 백복을 동일 시조로 하는 같은 언어 계통인 '맹고면어족(孟高緬語族)'(몬·크메르어족)이기 때문이다.

예를 들면 오늘날 '포랑족(布朗族)'과 '덕앙족(德昂族)'의 선민인 '복(濮)'[pu], '복(朴)'[pu],

운남성 백복(百濮)-와덕앙포랑족계의 소수민족.

'포(蒲)'[pu]는 모두 독음(발음)이 같지만 다른 글자로 표기되는 '동음이사(同音異寫)'의 관계인 것이다. 또한 오늘날 와족(佤族)의 선민인 '망(望)'[wa]은 와족어로 '와(佤)'[wa]와 '동음이사'의 관계이다.

맹고면어족(孟高緬語族)(몬·크메르어족)의 계통 및 시대별 명칭 변화

시대 구분	선진(先秦)·춘추전국시대	진·삼국시대·한·위·진·남북조 (秦·三國時代·漢·魏·晉·南北朝)	수·당·오대·송 (隋·唐·五代·宋)	원(元)	명(明)	청(淸)	현대 (現代)	거주지
보이차 이름	복차(濮茶) 또는 복아차(濮儿茶) (추정)	복차(濮茶) 또는 복아차(濮儿茶) (추정)	복차(濮茶) 또는 복아차(濮儿茶) (추정) 당대부터 은생차(銀生茶), 보차(普茶), (남송시대)	보차(普茶)	보차(普茶)	보차(普茶) 19세기 후반~20세기 초부터 보이차(普洱茶)	보이차(普洱茶)	
민족 계통	민족계통: 백복(百濮)-와덕앙포랑족계(佤德昂布朗族系) 어족계통: 맹고면어족(孟高緬語族)/(몬·크메르어족 계통)	백복(百濮)	포만(苞滿) →민복(閩濮) →민족 및 명칭분화 시대	금치만(金齒蠻), 망만(茫蠻), 망저자만(望苴子蠻), 복자만(朴子蠻), 복자(朴子), 삼복(三濮)	포인(蒲人), 포만(蒲蠻), 복자만(朴子蠻)	포만(蒲蠻)	포인(蒲人), 포만(蒲蠻)	포랑족(布朗族)	운남서남부
					포인(蒲人), 포만(蒲蠻), 복자만(朴子蠻)		붕룡(崩龍)	덕앙족(德昂族)	운남서부
					포인(蒲人), 포만(蒲蠻), 복자만(朴子蠻)	고라(古喇), 합라(哈喇), 합두(哈杜)	가와(卡瓦), 합라(哈喇), 알라(嘎喇)	와족(佤族)	운남서남부

출처 : 『中華民族知識通覽』(陳達開), "中國民族史綱要 緖論", 『中央民族大學學報』, 『雲南民族政治制度史』(1996) 등의 자료에 보이차명을 시대에 맞춰 배치한 것.

'보이(普洱)'의 기록상 지명(地名)과 차명(茶名)의 시대적 연표

시대 구분	연도	지명(地名) 개칭	지명	차명(茶名)
당(唐)	618년 ~907년	762년	은생성 (銀生城)	'복차(濮茶)'(추정) 또는 '은생차(銀生茶)' (당대 기록 근거)
		765년	은생부 (銀生府)	
		879년	보일검 (步日瞼)	보차(普茶) (추정)
오대십국 (五代十國)	907년 ~979년		보일부 (步日部)	보차(普茶) (추정)
송(宋)/ 남송(南宋)	960년 ~1279년		보일부 (步日部)	보차(普茶) (송대 기록 근거)
원(元)	1271년 ~1368년		보일부 (步日部)	보차(普茶)

형태	주요 근거
산차 (散茶) 단차 (團茶) (추정)	● "당나라 시대에 남조국(南詔國, 738~902)의 제5대왕 각라봉(閣羅鳳, 712~779)이 762년 지금의 경동현(景東縣)에 '은생성(銀生城)'을 건설하고, '은생절도(銀生節度)'를 설치하여 사모(思茅), 보이(普洱), 현재 '영이(寧洱) 지구를 관할했다"는 내용이 『운남민족사(雲南民族史)』에 기재. ● "은생부((銀生府)는 765년에 건립되었다"는 내용이 『운남간사(雲南簡史)』에 기재. ● 번작(樊綽)의 『만서(蠻書)』(제7권/10권)(863년)에 "차는 은생성(銀生城) 경계의 모든 산에서 나며, 찻잎을 따고 가공하는 채조법(采造法)도 없이 그냥 흩어져서 수확하며, 몽사(蒙捨) 지역의 오랑캐(蠻)들은 산초(椒), 생강(姜), 육계(桂)를 함께 조리하여 그것을 마셨다."고 '은생차(銀生茶)'를 최초로 기록. ● '은생성 경계'는 애뇌산, 무량산, 은생절도 관할지(현 사모, 보이 지구), 그리고 현 서쌍판납태족자치주. 몽사 지역의 오랑캐는 '복만(濮蠻)'이고, 그들이 심고 길러서 산출한 차를 '복차(濮茶)'라 불렀을 것으로 추정. ● 당나라 희종(僖宗, 862~888) 통치기인 건부(乾符) 10년(879년)에 남조국이 지금의 영이현(寧洱縣)에 관청인 '보일검(步日瞼)'을 설치한 뒤 당시 행정 구역인 '검(瞼)'을 다스렸고, 특히 고육대차산에 설치한 이윤성과 난창강 유역도 포괄적으로 관할. 동시에 문성공주가 서장으로 시집가면서 차가 전파돼 청장(靑藏) 차마무역의 기초 형성.
산차 (散茶) 단차 (團茶) (추정)	● 남송(南宋)의 태학박사 이석(李石, 1108~?)의 『속박물지(續博物志)』에 "대리국(大理國)이 남조국을 대신하여 운남을 통치하기 시작하면서 '보일검(步日瞼)'을 '보일부(步日部)'로 고쳐 위초부(威楚府), 즉 오늘날 초웅현(楚雄縣) 지역으로 부속시킨 뒤, 몽합진(蒙合鎭)을 분리시켜 관할하였다."고 기재. '보일부' 근거. 대리국이 운남을 통치한 것은 오대십국시대이다.
산차 (散茶) 단차 (團茶) (추정)	● 남송(南宋)의 태학박사 이석의 『속박물지(續博物志)』에 "서번(西番)(서장)에서 사용하는 '보차(普茶)'는 이미 당나라 시대부터 있었다."고 '보차' 기재.
산차 (散茶) 단차 (團茶) (추정)	

시대 구분	연도	지명(地名) 개칭	지명	차명
명(明)	1368년 ~1644년	1383년	보이 (普耳)	보차 (普茶), 아차 (儿茶)
청(淸)	1636년 ~1912년	1729년	보이부 (普洱府)	보차 (普茶)
				19세기 후반부터 20세기초 보이차(普洱茶)
근현대	1912년 ~현재		영이합니족 자치현 (寧洱哈尼族彝族自治縣)	보이차(普洱茶)

형태	주요 근거
산차 (散茶) 단차 (團茶) (추정)	● 명태조 홍무(洪武) 16년(1383년) '보일부(步日部)'를 '보이(普耳)'로 개칭.
산차 (散茶), 증제 긴압 단차(團茶)	● 만력연간(1573~1620) 사조제(謝肇淛)의 『전략(滇略)』에 "사서(士庶, 선비와 서민 즉 백성)들은 모두 보차(普茶)를 사용하는데, 이 보차는 증기에 쪄서 단(團)을 만든 것이다."고 기재돼 증제 및 긴압 '보차(普茶)'가 역사서에 첫 등장. 난창의 포랑족들은 증기로 쪄서 긴압한 단차를 오늘날 '납광(腊廣)'이라고 부른다.
죽통 긴압 산차(酸茶) (기록)	● 만력연간 의약학자 이중립(李中立)의 『본초원시(本草原始)』에 "아차(儿茶)는 남번(南蕃) 지역에서 왔다. 세차말(細茶末) 계통은 죽통(竹筒) 속에 넣어 양쪽 끝을 막고 진흙 구덩이에 넣은 뒤, 나중에 꺼내 내용물을 찧어서 즙을 내고 덮으면 제법이 완성된다."고 기록됨. 이때 '아차(儿茶)'는 앞에 민족 명칭인 '보(普)', '복(濮)'이 생략된 호칭.
산차 (散茶) 단차 (團茶) 원차(圓茶)등	● 옹정(雍正) 7년(1729년) '보이부(普洱府)' 설치 ● 청의 역사서 『흠정대청회전사례(欽定大清會典事例)』에 "옹정(雍正) 30년(1735년)에는 운남의 상인들이 차를 구입 및 판매하는 것을 윤허하였고, 7편(片)의 '원차(圓茶)'를 1통(筒)의 단위로 하여, 총 무게는 49냥(兩)으로 한다"고 기재되어 있다. '칠자원차(七子圓茶)'의 규격과 제도의 생성. ● 가경(嘉慶, 1796~1820) 연간에 단췌(檀萃)의 『전해우횡지(滇海虞衡志)』에 "보차(普茶)는 천하에서 이름을 날리고 있다. '보이(普洱)'는 옛날 은생부(銀生府)에 속했다. 서번(西蕃)(서장)에서 사용된 '보차(普茶)'는 이미 당나라 시대부터 있었다."고 기재. 차 이름을 '보차(普茶)'라고만 했지, '이(洱)'자는 없었다.
산차 (散茶) 단차 (團茶) 원차(圓茶)등	● 도광(道光, 1821~1850)~광서(光緒, 1875~1908) 연간에 보이부(普洱府)의 사서인 『보이부지(普洱府志)』에서 토산물을 소개하는 『물산(物産)』에는 '차(茶)'의 한 자로 기재되고, '보이(普洱)'라는 두 글자는 없다. 이는 현지의 <부지(府志)>이기 때문에, 현지에서 산출되는 차에는 관행상 자신의 지명이 당연히 붙지 않는다. '보(복)차/普(濮)茶', '보이(복아)차/普洱(濮儿)茶'는 외지인들이 차에 민족명을 붙여서 전해진 것으로 보고 있다.
산차(散茶), 원차(圓茶) 병차(餠茶), 전차(磚茶) 등	● 오늘날 '보이차'란 이름은 '지리적표시보호범위 산지' 내의 '운남대엽종쇄청차(雲南大葉種晒青茶)'를 원료로 하고, 지리적표시보호범위 내에서 특정 가공 기술로 제조된 특정 품질의 찻잎, 그 가공으로 품질이 특정한 보이차를 가리킨다.

당나라 시대의 '은생차(銀生茶)'

당나라 시대에는 오늘날 운남 남서부의 보이차 산지로 유명한 서쌍판납태족자치구, 사모(思茅), 보이(普洱), 영이(寧洱), 무량산, 애뇌산 일대에 은생성(銀生城)이 건설되고, 또한 관부인 은생부(銀生府)도 설치되었다.

운남 지역의 사서인 『운남민족사(雲南民族史)』에서는 은생성의 건설에 대해 다음과 같이 기록하여 전하고 있다.

> "당나라 시대에 남조국(南詔國, 738~902)의 제5대왕 각라봉(閣羅鳳, 712~779)이 762년 지금의 경동현(景東縣)에 '은생성(銀生城)'을 건설하고, '은생절도(銀生節度)'를 설치한 뒤 사모(思茅) 지구를 관할했다."
> - 『운남민족사(雲南民族史)』 중에서 -

또한 『운남간사(雲南簡史)』에서는 "은생부(銀生府)는 765년에 건립되었다"는 내용이 기재되어 있다.

이 은생성 지역에서 산출되는 '은생차(銀生茶)'와 관련하여 최초로 기록한 문헌도 당나라 시대에는 등장하였다. 번작(樊綽)은 『만서(蠻書)』(제7권/10권)(863년)에서 그 은생차에 관해 다음과 같이 기재하고 있다.

> "차는 은생성(銀生城) 경계의 모든 산에서 나며, 찻잎을 따고 가공하는 채조법(采造法)도 없이 그냥 흩어져서 수확하며, 몽사(蒙捨) 지역의 '만(蠻)'오랑캐들은 산초(椒), 생강(姜), 육계(桂)를 함께 조리하여 그것을 마셨다."
> - 『만서(蠻書)』(제7권/10권) 중에서 -

이때 '은생성 경계'는 오늘날의 애뇌산, 무량산, 은생절도 관할지인 사모, 보이 지구, 그리고 서쌍판납태족자치주에 해당한다. 따라서 은생차는 당시 행정구역상 은생성이 차 산지였기 때문에 사람들이 지명을 붙여 부른 것이다.

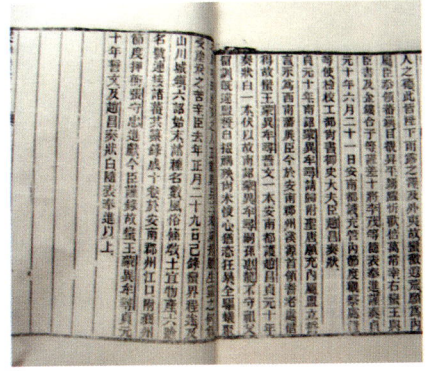
번작(樊綽)의 『만서(蠻書)』 중 일부 내용.

옛 은생성 지역인 경동현(景東縣)의 고차산.

알아두면 좋은 지식

남조국(南詔國)을 세운 '몽사(蒙捨)'

몽사(蒙捨)는 중국 당나라 시대에 있었던 '육조(六詔)' 중의 하나이다. 8세기 중국 운남성 지역에는 6개의 큰 부락이 있었다. 오늘날 외산현(巍山縣) 북부와 양비이족자치현(漾濞彝族自治縣)에는 '몽수조(蒙嶲詔)', 빈천(賓川)에는 '월석조(越析詔)', 이원현(洱源縣)에는 '낭궁조(浪穹詔)'와 '등탐조(邆賧詔)', 이원현(洱源縣)에서도 삼영향(三營鄕) 매성촌(梅城村) 지역에는 '시랑조(施浪詔)', 외산(巍山) 남부에는 '몽사조(蒙捨詔)'가 있었다. 이를 당나라 시대에는 '육조(六詔)'라고 하였다. 이중 몽사조(蒙捨詔)가 서기 738년 당나라의 조력을 받아 육조를 통일한 뒤, '이해(洱海)(얼하이)' 호수 남부 지방

에 세운 나라가 바로 '남조국(南詔國, 738~902)'이다. 그런데 이 남조국을 세운 몽사조에는 '복만(濮蠻)', 즉 '복인(濮人)'이 속해 있었다. 몽사조의 거주지인 외산(巍山)은 오늘날 운남성 대리백족자치주(大理白族自治州)에 속하는 현이다.

'보일검(步日瞼)'의 지명 변화

옛 기록에 따르면, 당나라 희종(僖宗, 862~888) 통치기인 건부(乾符) 10년(879년)에는 남조국이 당시 은생성 지역인 '영이현(寧洱縣)'에 관청인 '보일검(步日瞼)'을 설치한 뒤 당시 행정 구역인 '검(瞼)'을 다스렸다.

이 보일검은 특히 고육대차산(古六大茶山)에 8세기에 남조국이 설치한 '이윤성(利潤城)'과 난창강 유역도 포괄적으로 관할하였다. 즉 오늘날 보이차의 주요 산지인 영이현 지역은 당나라 시대에 '은생성'에서 '보일검(步日瞼)'으로 개칭되었던 것이다.

이 당나라 시대에 주목할 만한 점은 황실의 문성공주(文成公主, 625?~680)가 '서장(西藏)' (현 티베트)으로 시집가면서 차가 전파되어 '청장(青藏)' 차마무역의 기초가 이미 오래전부터 형성되었다는 점이다.

한편, 보일검은 당나라가 망하고 오대십국(五代十國) 시대에 이르러서는 '보일부(步日部)'로 개칭되었다. 그 근거로는 남송(南宋)의 태학박사 이석(李石, 1108~?)의 『속박물지(續博物志)』에 "대리국(大理國)이 남조국을 대신하여 운남을 통치하기 시작하면서 '보일검(步日瞼)'을 '보일부(步日部)'로 고쳐 위초부(威楚府), 즉 오늘날 초웅현(楚雄縣) 지역으로 부속시킨 뒤, 몽합진(蒙合鎮)을 분리시켜 관할하였다"고 기재된 내용을 들 수 있다.

즉, 대리국이 남조국을 대신하여 운남 지역을 통치하기 시작한 시기는 당나라가 멸망하고 난 뒤 오대십국의 혼란 시대였다. 이 보일부는 송, 원나라의 시대에도 명나라의 태조인 홍무(洪武)가 지명을 개칭하기 전까지 계속 유지되었다. 왜냐하면 명나라 홍무(洪武) 16년(1383년)에 '보일부(步日部)'를 '보이(普耳)'로 개칭하였다는 기록이 있기 때문이다.

이 '보이(普耳)' 지역에는 청나라 옹정(雍正) 7년(1729년)에 '보이부(普洱府)'가 설치되면서 마침내 오늘날의 지명인 '보이(普洱)'가 처음으로 등장하였다. 물론 이 지명이 현대의 '보이차(普洱茶)'의 이름에 붙은 것이다.

운남 서북부 대리 지역의 낙등촌(諾鄧村).
번작(樊綽)의 『만서(蠻書)』에 등장하는 가장 오래된 촌락이다.

당나라가 망한 뒤 대리국이 운남성을 지배하던 시대의 지도.

이석(李石, 1108~?)

남송 시대 자주(資州) 자양(資陽) 출신의 학자. 고종(高宗) 소흥(紹興) 21년(1151년) 진사(進士)로 급제하였다. 효종(孝宗) 건도연간(乾道年間, 1165년~1173년)에 태학박사(太學博士)가 되었다. 성품이 원칙적이고 강직하여 권력자에 아부하지 않기로 유명하였다. 저서로는 『방주역설(方舟易說)』과 『방주집(方舟集)』, 『속박물지(續博物志)』가 있다.

'보이(普洱)'는 '포랑족'의 호칭

사실 맹고면어족(孟高緬語族)(몬·크메르어족)의 민족인 '복인(濮人)'과 그들이 살았던 '보이(普洱)'의 지명에는 깊은 연관성이 있다. 여기에 대해서는 고고학자이자 역사학자인 황계추 선생을 비롯한 중국의 보이차 학자들이 고고학, 언어학, 민족학적인 고찰 및 연구의 논문을 통해 2001년도의 '제3차 중국보이차국제학술연구토론회'를 비롯해 여러 차례에 걸쳐 발표한 내용이 있어 간략히 소개한다.

현재의 지명 '보이(普洱)'는 앞서 지명의 변천 과정에서 소개하였듯이 '보일(步日)'[Bùrì]에서 '보이(步耳)'[Bù er]를 거쳐 '보이(普洱)'[pǔ er]로 변한 것이다. 따라서 모두 같은 곳을 가리키는 지명으로서 와족어로는 '동명이사(同名異寫)'의 관계이다. 여기서 동명이사는 같은 지명, 즉 같은 곳을 가리키지만 글자를 달리해 표현한 것이다.

그런데 오늘날의 와족은 '포랑족(布朗族)'을 '보이(步耳)'라고 호칭하고, 방언으로는 '보일(步日)'이라고 부르고 있다. 그리고 '보이(普洱)'는 와족어로는 '보일(步日)'이다. 따라서 '보이(普洱)'는 '보이(步耳)'와는 상호간에 '동명이사(同名異寫)'의 관계이다.

또한 포랑족도 와족을 가리켜 '포알(布嘎)'이라고 호칭하고, 그 의미는 모두 '동포동반(同胞同伴)', 즉 '혈육이나 형제'를 뜻한다고 한다. 이와 같이 '보일(步日)'과 '보이(普洱)'는 와족어로 모두 '형제'라는 뜻으로 '포랑족'을 부르는 호칭이고, 또한 '보(步)'와 '보(普)'는 와족어로는 서로 같은 것이다. 또한 뜻도 모두 와족어로는 '사람(人)'을 지칭하는 호칭이라고 한다.

그런데 와족과 포랑족은 공통 선민인 복인(濮人)들이 살았던 오늘날 운남 서남부의 '보이(普洱)/현 영이(寧洱)', '사모(思茅)', '묵강(墨江)' 일대에 광범위하게 거주하고 있다. 이러한 상황에서 황계추 선생을 포함한 중국 보이차 학자들은 와족어로 '보(步)'[Bù], '보(普)'[pǔ]의 두 글자와 '복(濮)'[pǔ] 글자의 음이 거의 상동하기 때문에 '복(濮)'[pǔ]도 '사람(人)'을 가리키는 것으로 보는 것이다. 따라서 옛날 지명인 '보일(步日)', '보이(步耳)', '보이(普洱)'는 이곳에 거주하면서 차나무를 심고 재배하였던 민족인 '복인(濮人)', '보일인(步日人)', '보이인(普洱人)'의 호칭에서 유래되었다고 추정하는 것이다. 또한 '복(濮)'은 '보(步)', '보(普)'와 와족어에서 동음이사의 관계인 것으로 보는 것이다.

쌍강현(雙江縣) 대남직채(大南直寨)의
포랑족 전통문화보호구의 포랑족.

오스트로아시아어족 계통인 맹고면어족(孟高緬語族)(몬·크메르어족) 민족들의 거주지와 분포도.
맹고면어족에는 미얀마의 몬족(monic)과 캄보디아의 크메르족(khmer), 운남의 포랑족, 와족, 덕앙족이 속한다.

'보차(普茶)'의 기원은
'복인(濮人)'들이 먹던 '복차(濮茶)'

역사적 문헌에는 당나라 시대의 '은생차'에 이어 남송 시대부터 '보차(普茶)'가 등장한다. 남송의 태학박사 이석(李石)이 『속박물지(續博物志)』에서 "서번(西番)(서장)에서 사용하는 '보차(普茶)'는 이미 당나라 시대부터 있었다."고 기재하고 있기 때문이다. 그렇다면 그 이전에는 무엇으로 불리었을까? 결론부터 말하면, '보차(普茶)'의 기원은 복인들이 재배하여 만들었던 '복차(濮茶)'였을 것으로 보고 있다.

먼저 고고학, 민족학, 언어학적인 연구로 볼 때, 맹고면어족(孟高緬語族)(몬·크메르어족)에 속하는 포랑족과 와족의 선민은 시대를 거슬러 올라가면 '포(蒲)'[pu], '복(朴)'[pu], '복(濮)'[pu]의 민족이다. 발음도 와족어에서 동음이사의 관계이다. 앞서 설명하였듯이 '보차(普茶)'의 '보(普)'와 '복(濮)'도 동음이사의 관계이다. 그리고 포랑족과 와족의 선민들 중에서도 가장 오래전부터 차나무를 재배하여 차를 마셨던 민족은 '복인(濮人)'으로 알려져 있다. 따라서 '복아차(濮儿茶)'[pu er cha] 또는 '보이차(普洱茶)'[pu er cha]는 최초에는 외지인들에 의해 약어로 '복차(濮茶)'[pu cha], '보차(普茶)'[pu cha]로 불렸을 것으로 보는 것이다. 이때 '아(儿)'[er]는 '아이(兒)'라는 뜻도 있지만 '사람(人)'의 뜻도 있다.

한편, '보차(普茶)'가 '포(蒲)'[pu], '복(朴)'[pu]도 아니고, 특히 '복(濮茶)'에서 유래되었을 것으로 보는 이유에 대해 황계추 선생 등의 보이차 학자들은 중국어로 '보(普)'는 부사로서 특별히 가리키는 대상의 뜻이 없고, '복(朴)'[pu]은 동사이고, '포(蒲)'[pu]는 사람이 아닌 초본식물의 명사인 반면, '복(濮)'은 고대 민족군의 호칭이기 때문에 '보(普)'는 '복(濮)'의 음을 대신하는 '대음자(代音字)'이고, 또 그 '음근(音根)'도 고대 민족군인 와족어에서 나온 것으로 보는 것이다.

또 한편으로 역사 문헌상의 기록에서도 유추해 볼 수 있는 내용들도 예시로 들고 있다. 당나라 시대 번작(樊綽)의 『만서(蠻書)』(제3권/전10권)(863년)에는 다음과 같은 내용이 기재되어 있다.

> **"扑子蠻, 開南, 銀生, 永昌, 尋傳四处皆有"**
>
> : 복자만(扑子蠻)은 개남(開南), 은생(銀生), 영창(永昌), 심전(尋傳)의 사방 도처에 거주하고 있다.
>
> — 『만서(蠻書)』(제3권/10권) 중에서 —

중국 운남성의 경파족(景頗族).

여기서 소개되는 개남(開南), 은생(銀生), 영창(永昌), 심전(尋傳)의 지역은 오래전부터 차엽의 주요 생산지인 '사모보이구(思茅普洱區)'이다. 여기서 당나라 시대에 '심전(尋傳)'이라 불렸던 지역은 오늘날 '미얀마 북부'와 '덕굉태족경파족자치주(德宏傣族景頗族自治州)'를 말한다. 그리고 당나라 시대에 기록된 '복자만(扑子蠻)'이라는 민족도 기원을 거슬러 올라가면 선민이 '복인(濮人)'이다. 따라서 후대에 이곳에서 생산되어 호칭되는 '보차(普茶)'는 오래전에는 '복차(濮茶)'로 불렸을 것으로 보는 것이다. 그 밖에도 근거가 될 만한 문헌상의 기록으로는 『만서(蠻書)』(제7권/전10권)에 기재된 내용도 있다.

명나라 시대의 '보차(普茶)', '아차(儿茶)'

이와 같이 최초에 '복인들의 차'로 불렸을 것으로 추정되는 '보차(普茶)'는 당나라가 멸망한 뒤 오대십국의 시대를 거쳐 송나라(남송) 시대에 이르기까지는 문헌의 기록상으로 볼 때 '보차(普茶)'로 불렸는지는 확실치 않고 다만 추정할 뿐이다. 그러나 남송 이후, 원나라, 명나라, 그리고 청나라 시대의 말기인 19세기 말에서 20세기 초까지는 사람들이 '보차(普茶)'[pu cha]로 불렀던 것이 확실하며, 이는 문헌상에도 잘 기록되어 있다. 여기서는 남송 시대 이석의 『속박물지(續博物志)』이후부터 시작하여 보차에 관하여 기록된 내용들을 간략히 소개한다.

사조제(謝肇淛)가 쓴 운남 지역의 간략사인 『전략(滇略)』제5권.

> "士庶所用, 皆普茶也, 蒸而成團"
>
> : 선비와 서민, 즉 백성들은 모두 '보차(普茶)'를 사용하는데, 이 보차는 증기에 쪄서 '단(團)'을 만든 것이다.
>
> — 『전략(滇略)』 중에서 —

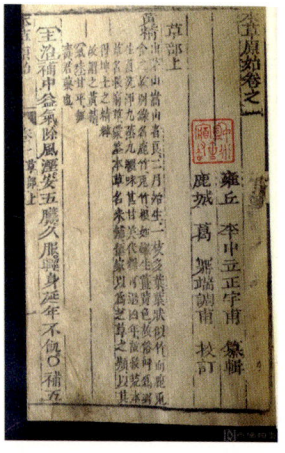

명나라 의약학자 이중립의 『본초원시(本草原始)』 일부.

명나라 시대에는 '보차(普茶)'가 역사서에 처음으로 공식적으로 등장한다. 명대 만력연간(1573~1620)에 사조제(謝肇淛)가 쓴 운남 지역의 간략사인 『전략(滇略)』에는 위에서와 같은 내용이 기재되어 있다.

여기서는 '보차(普茶)'의 가공법이 소개되고 있다. '증이성단(蒸而成團)'은 증기에 찌고 초기 긴압 형태인 '단차(團茶)'로 만들었다는 내용이다. 오늘날 난창(瀾滄) 지역의 포랑족(布朗族)들은 이렇게 긴압 가공한 단차를 '납광(腊廣)'이라고 부른다. 또한 명대 만력연간에 의약학자 이중립(李中立)은 아래의 『본초원시(本草原始)』에서 보차의 또 다른 긴압 가공법(아래 참조)을 소개하고 있다.

이때 '아차(儿茶)'[er cha]는 '복(보)아차(濮(普)儿茶)'[pu er cha]에서 민족 명칭인 '보(普)'나 '복(濮)'이 생략된 호칭으로 보고 있다. 실제로 사모 지역에 거주하는 복인의 후예인 포랑족들은 이와 같은 '산차(酸茶)' 제작법의 전통을 오늘날까지 계승해 오고 있다. 즉 신선한 차엽을 증숙(蒸熟)(증기로 찌고 익힘)하는 전통적인 방법을 유지하고, 그늘진 곳에 두어 잘 말린 뒤, 죽통 속에 채워 넣고 빡빡하게 압력을 가한 뒤, 밀봉한다. 그리고 땅속에 파묻은 뒤 보통 몇 개월 내지 몇 년 이후에 죽통을 꺼내 발라낸다. 이렇게 얻은 '산차(酸茶)'를 물에 우려내 손님에게 정성껏 대접하는 풍습이 지금도 남아 있는 것이다.

> "儿茶出南蕃, 系細茶末入竹筒中, 緊塞兩頭入汚泥溝中,
> 日后取出, 搗汁熬制而成"
>
> : 아차(儿茶)는 남번(南蕃) 지역에서 왔다. 차나무에서 갓 딴 선엽인 '세차(細茶)'를 죽통(竹筒) 속에 긴압해 넣은 뒤 양쪽 끝을 막고 진흙 구덩이에 넣는다. 그 뒤 나중에 꺼내 내용물을 찧고 즙이 나오도록 한 뒤 물에 달이면 완성된다.
>
> — 『본초원시(本草原始)』 중에서 —

청나라 말기, '복아차(濮儿茶)', '보이차(普洱茶)'

청나라 황제인 옹정제(雍正帝)의 초상화.

한편, 청대 옹정(雍正) 7년(1729년)에는 당시 명나라 시대의 행정구역인 '보이(普耳)' 지역에 '보이부(普洱府)'가 설치되면서 지명이 개칭되었다. 또한 옹정제 시대에는 보차에서 큰 변화가 있었다. 즉 오늘날 '칠자병차(七子餠茶)'의 규격과 제도의 기원인 '원차(圓茶)'의 제도가 확립된 것이다. 청나라 역사서『흠정대청회전사례(欽定大淸會典事例)』에는 아래와 같은 내용이 기재되어 있다.

여기서 주목할 점은 떡 모양의 긴압차를 '병차(餠茶)'로 하지 않고, '원차(圓茶)'로 불렀다는 사실이다. 원차의 7편(片)들이의 1통(筒) 단위가 확립된 것이다. 또한 이때 '통(筒)'은 오늘날 보이차 전통 포장 방식인 대나무로 엮는 방식이다.

> "雍正十三年(1735年)提准, 雲南商販茶, 系每七圓为一筒, 重四十九两, 征稅銀一分, 每百斤给一引, 应以茶三十二筒为一引, 每引收稅銀三钱二分。于十三年始, 颁给茶引三千"
>
> : 옹정(雍正) 13년(1735년)에는 운남의 상인들이 차를 구입 및 판매하는 것을 윤허하였고, 7편(片)의 '원차(圓茶)'를 1통(筒)의 단위로 하여 총 무게를 49냥(两)으로 하고, 은(銀) 1푼(分)을 징세하였다. 그리고 매100근(斤)당 '1인(引)'(인가 표시)을 주고, 차로써는 32통(筒)(98근)에 1인(引)을 주었다. 매인(引)당 은(銀) 3전(錢) 2푼(分)을 징세하였다. 옹정 13년에서 시작한 '차인(茶引)'(청대의 차거래 면허증)의 발급은 3000건이나 되었다.
>
> -『흠정대청회전사례(欽定大淸會典事例)』 중에서 -

> "보차(普茶)는 천하에서 이름을 날리고 있다. '보이(普洱)'는 옛날 은생부(銀生府)에 속했다. 그리고 서번(西蕃)(서장)에서 사용된 '보차(普茶)'는 이미 당나라 시대부터 있었다."
> — 『전해우횡지(滇海虞衡志)』중에서 -

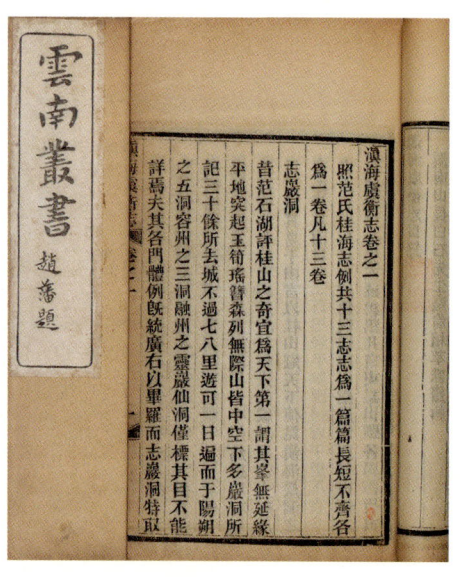

청나라 시대 단췌(檀萃)의
『전해우횡지(滇海虞衡志)』.

그 뒤 18세기 후반에서 19세기 초, 청나라 가경연간(嘉慶年間, 1796~1820)에 단췌(檀萃)의 『전해우횡지(滇海虞衡志)』에서는 당시 호칭이었던 '보차(普茶)'의 내력과 지명인 '보이(普洱)'의 옛 지명에 대해 위에서와 같이 기재하고 있다.

이 기록에서도 보이차의 호칭은 아직 '보차(普茶)'라고만 표기하였고, '이(洱)'자가 들어가지는 않았다.

청나라 말기인 19세기 말에서 20세기 초인 도광연간(道光年間, 1821~1850)에서 광서연간(光緒年間, 1875~1908)에 기록된 보이부(普洱府)의 향토 사서인 『보이부지(普洱府志)』에서는 토산물을 소개하는 『물산(物産)』에서도 '차(茶)'의 한 자로 기재하고, '보이(普洱)'라는 두 글자로 표기된 것은 없었다.

이는 현지의 사서인 '부지(府志)'이기 때문에, 현지에서 산출되는 차에는 자신의 지명을 당연히 붙이지 않는 관행을 따랐기 때문이다. 따라서 결론적으로 '보이차(普洱茶)'[pu er cha], '복아차(濮儿茶)'[pu er cha], 또는 그 약어인 '보차(普茶)'[pu cha], '복차(濮茶)'[pu cha]는 외지인들이 '차(茶)'[cha]에 '민족명'을 붙여서 부른 것으로 볼 수 있다. 결론적으로 '보이(普洱)'는 포랑족의 선민을 가리키는 민족 명칭이면서 동시에 그러한 민족이 차를 재배하고 만드는 지역의 명칭이었던 것이다.

'보차(普茶)'의 어원이
'복차(濮茶)'였을 실증적 증거들

그 밖에도 '보차(普茶)'[pu cha]의 기원이 '복차(濮茶)'[pu cha]이고, 또한 '보이(普洱)'가 민족명이면서, 또한 그들이 차나무를 재배하고 차를 가공하였던 사람들이 살던 지명인 이유에 대하여 지금까지 알려진 실증적인 증거들도 황계추 선생의 연구팀이 발표한 내용을 간략히 요약하여 여기서 소개한다.

맹해현 남나산(南糯山)의 대차수

남나산(南糯山) 기슭의 노채촌(老寨村).

오늘날 보이차의 산지로 유명한 맹해현(勐海縣) 남나산(南糯山)에는 수령이 약 800년인 재배형 대차수(大茶樹)와 그 차원(茶園)들이 분포하고 있다. 이러한 대차수 숲과 차원들은 오늘날 포랑족(布朗族)의 55대(代) 선조로서 원나라 시대에 '포만(蒲滿)'이라 호칭되었던 민족이 심고 재배한 것으로 알려져 있다.

난창현의 경매고차수

난창대차수(瀾滄大茶樹).

난창 지역의 경매고차수(景邁古茶樹)가 재배되는 고차림(古茶林)은 포랑족(布朗族)의 선민인 복인(濮人)이 태족(傣族) 연력, 즉 태력(傣歷) 57년(695년)에 재배한 것이라고 한다. 그리고 포랑족의 전설에 의거하면, 서쌍판납(西雙版納) 지역에서 차나무를 재배하는 풍습도 사실 이 경매(景邁) 일대에서 전해진 것이라고 한다.

그리고 포랑족의 약 1000년 전 선민인 팔암랭(叭岩冷) 민족의 우두머리는 '득채(得責)'라고 호칭하였던 '야생차(野生茶)'를 가장 먼저 독점하고, '납(腊)'이라고 호칭하는 '재배차(栽培茶)'도 독점하였다고 전해진다. 즉 야생차는 '득채(得責)', 재배차는 '납(腊)'이라고 한 것이다. 오늘날 외지인들이 포랑족을 오래전부터 '납족(腊族)'이라고 부르는 것도 포랑족들이 차나무를 오래전부터 재배해 왔다는 사실을 간접적으로 보여 준다. 또한, 『난창현지(瀾滄縣志)』에는 난창의 차나무들이 매우 오래전부터 심겨 재배되고 있었음 알려 주는 다음의 기록이 있다.

> "班崴大茶樹为北宋栽種"
> : 반외(班崴) 지역의 대차수(大茶樹)는 북송 시대에 심어서 재배한 것이다.
> - 『난창현지(瀾滄縣志)』 중에서 -

이때 반외(班崴)는 오늘날 운남성 보이시(普洱市)의 경동이족자치현(景東彝族自治縣)에 위치한 지역으로서 '반외자연촌(班崴自然村)'도 여기에 해당한다.

맹랍현 이무만살차산(易武蠻撒茶山)

이무산(易武山)의 차나무들.

고육대차산(古六大茶山)의 하나인 맹랍현(勐腊縣) 이무만살차산(易武蠻撒茶山)에는 석병인(石屛人)들이 차나무를 재배하고 있다. 그러나 현지인들에 따르면, 건륭연간(乾隆年間, 1736~1795)에 석병현(石屛縣)과 임안(臨安), 즉 현재의 건수현(建水縣)의 지역에서 한족 차상들이 대규모로 이무(易武) 지역에 유입하여 차무역을 경영하기 전에는 '본족인(本族人)'이라는 사람들이 이곳의 차나무를 재배하였다고 한다. 이때 본족인은 이곳에서 차나무를 최초로 심고 재배하였던 만내(曼乃) 지역의 포랑족들로 알려져 있다.

복자족(仆子族)이 '차나무'와 '목화'를 심었다는 기록

운남 지방의 소수민족 사서인 『운남각족고대사략(雲南各族古代史略)』에는 복인의 후예인 복자족(仆子族)이 차나무를 잘 심었다는 기록이 있다.

> "布朗族和崩龍族(歷史上)统称仆子族, 善種木棉和茶樹"
> : 포랑족(布朗族)과 붕룡족(崩龍族)(역사상)을 통칭하는 '복자족(仆子族)'은 '목면(木棉)'(목화)과 차나무를 잘 심었다.
> - 『운남각족고대사략(雲南各族古代史略)』 중에서 -

그리고 옛날 원, 명, 청나라 시대에 태족(傣族)의 세습 족장인 토사(土司), 또는 토관(土官)은 난창현 망루촌에 거주하던 와족포요인(佤族布饒人)으로부터 받는 공납품을 '면화(棉花)'와 '차엽(茶葉)'으로 규정하였다고 한다.

차나무의 유전학적인 증거 등

차학 전문가들이 차나무의 염색체를 핵형 실험을 통해 조사한 결과는 시기적으로 포랑족의 선민인 복인들이 살던 시기에 '난창방위대차수(瀾滄邦崴大茶樹)'를 재배시킨 것으로 드러났다. 이 차나무는 인도 아사미카 변종(Camellia sinensis var. assamica)이나 중국의 운남대엽종(雲南大葉種)보다 유전적으로 훨씬 더 원시적인 것으로 드러났다는 사실이다.

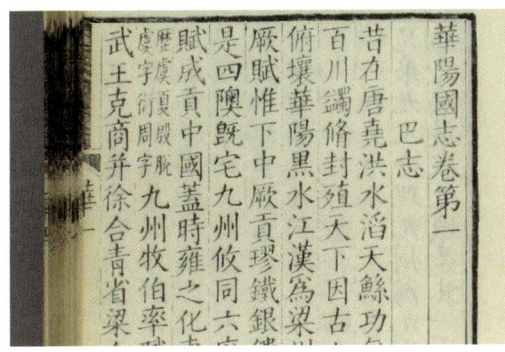

『화양국지(華陽國志)』 제1권 「파지(巴志)」. 이 판본은 청나라 가경제 19년에 작성한 금관장판(襟館藏版).

『화양국지·파지(華陽國志·巴志)』에 기록된 '차(茶)'

운남 지방의 '차(茶)'와 관련해서 역사상 가장 이른 시기에 기재한 최고(最古)의 지방지(地方志)가 있다. 4세기경 동진(東晋) 시대에 촉군(蜀郡) 강원현(江源縣)(사천성 지역) 출신의 사학가인 상거(常璩, 291~361)가 저술한 『화양국지·파지(華陽國志·巴志)』이다. 이는 진목제(晋穆帝, 343~361) 재위기인 348년~354년에 기록한 것으로 약 11만 자로 구성되어 있다.

이러한 『화양국지(華陽國志)』는 운남성, 사천성, 귀주성의 세 성에 대해 송나라 시대 이전의 일을 기록한 가장 오래된 지방지인 것은 사실이지만, 그 신뢰성과 관련해서는 숱한 별명들이 붙어 있다. 일부 사람들은 '일방적으로 기록한 사서'라는 뜻으로 '맹사(霸史)', '거짓을 기록한 사서'라는 뜻으로 '위사(僞史)', 그리고 '정사(正史)에는 넣을 수 없다'는 뜻으로 '잡사(雜史)'라고까지 혹평하고 있다고 한다. 더욱이 『화양국지(華陽國志)』를 지방지로 편입시킨 사람들조차도 없었다고 한다.

그런데 이 『화양국지·파지(華陽國志·巴志)』에는 차가 이미 주(周)의 무왕 시대부터 '파촉(巴

蜀)'(사천성) 일대에서 생산되어 주 왕조에 공물로 바쳤다는 내용이 다음과 같이 기록되어 있다는 것은 엄연한 사실이다.

> "周武王伐紂, 實得巴蜀之师, 著乎尚書……其地東至魚復, 西至僰道, 北接漢中, 南极黔涪。土植五谷, 牲具六畜, 桑蠶麻苎, 魚鹽鋼鐵, 丹漆茶蜜……皆納貢之"
>
> : 주(周)의 무왕(武王)이 상(商)의 주왕(紂王)을 정벌하여 '파촉(巴蜀)'의 군사를 손에 넣었다고 저술한 상서(尙書)…… 그 땅은 동으로는 '어복(魚復)'에 이르고, 서로는 '북도(僰道)'에 이르며, 북으로는 '한중(漢中)'에 접하고, 남으로는 '검부(黔涪)'에 이른다. 땅에 심은 오곡, 육축(六畜)의 가축, 상잠(桑蠶)(누에)과 삼과 모시, 물고기와 소금, 붉은 옻칠과 차와 꿀…… 이 모든 것을 공물로 받았다.   - 『화양국지·파지(華陽國志·巴志)』 중에서 -

* 파(巴) : 사천성 남서부에 있는 상(商)·주(周) 시대부터 있던 국가.
* 파지(巴志) : 파국의 역사서.
* 촉(蜀) : 사천성 성도(成都)에 있던 주나라 시대의 국가. 사천성의 옛 지명.
* 파촉(巴蜀) : 파국과 촉국을 말하며, 사천성의 옛 지명이다.
* 어복(魚復) : 중경시(重慶市) 봉절현(奉節縣)의 동부 백제성(白帝城)의 지역이다.
* 북도(僰道) : 사천성 의빈현(宜賓縣) 서남부의 안빈진(安邊鎭)에 해당.
* 한중(漢中) : 섬서성(陝西省)의 한중시(漢中市) 일대이다.
* 검부(黔涪) : '검(黔)'은 귀주성(貴州省)의 옛 지명, '부(涪)'는 사천성 동남부의 부강(涪江) 일대.
* 오곡(五谷) : 다섯 종류의 곡식.
* 육축(六畜) : 말, 소, 양, 닭, 개, 돼지의 통칭.

한편, 『화양국지·파지(華陽國志·巴志)』의 이 기록에 대해 오늘날에는 대체로 두 입장이 있다고 한다. 하나는 위 기록에 의거해 기원전 1000년 전에 이미 복인들이 차나무를 재배하였고, 그 차나무로부터 생산된 차들은 주의 무왕에게 공차로 바쳐졌다는 설이다. 또 하나는 위 기록을 근거로 한 주장이 일리가 없지는 않지만, 또 한편으로 완전히 믿기도 어렵다는 입장이다.

● 복인의 '차 재배설을 뒷받침한다'는 입장

상거의 기록을 수용하는 입장은 주나라 시대는 기원전 1000년경이므로, 차는 지금으로부터 약 3000년 전에 운남 지역에 살았던 '복인(濮人)'들이 생산 및 재배하였고, 당시 주의 왕조에게 공물로 바쳤다는 것이다.

운남의 복인들이 차를 생산하였다는 주장하는 근거로는 기록에서 등장하는 지역인 '검부(黔涪)'를 들고 있다. 검부는 고증에 따르면, 오늘날의 사천, 귀주, 그리고 운남의 일부 지역이기 때문이다.

또 다른 근거로는 『사기·주본기(史記·周本紀)』의 기록을 볼 때, '주나라 무왕은 기원전 1066년에 상나라의 주왕(紂王)을 정벌할 때, 우방과 남방의 8개 소국이 병사들을 인솔하여 서로 도왔다. 내용이 있다'고 한다. 이때 남방 8국은 즉, '용(庸)', '촉(蜀)', '강(羌)', '미(微)', '팽(彭)', '복(濮)'의 8개 부족 국가인데, 이중 복족(濮族)은 대대로 운남(雲南)에 널리 거주하였다. 그리고 이 복족은 주(周)·진(秦) 시대에는 '백복(百濮)'으로 호칭되다가 역사적인 변천을 거쳐 오늘날에는 운남성 서남부의 포랑족(布朗族), 와족(佤族), 덕앙족(德昂族)이 되었다는 점을 들고 있다.

이는 차나무를 최초로 인공적으로 재배한 사람들이 복인(濮人)이라 보는 견해를 뒷받침해 주지만, 그렇다고 하여 복인이 차나무를 최초로 재배하였다는 확실한 근거는 아니다.

덕앙족이 차엽을 따는 모습.

● 위 기록은 '과학적인 근거가 불충분하다'는 입장

한편, 『화양국지·파지(華陽國志·巴志)』의 기록을 바탕으로 한 위의 주장에 일리가 완전히 없는 것은 아니지만, 그렇다고 완전히 믿기도 어렵다는 입장도 있다. 왜냐하면 다음의 의문점들에 대하여 해소되지 않는 부분이 있기 때문이다.

첫째 『화양국지·파지(華陽國志·巴志)』의 기록대로 서주(西周) 초년에 파촉 지구가 이미 주 왕조에 차엽을 공물로 바쳤다는 기록이 사실일지라도 그 내용은 당시 차의 주요 생산구가 '운남'이 아니라 '파촉'이라고 설명할 뿐이라는 점이다. 또한 기록상에는 주나라에 공물을 파촉이 바친 것이지, 운남 지구에서 바쳤다는 내용은 아니라는 점에서 운남의 차가 주 왕조에 공물로 바쳐졌다는 논리는 다소 비약적이고 억지스럽다는 것이다.

둘째, 중국의 음차 풍속은 주의 무왕, 즉 서주 시대에는 형성되지도 않았는데, 대체 왜 '공차(貢茶)의 설'이 기록에 등장하였는지에 대한 근거가 없다는 점이다.

셋째, 『화양국지(華陽國志)』는 서기 4세기에 기록이 완성되었다는 점이다. 상거가 무슨 사료를 근거로 하여 시간적으로 무려 1500여 년의 간격을 뛰어 넘어 기원전 1000여 년경인 서주 시대의 정황을 어떻게 알 수 있겠는지에 대한 의문점이 해소되지 않는다는 것이다. 한마디로 과학적인 입장에서는 『화양국지(華陽國志)』의 기록에 근거한 '복인의 차 재배설'은 다소 억지스럽다는 것이다.

> **상거(常璩, 291~361)**
>
> 서진(西晉) 시대 말년에 촉군(蜀郡) 강원(江原) 지역에서 출생. 이 강원 지역은 오늘날 사천성부(四川成都)의 숭주(崇州) 지방이다. 5호 16국의 하나인 성한(成漢) 시대에는 '산기상시(散騎常侍)'를 맡았다. 이 산기상시는 말을 탄 황제를 근거리에서 보필하는 관직이다.

PART 5.

보이차의 산지, '육대차산(六大茶山)'

'육대차산(六大茶山)'의 유래

청나라 시대에 '육차산(六茶山)' 명칭이 첫 등장

오늘날 보이차의 산지로 유명한 중국 운남성의 소위 '육대차산(六大茶山)'은 예전에는 '육차산(六茶山)'이라고 불리었다. 그리고 '육차산'이라는 명칭이 처음 등장한 것도 비교적 근세인 18세기 청나라의 건륭연간(乾隆年間, 1736~1795)의 일이다. 청나라 시대의 진사였던 단췌(檀萃)의 『전해우형지(滇海虞衡志)』에서 '육차산(六茶山)'이 처음으로 등장한 것이다.

> "普茶名重于天下, 出普洱所屬六茶山, 一曰攸樂、二曰革登、三曰倚邦、四曰莽枝、五曰蠻磚、六曰曼撒, 周八百里."
>
> : 천하에 이름을 날리는 '보차(普茶)'는 '보이(普洱)'에 귀속된 '육차산(六茶山)'에서 산출된다. 육차산은 '유락(攸樂)', '혁등(革登)', '의방(倚邦)', '망지(莽枝)', '만전(蠻磚)', '만살(曼撒)'로 둘레 길이만 800리(里)에 이른다.　　　　　　　　　　- 『전해우형지(滇海虞衡志)』중에서 -

이 기록에 따르면, 육차산(六茶山)은 '당시 보차(普茶)가 산출되는 여섯 곳의 산'이다. 그리고 육차산에서 생산되는 보차는 건륭제 이전인 옹정(雍正) 7년(1729년)부터 이미 '보이부(普洱府)'를 설치하여 관리하고 있었다. 이때 보이부는 난창강(瀾滄江)을 경계로 동부의 6개 판납(版納)을 귀속시켜 관할하였는데, 여기에는 육차산도 포함되었던 것이다. '판납(版納)'은 당시 운남 지역의 소행정 구역으로서 오늘날 '진(鎭)'이나 '향(鄕)'과 비슷한 규모였다.

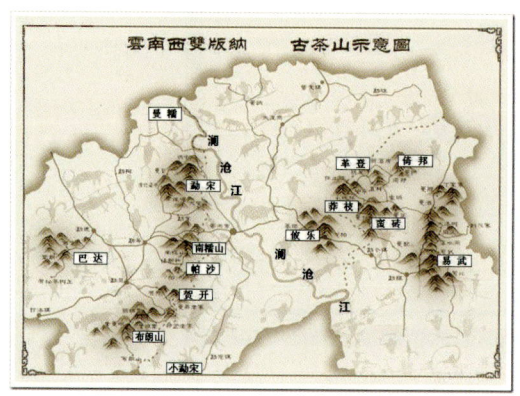

운남성 서쌍판납태족자치주에서 난창강을 기점으로 동부를 '고육대차산(古六大茶山)', 서부를 '신육대차산(新六大茶山)'이라고 한다.

'고육대차산(古六大茶山)'의 산지 변천

한편, 오늘날에는 청나라 시대의 이 '육차산(六茶山)'을 일반적으로 '고육대차산(古六大茶山)'이라고 부른다. '유락(攸樂)', '혁등(革登)', '의방(倚邦)', '망지(莽枝)', '만전(蠻磚)', '만살(曼撒)'이다.

이 '고육대차산'은 역사의 격동 속에서 점차 변화하여 가리키는 곳도 약간씩 달라졌다. 결과적으로 현대의 '고육대차산'에서는 '만살(曼撒)'은 사라지고, '이무(易武)'가 그 자리를 대신한 것이다. 즉 '유락(攸樂)', '혁등(革登)', '의방(倚邦)', '망지(莽枝)', '만전(蠻磚)', '이무(易武)'이다.

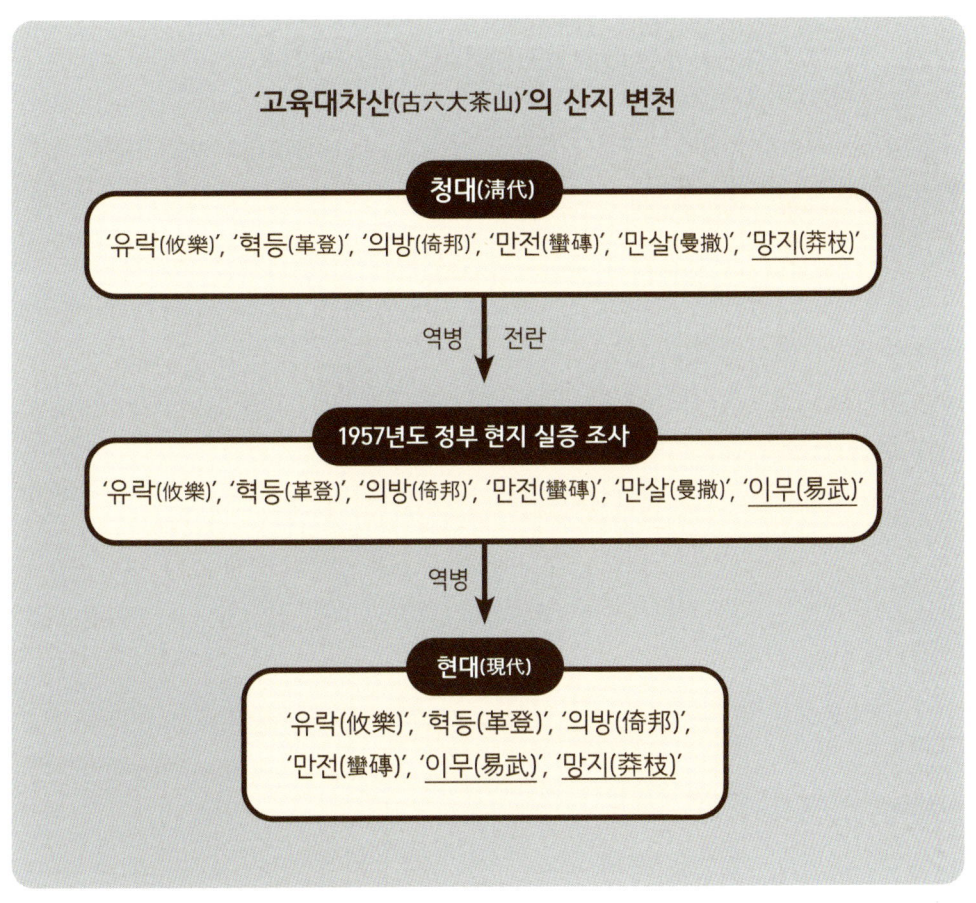

이와 같이 '만살(曼撒)'을 대신하여 '이무(易武)'가 새롭게 '고육대차산'에 진입한 데는 다음과 같은 역사적인 배경이 있다. 만살 지역은 한때 역병이 돈 뒤 지명이 개칭되었고, 또한 전란까지 일어나자 점차 몰락하면서 유명무실해졌다. 이때 만살(曼撒)로부터 약 20km 떨어진 이무(易武) 지역이 차엽의 요충지로 새롭게 떠오르면서 '고육대차산'의 자리에서 만살(曼撒)을 신속하게 대체하였다는 것이다. 또한 망지 지역도 한때 역병이 돌아 쇠퇴하기도 했다.

오늘날에는 만살과 이무에서 생산된 차엽은 모두 통칭하여 '이무차(易武茶)' 또는 '이무만살차(易武曼撒茶)'라고 한다. 이 고육대차산은 난창강을 경계로 동북부에 위치해 있어 '강북육대차산(江北六大茶山)', '강내육대차산(江內六大茶山)'이라고도 한다.

'고육대차산(古六大茶山)' vs. '신육대차산(新六大茶山)'의 차이

'고육대차산(古六大茶山)'에 상대하여 '신육대차산(新六大茶山)'이라고 하는 차산도 있다. '신육대차산'은 한마디로 말하면, '차산(茶山)'으로 명명된 것이 고육대차산보다 시대적으로 훗날, 즉 민국 시대에서 중화인민공화국의 건국 시대이기 때문에 신구를 구분하는 차원에서 부르는 것이다. 따라서, '고육대차산'이나 '신육대차산'은 구별을 위한 호칭일 뿐 정식 명칭이 결코 아니다.

또한 특히 주의해야 할 사항은 고육대차산이 신육대차산에서보다 차나무를 재배한 시기가 앞섰다는 뜻도 결코 아니라는 점이다. 왜냐하면 고육대차산보다도 오히려 신육대차산에 고차수(古茶樹)들이 더 많고, 그 수령도 수백 내지 수천 년이 넘어 더 오래된 것들이 많기 때문이다. 따라서 고차수의 수령과 그곳에 거주하는 소수민족들의 재배 시기를 논하자면, 신육대차산이 고육대차산보다 오히려 더 빨랐을 가능성이 높다.

'신육대차산(新六大茶山)'의 산지 변천

앞서 청나라의 진사인 단췌(檀萃)의 『전해우형지(滇海虞衡志)』에서 처음 기재된 '육차산'은 난창강을 경계로 동부인 보이부 관할의 6개 판납 구역에 위치해 있었다. 반면 난창강을 경계로 남서부의 고차산(古茶山)들과 판납들은 보이부의 관할지가 아니었기 때문에 『전해우횡지(滇海虞衡志)』에 기록되지 않았다.

그런데 역사적으로 민국 시대에서 해방 전쟁과 중화인민공화국이 건립될 시기에 수많은 차장과 대형 차업들이 당시 난창강 남서부의 불해(佛海)(현 맹해)에 진출하면서 신육대차산이 새롭게 명명되었다. 즉 '불해(佛海)', '맹송(勐宋)', '남나(南糯)', '남교(南嶠)', '파달(巴達)', '경매(景邁)'이다.

이러한 고차산들은 청나라 시대에는 보이부의 관할 밖이었지만, 본래 명나라 시대의 거리(車里), 즉 현재의 경홍(景洪) 지역에 설치된 '선위사관(宣慰司管)'(현 토관, 부족장 개념)이 관할하던 6개 판납 지역이었다. 그리고 20세기 초 차장과 차업들이 들어설 시기에는 수령이 수백 내지 수천 년에 달하는 고차수(古樹茶)들이 광대한 지역에 걸쳐 분포하고 있었다. 당시 이곳에 들어온 외지 사람들은 '고육대차산'에 비해 '신육대차산'이 난창강 서남부에 위치하고 있다고 하여, '강남육대차산(江南六大茶山)', '강외육대차산(江外六大茶山)'이라고 불렀다고 한다.

한편, 신육대차산도 시대가 흐르면서 그곳을 가리키는 차산에서 약간의 변동이 생겼다. 신육대차산 중의 한 곳인 '불해(佛海)'가 '맹해(勐海)'로, 다시 맹해가 1953년에 서쌍판납 지역으로 귀속되고 지명도 바뀌면서 '포랑(布朗)'이 그 차산의 자리를 대체하였다고 한다.

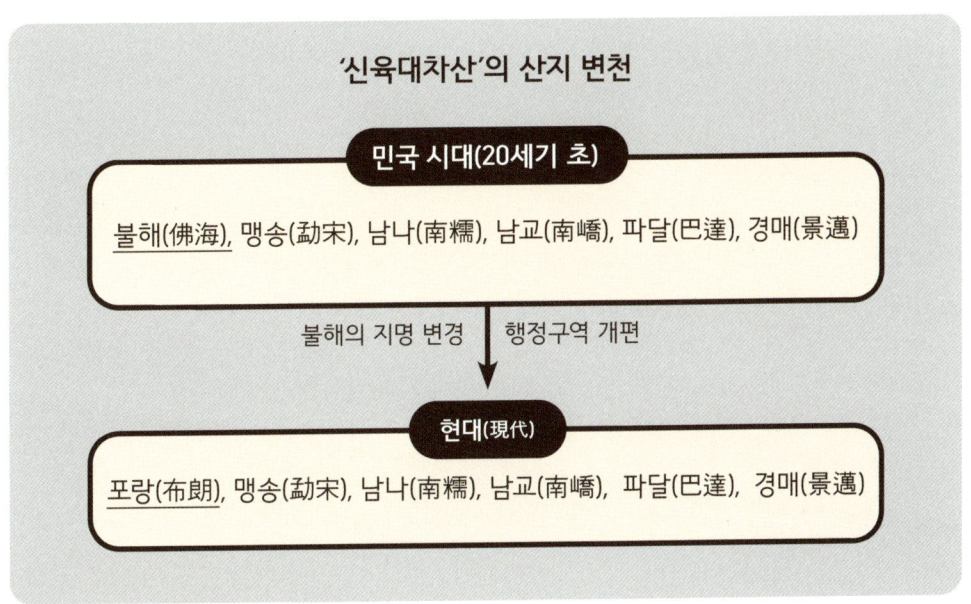

'고육대차산(古六大茶山)'의 현지 조사 및 검증 작업

고육대차산 중
심산유곡인 유락산.

서쌍판납태족자치주에서 난창강을 경계로 동북부에 위치한 '고육대차산'은 시대에 따라 약간씩 다르다. 역사적 사건, 천재지변과 같은 이유로 산지가 쇠퇴하면서 차산이 약간씩 교체된 것이다. 또한 청나라 단췌(檀萃)의 『전해우횡지(滇海虞衡志)』에서 첫 기재된 '육차산'은 '유락(攸樂)', '혁등(革登)', '의방(倚邦)', '망지(莽枝)', '만전(蠻磚)', '만살(曼撒)'이었다. 그런데 다른 역사적 자료들에는 약간씩 다른 곳이 기재되어 있어 한때 이견이 있었다.

이와 같은 이유로 중국에서는 1957년도에 서쌍판납차산태족자치주 인민정부전문조직부 차엽전면조사실무팀이 당시 기준으로 '고육대차산'에 대하여 현지 조사를 통해 진상을 규명한 적이 있다. 운남성농업과학원 차엽연구소 장전(蔣銓) 소장을 비롯한 공동 조사팀이 노정 약 470km에 걸친 곳을 장장 1개월에 걸쳐 마을마다 직접 들러 탐문하고 그곳의 유적인 비문들을 통해 고육대차산과 차산 범위, 차원 면적, 차엽 생산량에 관해 작성된 조사 결과를 자치주의 정부에 공식적으로 보고하였다. 이에 따르면, 당시 기준 '고육대차산'은 '유락(攸樂)', '혁등(革登)', '의방(倚邦)', '만전(蠻磚)' '만살(曼撒)', '이무(易武)'였다. 청대의 '육차산'과 차이점이 있다면, '망지(莽枝)'가 없고 대신에 '이무(易武)'가 새로 조사된 점이다.

당시 현지 조사에 따르면, 고육대차산의 일대에는 '명나라 말에서 청나라 초'에 석병현(石屛縣)의 사람들이 대규모로 이주하였고, 그 사람들이 이곳의 기후와 토양이 차나무의 생육에 적합하다는 사실을 안 뒤부터 그 재배에 나섰다는 것이다. 물론 자연적으로도 운남대엽종의 차나무들은 자생하고 있었다. 이때부터 '고육대차산'의 일대에서는 집집마다 차나무를 심어 보이차를 판매하였고, 특히 보이차를 대량으로 만들어 판매하는 '차장(茶庄)'(도매업)들도 있었는데, 그 수가 '동흥호(同興號)', '동경호(同慶號)', '건리진(乾利眞)', '동창호(同昌號)', '안락호(安樂號)', 동화상(東和祥), 홍경호(鴻慶號), 천순상(天順祥)등 20여 차장(茶庄)이나 되었다.

이러한 차장의 당시 보이차 연간 생산량은 10만단(万担)의 규모에 달하였던 것으로 조사되었고, 그로 인해 수많은 마방(馬幇)들과 행상들로 길이 막힐 정도였다고 한다. 특히 봄, 가을의 두 계절에는 약 5만 필의 말들이 보이차를 운반해 보이차 무역이 절정을 이루었다.

'고육대차산(古六大茶山)'

오늘날 중국 서쌍판납태족자치주를 종단으로 가로지르는 난창강을 경계로 동북부에 위치한 '고육대차산'은 앞서 설명하였듯이, 사모, 보이, 이무 지구들을 통해 이미 당나라 시대부터 주요 차산지로 취급되어 관리되었다. 즉 번작의 『만서(蠻書)』 등에 8세기에 남조국이 오늘날의 '고육대차산(古六大茶山)'의 소재지인 이무(易武) 지역에 '이윤성(利潤城)'을 설치하였고, 9세기에는 남조국이 지금의 영이현(寧洱縣)에 '보일검(步日瞼)'을 설치하여 행정 구역인 '검(瞼)'을 다스렸다는 기록이 있기 때문이다. 여기서는 이러한 난창강 경계로 동북부에 위치한 '고육대차산'에 대하여 소개한다.

알아두면 좋은 지식

번작(樊綽)과 『만서(蠻書)』

번작(樊綽, ?~9세기 말)은 당나라 후기에 오늘날 베트남 지역인 하내(河內)(이하 하노이)에 파견된 절도사(節度使) 아래에서 외교 및 군사 업무를 담당하는 관리였다. 당나라는 후기인 8~9세기경에 중국 남부와 동남아시아의 북부에 해당하는 지역, 즉 오늘날 운남성(雲南省) 지역에서 큰 세력을 떨쳤던 남조국(南詔國, 738~902)을 견제하기 위해 절도사를 파견한 상황이었다. 당시 하노이에 근무하였던 번작은 그로 인하여 남조국과 당나라의 외교 및 군사 정보를 비롯하여 하노이 지역의 무역, 외교, 사회 등에 관한 정보도 직접 손쉽게 구할 수 있었다.

그런데 남조국의 군사들이 하노이 지역을 침략하자, 번작은 홍하(紅河)로 뛰어들어 반대편 둑으로 달아나면서 가까스로 목숨을 구하였다고 한다. 홍하를 베트남에서는 '송코이강(Song Coi)'이라고 하는데, 이 강은 운남성의 중부에서 발원하여 베트남 북부를 남동쪽으로 약 1200km를 가로지른 뒤 통킹만(Gulf of Tonking, 北部灣)으로 흘러든다. 운남성과 접경지로서 홍하의 하류인 베트남 북동부의 노가(老街)(현 라오까이)와 하노이 등은 삼각주가 비옥하게 발달하여 무역과 경제가 발달하였는데, 중국의 여러 왕조들은 종종 홍하 상류에서 베트남의 하노이로 침공하는 수로로 활용하였던 역사적인 배경이 있다.

한편, 번작은 오늘날 광동성의 성도인 광주(廣州)의 절도사 휘하에서 업무에 종사하면서 그의 대표적인 저서인 『만서(蠻書)』의 초안을 작성한 것으로 전해진다. 이 『만서(蠻書)』는 중국 남서부 또는 동남아시아 북동부, 즉 운남성 일대에 살았던 '만(蠻)'이라는 소수민족에 관한 책'이라는 뜻이다. 번작은 862년에 『만서(蠻書)』의 집필을 마치고, 은퇴한 뒤로는 광주(廣州)에서 생을 마친 것으로 전해진다. 오늘날 『만서(蠻書)』는 당나라 후기에 당나라와 남조국 간의 관계와 남조국을 세운 몽족(蒙族)과 맹고면어족(베트남, 캄보디아 민족 등) 간의 인류학적인 상관관계를 연구하는 데 큰 가치를 지닌 사료로 평가되고 있다.

제갈무후의 전설로 유명한,
'유락산(攸樂山)'

● 위치 : 경홍시(景洪市) 관할구
● 현재 명칭 : 기락산(基諾山)
● 규모 : 동서 가로 길이 75km, 남북 세로 폭 50km

유락산(攸樂山)에서 채엽하는 여성들.

유락산(攸樂山)은 남서쪽에 소맹양(小勐養), 북쪽에 혁등산(革登山)과 접해 있다. 지금은 경홍시(景洪市)의 행정 구역에 속한다.

이 유락산은 '고육대차산' 중에서도 역사적으로 오래된 차산으로 알려져 있다. 이 차산의 기원에 관한 전설로는 '무후유종(武侯遺種)'이 있다. 이때 '무후(武侯)'는 제갈량(諸葛亮, 181~234)의 시호(諡號)이다. 즉 위·촉·오의 삼국시대(三國時代)에 촉한(蜀漢, 221~263)의 재상인 제갈량이 차나무를 심어서 남겼다는 내용이다. 따라서 이 차산 일대에서는 제갈량이 '차조(茶祖)'로 추앙을 받는다고 한다. 그런데 이러한 내용은 이 고장의 민간 전설일 뿐이고, 차나무가 심긴 역사는 훨씬 이전으로까지 거슬러 올라간다고 한다.

이 차산은 운남대엽종 차나무의 중심 군락지로서 청나라 시대에 차엽의 생산량이 매우 많았는데, 역대 최고 생산량이 연간 2000단(担)(120톤) 이상이었다고 한다. 이때 1단(担)은 100근(斤)이고, 당시 1근(斤)은 600g이다.

기록에 따르면, 옹정(雍正) 7년(1729년)에는 이곳에 '유락동지(攸樂同知)'를 설치하고, '보이통판(普洱通判)'을 파견하여 '보차(普茶)'(현 보이차)를 관리하였다고 한다. 이때 '동지(同知)'는 명청 시대의 관청명이고, '보이통판(普洱通判)'은 관직명이다. 그리고 이를 통해 군사 500명이 주둔하여 유락산의 산채를 수비하면서 차세(차의 세금)를 징수하였다고 한다.

또한 매년 마방들과 계약하여 1000여 '타(馱)'(말이 싣는 양쪽 짐의 한쪽 단위)의 차엽을 당시 첫 설치한 보이부(普洱府)로 운송하여 가공 정제한 뒤 다른 지역으로 중계 운송하였다고 한다.

그러나 건륭원년(乾隆元年)(1736년)에 말라리아가 대유행하여 관청인 '동지'가 사모(思茅)

로 이동해 '사모동지(思茅同知)'가 생기면서 점차 쇠퇴하였다. 특히 일제 침략기에는 차농들이 흩어지면서 차산도 황폐화되어 차엽의 생산이 큰 타격을 입었다. 그 뒤 중화민국, 중화인민공화국 시대를 거치면서 차 생산량이 점차 늘어났고, 1993년에는 연간 생산량이 97톤으로까지 증가한 뒤 점차 회복세에 들고 있다.

> **알아두면 좋은 지식**
>
> ### 제갈량이 차나무를 심어 남겼다는 '무후유종(武侯遺種)'의 전설은 사실인가?

#265 '차조(茶祖)'로 알려진 촉나라의 재상, 무후 제갈량(諸葛亮, 181~234)의 초상화.

오늘날 운남 지역의 차나무에 대한 민간 전설은 여럿 있지만, 특히 가장 유명한 것으로는 '무후유종(武侯遺種)'이 있다. 이 '무후유종'의 전설은 말 그대로 '무후(武侯)', 즉 제갈량(諸葛亮)이 차나무를 심어서 남겼다는 이야기이다. 그 내용은 다음과 같다.

제갈량이 촉군과 함께 오늘날 운남 지역을 남벌할 시기에 '의방(倚邦)', '이무(易武)' 등으로 진군하였는데, 장수들과 병사들이 갑자기 안질에 걸리는 화를 당하였다. 설상가상으로 약품을 구하지 못하자 군사들의 전투력이 점차 상실되었다. 제갈량의 근심이 깊어만 가던 가운데 어느 날 제갈량이 높은 곳에 올라 관망하다가 몸에 지니고 다녔던 지팡이를 땅속에 꽂았다. 그런데 지팡이에서 뿌리가 온전히 생기고 싹이 돋아나 푸른 가지와 녹색의 잎이 튼실하면서도 길게 자라났다. 군사들이 그 가지와 잎을 따서 물에 끓인 뒤에 마시고 얼굴을 씻자 안질이 완전히 쾌유되었다. 그리고 지팡이는 점차 자라서 차나무가 되었는데, 사람들이 이것을 '차왕수(茶王樹)'로 불렀다고 한다.

그런데 제갈량이 북부로 회군할 때 일부 군사들이 돌아가길 원하지 않자, '고육대차산' 지역 내에 주둔시켰는데 이 사람들이 차나무를 재배하고 차를 생산하여 물건과 교환하면서 생계를 유지하였다는 내용이다.

또한 그와 관련하여 청나라 시대의 지방지인 『보이부지고적(普洱府志古迹)』에서는 '육차산

(六茶山)'의 각 명칭이 실은 제갈량이 곳곳에 남긴 유물에서 유래되었다고 다음과 같이 기록하고 있다.

"육차산(六茶山)의 유물들은 모두 성의 남쪽 구역에 있는데, 오래전에 무후(武侯)는 여섯 산을 두루 다니면서 유물을 남겼다고 전해진다. 유락(悠樂)에서는 '동라(銅鑼)'를 남겼고, 망지(莽枝)에서는 '동무(銅鉧)'를 두었고, 만전(蠻磚)에서는 '철전(鐵磚)'을 땅에 묻었으며, 의방(倚邦)에서는 '목어(木梆)'를 남겼고, 혁등(革登)에서는 '마등(馬蹬)'을 땅에 묻었고, 만살(蠻撒)에서는 '살대(撒袋)'를 두었다. 이로부터 육차산의 명칭이 유래되었다."

여기서 유락(悠樂)의 '동라(銅鑼)'는 동으로 만든 징이고, 망지(莽枝)의 '동무(銅鉧)'는 동으로 만든 다리미, 만전(蠻磚)의 철전(鐵磚)은 '쇳덩어리', 의방(倚邦)의 '목어(木梆)'는 속이 빈 나무로 만든 야경(夜警) 딱따기, 혁등(革登)의 '마등(馬蹬)'은 말을 타는 데 필요한 도구, 만살(蠻撒)의 살대(撒袋)는 일종의 마대나 자루이다. 이 모든 것들은 군사들의 용품인데 제갈량이 회군하면서 각 산에 남겼다는 것이다. 이러한 민간 전설은 그 옛날 촉한의 땅, 오늘날 사천성의 성도(成都)에서는 무후사(武侯祠)(제갈량의 사당묘)가 설치되어 제를 올리는 행사로까지 발전하였다고 한다.

그러나 운남 차엽은 동진(東晋, 317~420) 시대의 지방지인 『화양국지(華陽國志)』(상거 著)에서 상(商)·주(周) 시대에 이미 재배되어 파촉(巴蜀)(현 사천성)의 지역에까지 전파되었다고 기록되어 있는 등 현존하는 사료들에서 찾아볼 때, 운남대엽종의 재배 역사는 위·촉·오의 삼국시대보다 시기적으로 훨씬 일렀다. 따라서 '무후유종(武侯遺種)'의 전설은 성립이 어렵다고 보고 있다.
또한 제갈량의 남부 정벌에 대해서도 여러 문헌상에서 오늘날 영이지구(寧洱地區)인 사모(思茅)에는 진군하지 않은 것으로 분명히 드러나 있기 때문에, 결론적으로 '무후유종'의 전설은 후세인들이 지어낸 민간 차원의 전설로 보는 것이다.

고대 복족의 후예 포랑족이 거주하는
혁등산(革登山)

● 위치 : 맹랍현(勐腊縣)의 의방산(倚邦山)과 망지산(莽枝山)의 사이
● 규모 : 면적 약 150km²

혁등산(革登山)은 맹랍현에 위치해 있다. 이곳에는 고대에 차나무를 재배하였던 복족의 후예인 포랑족들이 거주하고 있다. '혁등(革登)'도 포랑족어로 '높은 지방'이라는 뜻이다. 혁등산은 의방산(倚邦山)과 망지산(莽枝山) 사이의 산으로서 그 면적이 '고육대차산' 중에서도 가장 적다. 그렇지만 동양에서 가장 오래된 차산이다. 최근에는 본산인 공명산(孔明山)으로부터 구획이 분리되었다. 신주방(新酒房) 자연촌, 채양하(菜陽河) 자연보호구가 있어 유명하다.

혁등산의 정상부에는 청나라 시대 최대 규모의 채자(寨子)인 혁등노채(革登老寨)가 있었다. '채자(寨子)'는 울타리로 방어벽을 친 마을을 뜻한다. 특히 혁등노채는 지세가 험준하고 삼면은 깊은 낭떠러지로서 고대로부터 천혜의 요새였다. 그 주위에는 수백 제곱킬로미터의 차나무들이 펼쳐져 있었다. 청나라 시대 건륭연간(乾隆年間, 1736~1795)에 가장 흥성하였고, 이 당시 혁등노채에는 이삼백여 가구가 있었다.

가경연간(嘉慶年間, 1796~1820)에는 당시 혁등팔각촌 인근의 '차왕수(茶王樹)'에서 춘차를 한 시즌에 1단(担)(100근)이나 딸 수 있었다고 한다. 이 차왕수에 대해서는 『사모청지(思茅廳志)』와 『보이지(普洱志)』에 다음과 같이 기록되어 있다.

> "其治革登有茶王樹, 较众茶樹独高大, 土人当采时, 先具酒禮祭于此"
>
> : 혁등에 있는 그 차왕수(茶王樹)는 다른 차나무에 비해 유독 크고 높아서 당시 토착인들은 채엽할 시기에 먼저 술을 구해 여기에 제를 올렸다.
>
> - 『사모청지(思茅廳志)』와 『보이지(普洱志)』 중에서 -

도광연간(道光年間, 1821~1850) 이전까지 이러한 혁등산에는 차나무들이 수백 제곱킬로미터에 걸쳐 펼쳐져 있었다. 혁등노채의 차밭은 동으로는 의방산(倚邦山)의 지산인 습공산

혁등산(革登山)의 무성한 고차수.

(習崆山)까지 접해 있었고, 서로는 망지산(莽枝山)의 우곤당(牛滾塘)까지 접해 있을 정도로 풍요로웠다고 한다. 차의 연간 생산량은 500단(担) 이상이었다고 한다. 그로 인해 혁등인들은 막대한 부를 얻어 위세와 권세를 업고 다른 지역의 사람들을 업신여겼다고 현지인들은 전하고 있다.

그러한 가운데 청나라 문종의 함풍연간(鹹豊年間, 1851~1861)에 인근지인 망지산의 소수민족이 무기를 들고 전란을 일으켜 혁등산을 침략하면서 혁등노채의 사람들 대부분이 달아나 크게 쇠락하였다고 전해진다. 또한 청나라 말기에서 민국 시대 초기에 혁등노채에는 거주인들이 전혀 없었기 때문에 차밭도 황폐화되면서 결과적으로 혁등산은 차산으로서는 크게 쇠락하였다.

고육대차산의 행정, 무역의 중심지
의방산(倚邦山)

● 위치 : 맹랍현 북부 상명향(象明鄕)의 고산차구
● 옛 명칭 : '마랍의방(磨腊倚邦)'
● 규모 : 면적 360km²

의방산은 이미 명나라 시대부터 차산(茶山)으로 유명하였다. 그리고 명나라 융경(隆慶) 4년(1570년)에서부터 청나라 광서(光緒) 말년(1908년)까지 줄곧 '고육대차산(六大茶山)'에서 정치의 중심지이자, 행정의 주관지, 그리고 차 문화의 핵심지로서 중요한 역할을 담당하였다.

명나라 시대에는 '마랍의방(磨腊倚邦)'이라고 불리었다. 태족어로 '의방(倚邦)'은 '차와 우물', '마랍(磨腊)'은 '지방'이란 뜻이다. 따라서 '마랍의방'은 '차나무와 우물이 있는 지방'이라는 뜻이다. 의방산의 고산지에는 오래전부터 여러 소수민족들이 집단적으로 거주하고 있었다.

이른 새벽 운무로 자욱한 의방산(倚邦山).

명조 말년에 사천성 출신의 수많은 차농(茶農)들이 '소엽종(小葉種)'의 차나무를 의방산으로 들여와 심기 시작하였다. 이때부터 소엽종의 차나무가 재배되면서 청대 초기의 공차인 '청궁공차(清宮貢茶)'의 재료로 자연스럽게 사용되었다고 한다. 이 '청궁공차(清宮貢茶)'는 의방산에서 딴 소엽종의 차엽, 즉 '의방차청(倚邦茶菁)'을 사용해 만든 보이차로서 청나라 초기에 북경의 고궁으로 바쳐졌던 공차이다.

명나라에서 청나라로 교체기에 의방산 지역에는 차 도매업체인 차장(茶庄)들이 즐비하게 들어섰고, 상인들도 대거 운집하면서 급속도로 번창하였다. 이 시기는 석병현(石屏縣) 사람들이 고육대차산으로 몰려든 시기였지만, 의방산에는 유독 영이현 출신의 사람들이 많았다고 전해진다.

또한 의방산은 칠자병차의 전신인 '원차(圓茶)'의 생산으로 이미 유명한 곳이었다. 특히 옹정연간(雍正年間, 1723년~1735년)에는 '원차'의 '7편들이 1통'의 포장 방식이 상법으로 확립되면서 더욱더 번창하였다. 이러한 원차들은 성 내외로 널리 유통되었다고 한다. 특히 의방산 일대의 맹랍현(勐臘縣) 상명향(象明鄉)의 만송(曼松) 지역에서 생산된 차는 질박하고 중후하면서 향기로운 향미로 인해 최고로 평가되면서 공차로 지정되었다.

석판으로 정비된 차마도(茶馬道).

'만송공차(曼松貢茶)'의 공납 물량은 매년 20단(担)이었다고 한다. 만송차(曼松茶)는 오늘날까지도 유명하다. 의방산은 바야흐로 건륭연간(乾隆年間, 1736~1795)에 최전성기를 맞았다. 이 일대에 거주 인구수만 9만 명에 이르렀다고 한다. 이러한 사람들이 모두 차나무를 심고 차를 만들어 판매함으로써 의방산 일대에는 '4대 차엽 집진(集鎭)'이 크게 형성되었다. 집진(集鎭)은 '성시(城市)'보다는 작은 규모의 거주 지역을 뜻한다. 4대 차엽 집진은 의방가(倚邦街), 만공가(曼拱街), 만전가(蠻磚街), 우곤당가(牛滾塘街)였다. 이러한 집진은 진(鎭)과 진(鎭) 사이로 차를 말에 실어 수도인 북경으로 운송하는 중간 집하장이었다. 특히 의방가, 즉 의방 집진은 행정의 중심지로서 '유락(攸樂)', '가포(架布)', '습공(習空)', '망지(莽枝)', '만전(蠻磚)', '혁등(革登)'의 차산을 관리하면서 보이차의 집산 가공지가 되었다.

한편, 청나라는 왕권을 점차 강화하는 과정에서 차산도 엄격히 정비하여 공차를 운송하였다. 그 일환으로 도광(道光) 25년(1845년)에는 곤명(昆明)에서 사모(思茅)에 이르는 차산(茶山), 즉 의방이무차산(倚邦易武茶山)의 험준한 산세 속에 있는 차마도(茶馬道)의 바닥을 모두 석판으로 깔고 재정비하였던 것이다. 이 차마도는 폭이 2m, 운송 거리가 100km에 달하였다. 이러한 산지에서 소비지까지 이르는 차마도는 중국 내륙 지방과 변강 지역의 교역적 정치를 가능케 하고, 그 길을 따라서는 각종 경제 중심지, 상업 도시, 학교, 회관 등이 들어섰다.

도광제에 이은 광서연간(光緖年間, 1875~1908)에는 최초의 차호(茶號)인 '송운호(宋雲號)'가

의방산에 생겼고, 또 이무산에는 '원창호(元昌號)'가 생겼다. 송운호는 훗날 운창호에 통합된다. 또한 의방에서 생산된 차엽은 가공을 위해 정부가 사천성에 독점 판매하였다고 한다. 사천성에서 가공된 차엽들은 오늘날 서장(西藏), 남양(南洋), 홍콩 등의 각지로까지 운송되었다고 전해진다. 당시 남양(南洋)은 '강소성(江蘇省)', '절강성(浙江省)', '복건성(福建省)', '광동성(廣東省)'의 연해 지역을 일컫던 통칭이다. 그런데 광서(光緖) 31년(1906년)에 '4대 집진'의 중심지인 의방 집진이 몰락하였다. 중화민국 시대(1912~1949) 초 의방 집진에는 가구 수가 1000여 호, 인구수가 1000명도 되지 않았다고 한다. 이러한 배경 속에서 '고육대차산'에서는 '이무(易武)' 지역이 새로이 급속히 성장하였고, 중화민국 시대에는 신육대차산의 하나인 '맹해(勐海)' 지역이 운남 차엽의 산지로서 독보적인 위치에 올랐던 것이다.

고육대차산에서 중요 차엽 집산지
망지산(莽枝山)

● 위치 : 맹랍현 북부 상명향(象明鄕)의 고산차구
● 규모 : 다른 고육대차산에 비해 규모가 적다

망지산(莽枝山)에 들어선 소수민족의 부락들.

망지산(莽枝山)은 혁등산과 이어져 있고, 의방산과는 마주 보고 있다. 기록에 따르면, 망지산에는 이미 원나라 시대부터 차밭이 드넓게 펼쳐져 있었다고 한다. 또한 망지산의 기슭 아래의 '만새촌(曼賽村)'과 '속저촌(速底村)'은 그 역사가 매우 오래된 것으로 유명하다. 명나라 말년에 다른 고육대차산과 마찬가지로 내륙의 상인들이 망지산(莽枝山)으로 들어와 차엽을 교역하기 시작하였다.

그리고 청나라 강희연간(康熙年間, 1662~1722) 초 망지산의 '우곤당촌(牛滾塘村)'은 이미 고육대차산 중에서도 중요한 차엽 집산지가 되었다. 이 우곤당촌은 훗날 건륭연간(乾隆年間, 1736~1795)에는 '4대 집진'으로 성장하였다.

망지산의 차엽 교역과 관련하여 청나라 시대 송강(松江) 출신의 예태(倪蛻)는 『전운역년전(滇雲歷年傳)』에 다음과 같이 기록하고 있다.

> "雍正六年, 莽枝産茶, 商败踐更收發, 往往捨于茶戶, 坐地收购茶葉, 輪班輸入內地"
>
> : 옹정(雍正) 6년(1728년), 망지산(莽枝山)에서 차를 생산하자, 쇠퇴했던 상업이 다시 일어났고, 종종 차호(茶戶)들이 차농가로 교대로 찾아가서 곧바로 차엽을 매수하여 내륙 지역으로 운송하였다.
>
> -『전운역년전(滇雲歷年傳)』 중에서 -

당시 '차호(茶戶)'는 차나무의 재배 농가, 차의 제조 및 판매상을 뜻한다. 따라서 차호들이 망지산 일대의 집들을 교대로 돌면서 차를 매수하여 내륙으로 유통시켰다는 것이다. 망지산은 다른 고육대차산보다 규모가 작은 차산이지만 차엽의 품질이 훌륭하였다고 전해진다. 그로 인해 적지 않는 차상들이 차농가에서 숙식하면서 좋은 차엽이 다 모아지기를 기다렸다가 차호로 운송한 뒤, 다시 가공지로 운송하여 가공한 뒤 시장에서 교역을 통해 판매하였다고 한다.

한편, 망지산에는 천축묘(川祝廟)가 오래전부터 건립되어 있다. 매년 3월이면 차농들은 춘차(春茶)를 수확하는데, 그에 앞서 천축묘에 차신조(茶神祖)(제갈공명)에게 차엽의 품질이 좋기를 기원하는 제를 올렸다고 한다. 망지산에서 산출되는 차엽의 품질이 좋아 차나무의 묘목들도 여러 곳으로 이식되었는데, 대표적인 곳이 오늘날의 '모림자연촌(秧林自然村)'과 산서성(山西省) 석양현(昔陽縣)의 '대채(大寨)' 지방이다.

건륭연간(乾隆年間, 1736~1795)에 망지산의 '우곤당촌(牛滾塘村)'은 고육대차산 4대 집진의 하나인 '우곤당가(牛滾塘街)'로 성장하였지만, 광서연간(光緖年間, 1875~1908)에 역병이 돌아 인적이 드물 정도로 쇠락하였다. 그리고 1950년대에는 불과 7~8가구밖에 남아 있지 않았다고 전해진다.

재주와 기예가 많은 사람들이 몰려들었던 차산,
만전산(蠻磚山)

● 위치 : : 맹랍현 상명향(象明鄉) 남부
● 규모 : 면적 300km²

만전산(蠻磚山)의 차밭 모습.

만전산(蠻磚山)은 북쪽으로 의방산(倚邦山)과 이어진다. 또한 이무산(易武山)의 서면과도 접하고 있다. 청나라 시대부터 차원의 면적이 1만 묘(亩) 이상으로 광대하였다. 오늘날로 환산하면 약 670ha에 달한다. 또한 차엽의 품질도 그 당시부터 좋기로 유명하였다.

청나라 옹정연간(1723~1735)에는 당시 상업 중심지였던 석병현(石屏縣)에 '석병회관(石屏會館)'이 설립되었다. 회관(會館)은 동업자의 상호부조나 협의를 위해, 또는 제를 올리기 위해 설립된 사당이기도 하다. 이 석병회관에는 건륭 6년(1741년)에 관우를 모시는 사당인 '만전관제묘(蠻磚關帝廟)'가 설치되었다고 한다. 오늘날에는 폐허가 된 석병회관의 비석에는 "임재도만전(林才到蠻磚)"이라고 새겨져 있다. 즉 '재능이 많은 사람들이 만전으로 모인다'는 뜻이다. 그만큼 만전산 일대는 재주가 많은 사람들로 번성하였음을 알 수 있는 대목이다. 당시 만전산에서는 차엽의 연간 생산량이 1만단(万担)(약 600톤) 이상이었다고 하며, 그 대부분은 인근의 이무(易武) 지역으로 운송되어 가공 및 판매되었다고 한다.

또한 절강성(浙江省) 출신의 중의학자인 조학민(趙學敏, 1719~1805)이 청 건륭(乾隆) 30년(1765년)에 저술한 『본초강목습유(本草綱目拾遺)』에는 만전차의 우수한 품질에 관하여 다음과 같이 기록하고 있다.

> "以倚邦、蠻專者味較勝"
>
> : 오직 '의방 차엽'만이 '만전 차엽'과 맛을 겨루어 우위를 다툴 수 있다.
> - 『본초강목습유(本草綱目拾遺)』 중에서 -

청나라 시대부터 고육대차산의 중심지인 의방산의 차엽만이 오직 만전산에서 산출되는 차엽과 그 맛과 향을 견주어 다툴 수 있을 정도로 품질이 우수하다고 기록한 것이다.

만전산의 야생 차나무의 군락지는 원시 밀림 속에서 불규칙적으로 분포하고 있다. 이 지역의 차농가들은 여러 세대에 걸쳐 오랫동안 차나무를 관리해 왔기 때문에 오늘날에도 연간 차엽 생산량이 1만단(万担) 이상에 달하고 있다.

특히 만전촌공소(蠻磚村公所)에서 재현한 '만장우질차(曼庄優質茶)'는 차엽이 매우 독특하기로 유명하다. 촌공소(村公所)는 마을의 행정사무소, 또는 협동조합사무소를 뜻한다. 이곳에서 생산된 차엽은 새싹이 눈처럼 하얗게 밝게 빛나기 때문에 오늘날에 큰 인기를 끌고 있다고 한다.

해마다 봄철이면 차나무의 찻잎을 수확하기에 앞서 사당이나 회관에서 제사를 올리는 운남성의 다양한 소수민족들.

알아두면 좋은 지식

'고육대차산' 중 4개의 차산이 있는, '상명향(象明茶)'

상명향(象明茶)에 남아 있는 인민정부의 비석.

고육대차산 중 4개의 차산이 분포하고 있는 지역이 있어 여기서 소개한다. 운남성 서쌍판납 태족자치구 맹랍현(勐腊縣)의 최대 차산지인 '상명향(象明鄉)'의 차구이다. 이 상명향(象明鄉)에는 놀랍게도 '고육대차산' 중 의방산(倚邦山), 혁등산(革登山), 망지산(莽枝山), 만전산(蠻磚山)의 4개의 차산이 겹쳐서 위치해 있다.

지명인 상명향(象明鄉)은 야상산(野象山)에서 '상(象)'과 공명산(孔明山)에서 '명(明)'을 따서 붙여진 것이다. 이곳은 역사적으로 '의방토사(倚邦土司)(토사는 토착민의 우두머리, 토관에 해당)'가 다스렸으며, '거리(車里)', 즉 오늘날 경홍(景洪)의 관할지였다.

총면적은 1066km² 정도이고, 지형은 동고남저의 지세로서 해발고도는 1950m~565m로 편차가 크다. 이족(彝族), 한족(漢族), 태족(傣族), 기낙족(基諾族), 요족(瑤族)의 여러 소수민족으로 구성된 인구수는 약 1만 명 정도 된다. 이중 이족(彝族)의 인구수가 가장 많다.

상명향의 동부로는 이무향(易武鄉)이, 서부로는 경홍시(景洪市) 먕양진(勐養鎮)과 기낙향(基諾鄉)이 경계를 이루고, 북으로는 보문진(普文鎮)의 맹왕촌(勐旺村)과 인접하고 있다. 상명향은 의방(倚邦), 안락(安樂), 만림(曼林), 만장(曼庄) 용곡(龍谷)의 5개 행정촌으로 나뉘고, 여기에는 60개의 작은 촌락과 66개의 자연촌이 부속되어 있다.

전장차마고도(滇藏茶馬古道)의 중심지
만살산(曼撒山)

● 위치 : 맹랍현(勐腊縣) 이무향(易武鄉) 동북부

만살산(曼撒山) 기슭에 자리한 부락의 모습.

만살산(曼撒山)은 맹랍현(勐腊縣) 이무향(易武鄉) 동북부에 위치하여 라오스(老挝)와 접경을 이루고 있다. 이 만살산은 당나라 시대 번작의 『만서(蠻書)』에 따르면, 8세기에 남조국이 설치한 '이윤성(利潤城)'이 있던 지역이다. 그리고 명나라, 청나라 시대를 거치면서 '전장차마고도(滇藏茶馬古道)'의 중심지가 된 곳이다.

또한 9세기에 '보차'를 관리하기 위하여 오늘날 영이현에 설치된 보일검이 이곳을 관할하였던 만큼, 차의 산지로서는 역사가 매우 깊은 곳이다. 그러나 청나라 시대 후반에 역병과 전란으로 인해 쇠퇴하였다. 광서(光緖) 31년(1906년)에 '4대 집진'의 중심지인 의방 집진이 몰락하면서 대신에 이무산이 흥기하여 '고육대차산'의 자리를 차지하기 전까지는 만살산이 '고육대차산'으로 평가되었던 곳이다.

만살산이 가장 융성하였던 시기는 청나라 건륭연간(乾隆年間, 1736~1795)이었다. 이 당시 만살산에는 차왕수를 비롯해 운남대엽종의 차나무들이 가득 차 있었고, 연간 차엽 생산량은 1만단(万袒) 이상이었다고 한다. 특히 차왕수를 보호하는 인가는 오직 8호(戶)밖에 안 되었지만, 차왕수 차엽의 연간 생산량은 320단(袒)을 웃돌았기 때문에 수확기에는 인력들이 대규모로 고용되었다고 한다.

함풍연간(鹹豐年間, 1851~1861)의 1852년에는 중국 내륙의 한족들이 유입되어 만살산의 현지 소수민족들과 공동으로 차나무를 심고 차를 생산하였는데, 이때 '원차(圓茶)'의 일종으로 생산된 '원보차(元寶茶)'는 전국적으로 유명세를 떨치면서 국내외로 판로를 활발히 넓혀 나갔다.

도광연간(道光年間, 1821~1850)에 망지(莽枝), 가포(架布), 습공(習空), 의방(倚邦)과 함께 망살산도 점차 쇠퇴하고 이무산(易武山)이 그 지위를 대체하였다.

역병으로 만살산을 대체한
이무산(易武山)

● 위치 : 맹랍현(勐臘縣) 이무향(易武鄕)

이무산(易武山) 기슭에 잘 정돈된 차원.

이무산(易武山)은 만살산과 마찬가지로 이무 지역에 위치하여 당나라 시대에 남조국이 설치한 이윤성의 관할 지역이었다. 이윤성을 설치한 것은 이곳에서 운남대엽종의 차나무가 많아서 차가 많이 생산되었기 때문이다. 만살산과는 불과 20km 거리에 있다. 그로 인해 오늘날에는 이무산과 만살산에서 생산된 보이차를 통칭하여 '이무차(易武茶)', '이무만살차(易武山蔓撒茶)'라고 부르는 것이다. 그리고 이무산이 흥기하여 만살산을 대신하여 '고육대차산'으로 불린 것은 20세기 초의 일이지만, 사실 그 차산으로서의 역사는 매우 오래되었다.

중국 차계(茶界)의 거두이자, '태학(傣學)'(태족학) 연구자인 이불일(李拂一, 1901~2010) 선생의 저서인 『진월현신지고(鎭越縣新志稿)』의 「차조사화(茶祖史話)」에 따르면, '이무차(易武茶)'의 기원은 서기 225년 전후로까지 거슬러 올라간다고 한다. 이는 위·촉·오의 삼국시대(220~280)로서 이때는 이무차가 주로 의약품으로 사용되었다고 한다. 그 내용이 흥미로워 간략히 소개한다.

당시 이무산 지역의 토착민들은 병이 발생하면 식물의 뿌리, 껍질, 잎, 과일로 효능을 시험해 보았는데, 찻잎이 열을 내리고 독을 없애는 효능이 있다는 사실을 발견하였다. 또한 눈을 밝게 하고 머리를 맑게 하며, 통증을 멈추게 하고 근심걱정을 사라지게 하는 약용 효과가 있고, 또 갈증을 해소하고 맛이 좋아 마시기에도 좋아 사방으로 빠르게 퍼져 나간 것이다. 그 뒤 이무차는 상품으로 변화하면서 일부 사람들이 야생 차림(茶林)이 많은 곳으로 이사하여 야생 차나무를 개량하였다. 높고 큰 차나무를 쥐고 잘라서 높이를 낮추고, 잡초, 등나무 덩굴, 잡목은 잘라서 제거하면서 찻잎을 따기가 쉬워진 인공적 차원(茶園)으로 변화한 것이다. 특히 당나라에서 대규모로 토목 공사를 벌였던 '대흥토목(大興土木)' 시대에 이무 지역에는 산마다 차원(茶園)이 있었고, 각처에는 인가들이 웅장한 규모로 몰려 있었다고 한다.

한편, 이무산은 원나라 시대에 전쟁으로 인하여 역병이 돌면서 인구수가 대량으로 줄어들어 차원들도 황폐화되었다고 전해진다. 그러나 명나라 말기부터 청나라 초기에 석병현(石屛縣)의 사람들이 이무산으로 계속 이주하기 시작하면서 차나무들이 새로 심겼다고 전해진다.

더욱이 건륭연간(1736~1795)에는 석병현(石屛縣)의 사람들이 대규모로 이무산으로 이주하면서 차나무를 대량으로 심었으며, 이때 전통적인 방법으로 '칠자병차(七子餅茶)'를 만들어 공차(貢茶)로 바쳤던 것이다. 그 가공 방식은 매우 정밀하였는데, 『운남경제전차(雲南經濟滇茶)』에서는 다음과 같이 기록하고 있다.

"于二月間(農歷)采蕊极細而白谓之毛尖以作貢, 貢后方许民間販茶"

: 2월(농력)부터 '모첨(毛尖)'이라 부르는 극히 미세하고 하얀 새눈을 따 공차를 만든다. 임금이나 제후에게 이 공차로 바친 뒤에야 민간에 차를 판매하도록 허락하였다.

- 『운남경제전차(雲南經濟滇茶)』 중에서 -

당시의 '칠자병차'는 이와 같이 차엽의 등급이 높은 '모첨(毛尖)'으로 만든 것이었다. 그리고 건륭 60년(1795년)에는 이무 지역의 만랍차산(曼腊茶山)에서 생산된 차가 공차로 지정되었다고 한다. 이때 공차는 단차(團茶)(덩어리 차)의 일종인 '타차(沱茶)'였다.

그리고 이무산을 포함한 이무 지역은 18세기~19세기에 이르러 최고의 전성기를 맞았다. 『진월현신지고(鎭越縣新志稿)』의 「차조사화(茶祖史話)」에서도 그와 관련해 다음과 같이 기재하고 있다.

"清嘉慶、道光年間是六大茶山最輝煌的时期, 易武茶區年産干毛茶7至8万担(每担150老斤), 倚邦茶區兩万担"

: 칭니라 가경연간(嘉慶年間, 1796~1820), 도광연간(道光年間, 1821~1850)에는 육대차산이 최고로 빛난 시기였다. 연간 모차(毛茶) 생산량이 이무차구(易武茶區)가 7~8만단(万担), 의방차구(倚邦茶區)가 2만단(万担)에 이르렀다.

- 『진월현신지고(鎭越縣新志稿)』 중에서 -

태학(傣學) 연구자인 이불일(李佛一) 선생은 또한 그의 저서 『십이판납지(十二版納志)』에서도 이무 지역의 차업 전성기에 대하여 다음과 같이 기록하고 있다.

> "淸道光同治間, 易武産茶額七万担, 光緖三十年間, 因战亂易武區茶産額减为二万担"
>
> : 청나라 도광, 동치연간, 즉 도광연간(道光年間, 1821~1850)과 동치연간(同治年間, 1861~1875)에 이무(易武)에서 생산된 차의 분량은 2만단(万担)에 이르렀다.
>
> - 『십이판납지(十二版納志)』 중에서 -

이와 같이 이무 지역은 차업의 발전에 기초하여 경제가 부유해지면서 다층 건물이 선보였고, 사원(사찰)을 건립하였으며, 차장(茶庄)들이 들어섰다. 그리고 학당이 창설되었고, 도로와 교각이 건설되었다.

또한 이무차구(易武茶區)의 이무진(易武鎭), 이비(易比), 만수(漫秀), 대로변(大路邊), 만살(曼撒), 만궁(灣弓), 대채(大寨), 구묘(舊廟) 등 8대 촌락의 모든 곳에 큰 사당이 건립되고, 석판으로 깐 거리와 도로가 부설되었을 정도로 크게 발전하였다고 한다. 특히 도로는 차엽과 화물들의 운송이 편리하도록 이무(易武)의 2대 주요 집산지를 향하여 큰길과 작은길이 방사상으로 뻗어나가도록 건설되었다고 한다.

도광연간(道光年間, 1821~1850)에는 이무(易武)를 기점으로 만살(曼撒)을 경유해 의방(倚邦), 맹왕향(勐旺鄕), 사모(思茅)에 이르기까지 '청석판(靑石板)'을 깔아 '차대도(茶大道)'를 운영하였다고 한다. 이 차대도는 폭이 2~3m, 길이가 약 240km였고, 오늘날에는 '청석차마고도(靑石茶馬古道)'라 부르고 있다.

석병현 사람들의 '디아스포라'로 부활한
'고육대차산'

석병현의 옛 가옥들.

명나라 말년에서 청나라 초기에는 석병현(石屛縣)의 사람들이 '유락(攸樂)', '혁등(革登)', '의방(倚邦)', '만전(蠻磚)', '만살(曼撒)', '망지(莽枝)'의 '고육대차산'으로 대규모로 남하하여 차나무를 재배하면서 차업도 번성하기 시작하였다.

청나라 건륭연간에도 수많은 석병현인들이 이무산 지역으로 이동하여 정주하면서 차업을 가업으로 삼고 '고육대차산'의 제2전성기를 일으키는 데 큰 역할을 하였다. 그렇다면 석병현인들이 도대체 왜 대규모로 고향을 떠나 머나먼 남쪽의 '고육대차산'으로 이주하였던 것일까? 여기서는 석병현인들이 '고육대차산'으로 '디아스포라'와도 같이 대규모로 이동한 이유에 대하여 소개한다.

석병현은 오늘날의 지리적으로 보면, 운남성 동남부의 홍하합니족이족자치주(紅河哈尼族彝族自治州)에 속하고 베트남과 경계를 이루고 있다. 그런데 석병현은 아이러니하게도 명청 시대부터 기후가 좋아 풍년이 들면 의식주를 걱정할 필요가 없었다고 한다. 그러나 땅의 면적이 대단히 좁았고, 인구수도 매우 많았으며, 또한 농업 기술도 빈약해 기후에 전적으로 의존하였다고 한다. 따라서 흉년이 들면 석병현의 많은 사람들은 굶주림을 피하기 위해 다른 지역으로 대규모로 이동하는 풍습이 있었다고 전해진다.

이러한 풍습을 잘 묘사하는 말로는 "궁주이방급주광(窮走夷方急走廣)"이 있다. '주이방(走夷方)이 궁핍하면 광동(廣) 지역으로 급히 달려간다'는 뜻이다. 이때 '주이방(走夷方)'은 중화민국 시대 이전에 운남성 남부의 '남화(南華) 지역민', 당시로는 '진남(鎭南) 지역민'을 일컫는 호칭이었다.

이와 같이 궁핍할 시기에는 타향으로 이동하던 풍습을 지녔던 석병현인들을 비롯해 '주이방'이라 불렸던 사람들은 서쌍판납(西雙版納), 사모(思茅), 덕굉(德宏)에서부터 면전(緬甸)(미얀마), 태국(泰國)에까지 남하하였다고 한다. 그 과정에서 '고육대차산'의 지역에 이르러서는 기후가 차나무를 심기에 최적이고, 땅이 비옥하다는 사실을 발견하였던 것이다.

이때부터 석병현 사람들은 고육대차산의 지역으로 디아스포라와도 같이 대규모로 이동해 촌락을 형성하고 차나무를 재배하였던 것이다. 이로써 당나라 시대 이전부터 차산지였던 '고육대차산'은 석병현 사람들의 남하로 인하여 1000년의 세월을 훌쩍 뛰어넘어 청나라 초·중기에 '제2의 전성기'를 맞게 된 것이다.

'신육대차산(新六大茶山)'

오늘날의 '신육대차산(新六大茶山)'은 중국 서쌍판납태족자치주를 종단으로 가로지르는 난창강을 경계로 남서부에 위치하고 있다. '강남육대차산'이라고 한다. 그 여섯 차산은 '불해(佛海)', '맹송(勐宋)', '남나(南糯)', '남교(南嶠)', '파달(巴達)', '경매(景邁)'이다. 앞서 설명하였듯이, 신육대차산은 20세기 초 중화민국 시대에서부터 항일 전쟁, 중화인민공화국이 건립될 시기에 수많은 차장과 대형 차업들이 '불해(佛海)(훗날 맹해)'에 진출하면서 20세기 초에 새롭게 명명된 것이다.

그러나 '신육대차산'에 속하는 차산들의 역사는 오히려 '고육대차산'보다 훨씬 더 오래전으로까지 거슬러 올라간다. 기원전부터 차나무를 가장 먼저 재배한 것으로 알려진 포랑족의 선민인 복인들의 거주지이기 때문이다. 특히 경매산에서는 포랑족의 선민들이 차나무의 씨를 심기 위해 사용된 석기들도 발굴되었다고 한다.

실제로도 이곳의 고차수는 그 수와 수령이 '고육대차산'의 경우보다 훨씬 더 많거나 높다. 특히 신육대차산에서 해발고도가 1200m~1800m, 연간 강수량이 1200mm~1400mm인 고지대에서는 기후가 온화하고 연중 운무가 많이 끼기 때문에 차나무를 재배하기에 최적지로서 고차원(古茶園)들이 밀집되어 있다. 이 고차원들 인근의 오래된 촌락에서는 소수민족들이 지금도 수령 800년이 넘는 고차수들로부터 차를 생산하고 있다고 한다.

신육대차산에서는 당나라 시대인 600년~700년경에 말이나 노새에 차를 실은 마방들이 험준한 산을 넘어 사천성, 서장, 인도까지 이동하여 교역하였다. 그 과정에서 말과 차를 교환하기 위해 생겨났던 도로는 오늘날 '차마고도(茶馬古道)'로 불리고 있다. 즉 이러한 차산에서는 오래전부터 차마고도를 통해 관문지인 '보이' 지역을 지나 차엽이 각지로 운송되었던 것이다.

또한 청나라가 쇠퇴하면서 그러한 왕권 강화의 상징인 차마고도의 경로들도 점차 변경되어 독자적으로 생겨났다고 한다. 여기서는 청나라 왕조의 쇠퇴, 항일 전쟁, 중화민국, 중화인민공화국의 건립 등 격동적인 시대에 크게 부흥하였던 '신육대차산'에 대하여 간략히 소개한다.

불해실험차창(沸海實驗茶廠)으로 유명한,
불해산(佛海山)/맹해차산(孟海茶山)

● 위치 : 맹해현(孟海縣)/옛 명칭: 불해현(佛海縣)

맹해현의 맹해차산에 설립되었던 옛 불해차창(佛海茶廠)이 있던 곳의 모습.

운남성 사모현(思茅縣)의 남부에 위치한 '면월(緬越)', 즉 미얀마, 베트남 북부와 접해 있는 맹해현 지역에는 '소불산(蘇佛山)'이 있는데, 그 옛 이름이 '불해(佛海)'이다. 따라서 일반적으로 '불해산'이라고 하면, 맹해현의 '소불산'이나 인근의 차산을 가리킨다. 이 소불산의 동부로는 또 하나의 '신육대차산'인 '남나산(南糯山)'이 이어진다.

불해산은 예로부터 고차수들이 무성하게 분포하고 있어서 '고차원(古茶園)'들도 매우 오래전부터 발달하였다. 이와 같은 이유로 이 산이 위치한 불해 지역은 원나라와 명나라 시대부터 이미 '선위사(宣慰司)'가 설치되어 관할을 받았다.

신해혁명(辛亥革命, 1911년)으로 청나라가 망하고 새로 들어선 중화민국(1912~1949) 원년인 1912년에는 '보은연변행정총국(普恩沿邊行政總局)'이 설치되고, 1929년에는 운남성 직속으로 '불해현(佛海縣)'이 설치되었다. 이 불해현은 1958년에 다시 '맹해현(孟海縣)'으로 개칭되었다. 따라서 불해산도 오늘날에는 보통 '맹해차산(孟海茶山)'이라고 한다.

중화민국 시대에는 범화균(範和鈞) 선생이 항일 전쟁 자금을 마련하기 위해 이곳 불해로 와서 차의 가공 공장인 '불해실험차창(沸海實驗茶廠)'(오늘날 그 유명한 맹해차창의 전신)을 설립하고, 버섯 모양의 긴압차인 '보염패긴차(寶焰牌緊茶)'를 만든 것으로도 유명하다.

이 불해산은 오늘날 '신육대차산'의 자리에서 빠지고, 새롭게 부상하고 있는 포랑산이 그 자리를 차지하고 있다. 이 포랑산은 앞서 설명하였듯이, 포랑족의 거주지로서 그 선민인 고대 복인들이 차나무를 처음 재배하였던 곳으로 여겨지는 곳이다.

한편 '신육대차산'에서 난창현(瀾滄縣)에 위치한 '경매(景邁)'를 제외하고는, '불해(佛海)', '남나(南糯)', '맹송(勐宋)', '남교(南嶠)', '파달(巴達)', '포랑(布朗)'의 다섯 차산이 맹해현(孟海縣)에 위치하고 있다. 따라서 오늘날 맹해현은 '보이차제일현(普洱茶第一縣)'으로까지 불리고 있다.

알아두면 좋은 지식

신육대차산 중 다섯 차산이 위치한 '보이차제일현(普洱茶第一縣)', 맹해현(勐海縣)

- 면적 : 5511km²
- 부속 : 6진(鎭), 5향(鄕), 자연촌(自然村) 888곳 등
- 민족 : 합니족, 태족, 포랑족 등

맹해현(勐海縣)은 운남성 남서부의 서쌍판납태족자치주의 서부에 위치한 현이다. 그 면적은 서울시의 9배에 달한다. 행정상 부속된 구역으로는 크게 6진(鎭), 5향(鄕)이 있다. 6진으로는 '맹해진(勐海鎭)', '타락진(打洛鎭)', '맹저진(勐遮鎭)', '맹혼진(勐混鎭)', '맹만진(勐滿鎭)', '맹아진(勐阿鎭)'이 있다. 그리고 5향으로는 '맹송향(勐宋鄕)', '맹왕향(勐往鄕)', '격랑화합니족향(格朗和哈尼族鄕)', '포랑산포랑족향(布朗山布朗族鄕)', '서정합니족포랑족향(西定哈尼族布朗族鄕)'이 있다. 그 하부에는 888곳의 자연촌 등이 부속되어 있다.

중국 대륙에서도 변방인 맹해현은 경홍시(景洪市)와 인접해 있다. 동북부로는 보이시(普洱市)의 사모구(思茅區)와 인접하고, 서북부로는 난창현(瀾滄縣)이 있으며, 서부와 남부로는 미얀마, 베트남과 각각 접경을 이루고 있다.

보이차(普洱茶)의 기원지에 해당하는 맹해현은 오늘날에도 보이차 산지의 대명사로 알려져 있다. 수령 약 1700여 년의 야생 '차수왕(茶樹王)'이 고차수 군락지에 많이 분포하고 있다. 차

뿐만 아니라 논벼의 생장에도 유리한 기후로 인해 고품질의 쌀들이 대량으로 생산되는 고장이다. 따라서 '운남양창(滇南粮倉)'이라고도 한다. 이때 양창(粮倉)은 곡물 창고를 뜻한다. 이 맹해현에 부속된 항구인 타락진(打洛鎭)은 태국으로 향하는 최단 통로이기도 하다.

한편, 맹해현에는 보이차의 기원지가 속해 있을 뿐만 아니라, '신육대차산'이라 불리는 여섯 차산들 중 다섯 개의 차산들이 밀집해 있기 때문에 이름 하여 '보이차제일현'이라고 불리고 있다.

신육대차산 중 최고의 고차산(古茶山)인

남나산(南糯山)

● 위치 : 맹해현에서 동북부로 26km 지점

남나산(南糯山)은 대도하(大渡河)의 지류이면서 서장의 납살하류(拉薩河流)인 유사하(流沙河)의 동단에 우뚝 솟아 있다. 지명인 남나(南糯)는 태족어(傣族語)로서 '순장(笋醬)', 즉 죽순으로 담근 장(장아찌)라는 뜻이다(248쪽 참조). 이 산은 경홍시(景洪市)와 맹해진(孟海鎭)으로부터 매우 가깝다.

남나산(南糯山) 촌락의 전경.

남나산은 난창강 하류의 서단에서 최고로 유명한 고차산(古茶山)이다. 평균 해발고도는 1400m, 연간 강수량은 약 1500mm~1750mm, 연평균 기온은 16도~18도로서 차나무의 생존에 적당한 기후 조건이다. 특히 해발고도 1300m~1800m인 삼림지에는 소수민족인 합니족(哈尼族)의 차농가들이 산재해 있다. 일종의 산채 집락지인 채자(寨子)는 32곳이 있다. 이는 서쌍판납자치주에서도 유일한 합니족의 마을인 '격랑화합니족향(格朗和哈尼族鄕)'이다.

남나산에는 수령이 수백에서 수천 년에 달하는 매우 큰 고차수들이 산등성이를 따라 끝없이 분포하고 있다. 그리고 합니족은 이러한 고차수에서 찻잎을 쉽게 딸 수 있도록 가지를 구부려서 재배하였기 때문에 험준한 산악지에서도 오랫동안 정주하여 생활할 수 있었던 것이다.

한편, 남나산에는 '차수왕(茶樹王)'이라 불리는 수령 800여 년의 유명 재배 고차수가 있었지만 1994년도에 고사하였다고 한다. 또한 산 정상에는 고차수들이 약 30ha에 걸쳐 분포하는데, 평균 수령만 300년~800년에 달한다. 이 고차수로부터의 채엽은 정부의 보호와 합니족의 관리로 매년 그 생산량이 조절된다고 한다.

이와 같이 남나산에는 야생 고차수도 많지만, 재배 고차수의 고차원도 전체 면적이 약 약 1000ha에 달하여 1940년대에는 차엽의 가공공장인 차창들이 들어섰다고 한다. 또 당시 새로이 개간된 신차원(新茶園)에서 산출된 고품질의 차엽들은 맹해현의 차창으로까지 운송 및 판매되어 상등품의 최종 숙차(熟茶)로 생산되었다.

그런데 오래전에는 산악 집락촌 주위에 삼림이 거의 밀림의 정글과도 같아서 차엽의 운송을 오직 마방에게만 의존하였다. 매년 농력 10월에 대규모로 들어오는 마방들이 차엽을 싣고 차마고도를 통해 '사모', '맹해', '맹랍'의 현 등으로 운송하여 판매하였던 것이다. 그중 일부 대형 마방들은 직접 차엽을 싣고 동남아시아의 여러 나라들로까지 운송하였는데, 그 이유는 품질이 우수하였기 때문이다.

오늘날 남나산의 차엽은 조색(條索)이 비교적 길고, 긴결(緊結)하고, 쓴맛은 약하고 떫은 맛이 나는 것으로 알려져 있다. 입에 침이 돌게 하는 '생율(生津)'과 입안을 감도는 '회감(回甘)'이 좋은 것으로 평가된다. 차엽의 향은 '난향(蘭香)'과 '밀향(蜜香)'이 있다고 한다.

알아두면 좋은 지식

차산인 남나산(南糯山)이 '죽순 장(장아찌) 산'?!

남나산 정문 현판의 모습.

'남나산(南糯山)'의 지명에는 재미있는 음식 이야기가 담겨 있다. '남나(南糯)'는 태족(傣族)의 언어로 '순장(笋醬)', 즉 '죽순으로 담근 장(또는 장아찌)'를 의미하기 때문이다.

전설에 따르면, 아주 오래전 태족의 토사(土司)(지방 수령)가 오늘날의 '남나산' 지역을 시찰하러 왔다. 당시 이곳에서 오래전부터 거주하고 있던 합니족의 족장이 초대연을 성대히 베풀었다. 이때 석상에는 '죽순으로 담근 장(또는 장아찌)'이 올랐는데, 태족의 토사가 이를 맛있게 먹고 크게 기뻐하였다는 것이다. 이때부터 합니족에게는 매년 '순장'이 중요한 공물로 요구되었다. 이로부터 오늘날의 이름인 '남나산'이 유래되었다는 것이다.

'고산들 사이의 평지',
맹송산(勐宋山)

● 위치 : 맹해현(勐海縣) 동부

맹송산(勐宋山)에 위치한 부락의 모습.

맹송산(勐宋山)은 맹해현 동부에 위치한 차산이다. 북으로는 맹아진(勐阿鎭)과 경계를 이루고, 동으로는 경홍시(景洪市)에 접하고 있고, 서남부로는 맹해진(勐海鎭)과, 남으로는 맹해격랑화향(勐海格朗和鄉)과 접해 있다. 최남단에서는 미얀마와 접경을 이루고 있다.

'맹송(勐宋)'은 태족어(傣族語)로서 '고산들 사이의 평지'라는 뜻이다. 산의 정상에 평탄한 땅이 있기 때문에 그렇게 불린 것으로 보인다. 심지어 그곳에서는 쌀도 재배되었다.

맹송산에서는 합니족과 포랑족이 거주하면서 차를 생산하고 있다. 이 차산은 맹해현에서도 가장 오래된 고차구(古茶區)에 속한다. 맹송산의 보당촌(保塘村)에 수십 묘(1묘는 전답 100평)에 걸쳐 남아 있는 특대형 고차수를 분석한 결과, 맹송산 지역의 소수민족들이 차나무를 심은 시기와 남나산의 소수민족들이 차나무를 심은 시기가 거의 같다는 사실이 밝혀졌기 때문이다.

고차수들은 주로 해발 1800m 부근의 산비탈에 분포하고 있다. 그 대부분은 '교목형(喬木形)'이지만 '관목형(灌木形)'도 있다. 차도 대엽종으로서 폭이 넓은 것과 약간 크기가 작은 두 종류가 있다. 그리고 새싹과 찻잎의 특징은 '일아이엽(一芽二葉)'의 줄기 간격이 다소 짧다는 것이다.

고차수들은 수령이 500년 이상인 것으로 추정되고 있다. 이곳에 거주하였던 소수민족들이 찻잎을 따기 위해 수백 년 전부터 가지치기로 재배해 왔기 때문에 그 모습이 매우 기괴한 것들이 많다. 특히 일부 고차수는 뿌리 부근부터 잘라졌던 흔적을 볼 수 있다. 이는 1940년대에 중국 국민당의 사람들과 미얀마의 사람들이 이곳의 산을 점령한 뒤 양귀비를 재배하여 마약을 만들기 위하여 수목을 벌채하였기 때문인 것으로 전해진다. 고차수들은 그럼에도 불구하고 강한 생존력으로 버티고 살아남아서 오늘날과 같이 무성하게 자라고 있다.

차엽을 우리면 입안에서의 느끼는 맛, 즉 '구감(口感)'이 쓰고 떫다. 그리고 입안에서 감도는 '회감(回甘)'과 군침을 돌게 하는 '생율(生津)'은 보통이다. 조색은 매우 검고, 향에서는 꽃향이 난다.

맹송은 차산으로 이름이 나 있지만 일반 사람들에게 그리 잘 알려져 있지 않다. 반면에 산자락을 몇 번 넘으면 있는 '반장(班章)' 또는 '노반장(老班章)'의 차엽은 일반 차 시장에서 매우 높은 가격으로 거래되고 있다. 그로 인해 이곳의 차엽들이 종종 반장으로 산지명이 위장되어 판매되고 있을 것이라 보는 사람들도 있다.

명나라 시대부터 고차산으로 유명한

남교산(南嶠山)

● 위치 : 맹저현의 현성에서 22km 거리의 맹저진(勐遮鎭)

남교산(南嶠山)은 맹저현의 맹저진(勐遮鎭)에 위치하는 차산이다. 맹저진은 맹해현 내에서도 면적이 넓다. 동으로는 맹해진(勐海鎭), 동남부로는 맹혼진(勐混鎭), 남으로는 타락진(打洛鎭)과 경계를 이루고, 서남부로는 파달산(巴達山), 서정합니족포랑족향(西定哈尼族布朗族鄕)과 접하고 있다. 북으로는 맹만진(勐滿鎭)과 접해 있다.

명나라 시대 융경(隆慶) 4년(1570년)에 12판납(版納)이 설치되었을 때, 이 차산이 위치한 '맹저(勐遮)'는 '경진(景眞)', '맹옹(勐翁)'과 함께 하나의 판납이었는데, 이 판납은 1927년에 '현(縣)'으로 설치되었다. 당시에는 '오복현(五福縣)'이라 불리었고, 1930년도에 다시 '남교현(南嶠縣)'으로 개칭되었다. 이때부터 '남교고차산(南嶠古茶山)'이라는 이름을 얻었다. 1958년에 남교현(南嶠縣)이 맹해현(勐海縣)에 합병되어 '맹저구(勐遮區)'로 개설되면서 오늘날에는 남교산을 '맹저고차산(勐遮古茶山)'이라고도 한다.

남교산은 해발고도가 1172m~2149m로 비교적 높고, 그 범위의 폭도 크다. 연평균 기온은 약 18도이고, 연간 강수량은 약 1200mm 정도이다. 이때 강우량은 봄·겨울에는 적고, 여름·가을에는 많다. 연중 운무가 끼는 날이 100일 정도에 이르고, 상대습도도 80%에 이르러 차나무를 재배하기에 적당한 생육 조건이다.

이 차산에는 관목형의 차나무가 대부분을 차지한다. 교목형 차나무는 점재하고 있다. 오늘날 남교산의 차엽은 조색(條索)이 검다. 구감(口感)은 쓰면서 떫다. 약한 회감(回甘)이 있고, 생율(生津)은 보통으로 평가된다. 탕색은 진황색이고, 향기에는 꽃향과 밀향이 있난다고 한다.

'신선들의 발자취가 있는 산'이라는
파달산(巴達山)

● 위치 : 맹해현 현성에서 서부로 58km 지점

파달산(巴達山) 일대에 운무가 낀 모습.

파달산(巴達山)은 서쌍판납 태족자치주에서도 서단에 위치하여 미얀마와 국경을 이룬다. 맹해현에서는 서쪽으로 58km 거리에 있다. '파달(巴達)'은 포랑족어로 '신선들의 발자취가 있는 지방'이라는 뜻이다. 동으로는 맹저진(勐遮鎭), 남으로는 타락진(打洛鎭)', 서로는 미얀마, 북으로는 맹만진(勐滿鎭)과 경계를 이룬다.

이 파달산은 중화민국 시대에 '오복현(五福縣)'에 편입되었다. 행정상으로는 남교현(南嶠縣), 맹저(勐遮鎭), 서정합니족포랑족향(西定哈尼族布朗族鄉)의 사이에 위치한다. 2005년에는 서정합니족포랑족향(西定哈尼族布朗族鄉)에 통합되었다.

깊은 산속에는 합니족과 포랑족의 산채들이 점재해 있다. 오래전 파달산 산기슭에 있던 서정진(西定鎭)에는 서쌍판납 전역의 합니족을 다스리는 왕이 거주하였다고 한다.

파달산에서는 우기인 5월~9월에는 강우량이 많아 특히 녹음이 많이 우거진다. 8월 우기의 기온은 17도~25도이고, 여름에는 날씨가 매우 서늘하다. 겨울의 기온은 5도 이하로까지 내려간다. 해발고도 약 1800m~2000m 이상의 삼림지에는 교목형 운남대엽종의 고차수들이 군생하고 있다.

특히 파달산의 지산인 대흑산(大黑山)의 원생림에는 야생 차수들이 거목으로 자라고 있다. 거기에 있는 '차왕수'의 수령은 약 1700년으로 추정되고 있다. 야생종 차엽은 일반적으로 풍미가 좋지 않아 차엽을 수확하지 않는다.

한편 파달산에서 오늘날 인공적으로 재배하는 고차원은 주로 포랑족이 거주하는 산채인 장랑(章朗), 만매(曼邁), 만파(曼帕) 등에 집중되어 있다. 그중 장랑에 재배형 고차원이 가장 많이 분포한다. 재배 고차수들은 대부분이 본래의 운남대엽종이다.

특히 만매와 장랑의 두 곳 산채에는 포랑족과 납호족(拉祜族)의 차원들이 있는데, 그 재배 방식이 약간 다르다.

만매에서는 1970년대에 국가의 농업 지도로 가지치기가 진행되었다. 그로 인해 차나무의 높이가 대부분 2~4m이다. 겨울에는 차나무에 가지치기를 진행하여 높게 자라지 않도록 유지하고 잡목들도 솎아낸다. 반면, 장랑에서는 차나무가 자연 그대로 자라게 두어 높이가 5~8m까지 이른다. 주위의 잡목도 거의 손을 대지 않는 것이 특징이다.

또한 만매와 장랑의 사이에는 하송(賀松)이라는 합니족의 집락이 있다. 이곳에는 고차수의 수림이 없다. 1930년대에 신차원의 차밭으로 개간하였기 때문이다. 대표적인 것으로는 그 유명한 '맹해차창'이 소유한 신차원이 있다. 이랑들 사이로 차나무들을 밀집 재배하는데, '치지차(台地茶)'라고 한다. 특징은 차엽을 약간 작은 크기로 재배하는 것이다.

차나무 재배 역사가 1300년 이상인
경매산(景邁山)

● 위치 : 보이시(普洱市) 난창납호족자치현의 혜민향(惠民鄉)

운무로 자욱 뒤덮인 경매산(景邁山)의 정상부.

경매산(景邁山)은 난창납호족자치현(瀾滄拉祜族自治縣)의 현성에서 동남부로 70km 떨어진 혜민향(惠民鄉)에 위치해 있다. 동으로는 맹해현, 서로는 미얀마, 베트남과 접해 있다. 경매(景邁)는 태족어로서 경(景)은 '성(城)', 매(邁)는 '신(新)'을 뜻한다고 한다. 따라서 '새로운 성'이라는 뜻이다.

경매산에는 보이차로 명성을 떨치고 있는 14개의 전통 촌락에 포랑족, 태족, 합니족들이 거주하고 있다. 이 촌락들은 경매촌(景邁

村), 망경촌(芒景村)의 양대 행정촌의 관할이다. 먼저 경매촌은 경매대채(景邁大寨), 나강(糯崗), 반개(班改), 맹본(勐本), 망경(芒埂), 노주방(老酒房), 남좌(南座), 농방(籠蚌)의 8개 촌락을, 망경촌(芒景村)은 옹기(翁基), 옹와(翁洼), 망경상채(芒景上寨), 망경하채(芒景下寨), 망홍(芒洪), 나내(那乃)의 5개의 촌락을 관할한다.

포랑족의 전설에 따르면, 조상 선민인 팔암랭(叭岩冷)이 차나무를 재배하였다고 전해진다. 그리고 「망경면사목탑석비(芒景緬寺木塔石碑)」에 태족 문자로 기재된 바에 따르면, 경매, 망경 고차원의 고차수는 태력(傣歷) 57년에 심긴 것이라고 한다. 태력이 최초로 사용된 것은 서기 638년경이기 때문에 차나무의 재배 역사만 1300년 이상이나 된 것이다. 고차원의 고차수들은 가장 오래된 방식인 숲에서 자연 그대로 재배되었다고 한다. 특히 원나라 시대부터는 차엽이 미얀마, 베트남, 태국 등 동남아시아의 국가들에도 판매되었는데, 마방들이 고차원의 차엽을 산지에서 말의 등에 싣고 보이 지역으로 교역을 위하여 운송하였다고 한다.

경매산은 해발고도가 1100m~1662m, 연평균 기온 18도, 연간 강수량 1800mm이고, 토양은 적홍토(赤紅壤)이다. 차나무의 생육 환경으로는 최적이다. 이로 인해 오래전부터 교목형 대엽종의 차나무들이 재배되고 있다. 더욱이 중국 내 차산들 중에서도 수령 100년 이상의 교목형 대차수가 최대로 집중되어 있어, 이곳의 고차원을 '만묘교목고차원(万亩喬木古茶園)'이라고도 한다. 고차원의 총면적은 약 1864ha, 수확 면적은 800ha가 넘는다. 이러한 고차원은 생태 환경이 좋아 차나무들에 인위적인 작업을 하지 않는다고 한다. 줄기와 가지에는 이끼류, 넝쿨류, 야생 균주류, 수많은 기생성 난꽃 등의 생물들이 온통 기생하고 있다. 특히 '방해각(螃蟹脚)'이라는 일종의 차나무에 기생하는 겨우살이의 식물은 유명하다.

경매산에서 생산되는 차의 특징은 유념 작업을 충분히 거쳐 생산된다는 점이다. 조색이 검고 비교적 긴결하다. 그리고 색윤은 검은 윤기가 돌고, 회감과 생율은 강하면서 독특한 난꽃 향이 난다.

> **알아두면 좋은 지식**
>
> ### '난창강(瀾滄江)'은 '큰 코끼리강'?!
>
>
>
> 중국 운남성 서쌍판납태족자치주를 종단으로 가로지르는 난창강(瀾滄江)은 본래 태족이 그 강의 이름을 붙였다. 태족 기록에 따르면, 맹묘촌(勐卯村) 일대에는 태족 부락이 기원전부터 있었다고 한다.
>
> 그런데 인구가 점차 늘어나면서 서기 106년경에 왕자 소찰랍(召糯腊)이 일부 사람들을 이끌고 새로운 곳을 찾아서 난창강을 따라 계속 남하하였다고 한다. 임창시에 도착한 뒤 일부는 정주하고, 나머지 대부분은 소찰랍과 함께 계속 남하한 뒤 서쪽으로 이동하여 오늘날의 난창현 내에 도착해 촌락을 건설하고 정주하였다고 전해진다.
>
> 이 당시에는 난창강의 이름이 없었는데, 소찰랍이 마침 그 지역에 야생 코끼리가 큰 무리를 이루고 있는 모습을 보고 태족어로 강 이름을 '낭장강(郞章江)'이라고 붙였다고 한다. 이때 태족어로 '낭(郞)'은 백만, '장(章)'은 큰 코끼리를 뜻한다고 한다. 그 뒤 '낭장'은 사람들에 의해 발음이 같은 해음 관계의 '난창(瀾滄)'으로 변화하였던 것이다. 그리고 경매 지역의 태족 전설에 따르면, 경매산도 소찰랍이 우연히 금고라니를 보고 뒤쫓아가면서 발견한 것이라고 한다.

제다(製茶) 전설이 4000년 이상이나 된,

포랑산(布朗山)/반장(班章)

● 위치 : 맹해현 남부 80km 지점

보이차의 산지로 매우 유명한 포랑산(布朗山)은 서쌍판납주 맹해현에서 남부에 위치해 있다. 남부로 미얀마와 접경을 이루고 있다. 그 총면적은 약 1000여 km²에 달한다. 이 포랑산에는 '제다(制茶)의 시조'라 불리는 백복(百濮) 민족, 즉 복인들의 후예인 포랑족(布朗), 와족(佤), 덕앙족(德昂)이 1000년 이상 동안 거주하고 있다.

이 민족들은 운남성의 본래 토착 민족으로서 오늘날 운남인들의 뿌리로 생각되고 있다. 오늘날 덕앙족의 민요와 포랑족의 전설에는 약 4000여 년 전부터 차엽을 수확하였다고

포랑산(布朗山)의 전경.

포랑산에 위치한 반장채(班章寨).

한다. 따라서 포랑산은 전 세계에서 가장 일찍부터 차나무를 재배한 곳으로 알려져 있다.

해발고도 1300m인 곳에서부터 신차원과 고차수들이 밀집해 있다. 또한 차를 생산하는 소수민족들의 집락도 산재해 있다. 특히 최근에 급속히 유명해진 반장채(班章寨), 즉 '노반장(老班章)'도 위치하고 있다. 이때 반장(班章)은 '우뢰관 소리(雷貫耳)'라는 뜻이다. 노반장은 해발고도가 1700m~1800m 부근인 곳에 위치하며 큰 고차수들이 대단히 밀집되어 있는 곳이다.

노반장의 보이차는 쓴맛과 동시에 감미도 있어서 오늘날 그 풍미로 인해 사람들로부터 폭발적인 인기를 끌고 있다. 또한 인근에는 '신반장(新班章)'이라고 불리는 집락지에서 대규모의 신차원들을 개발하고 있다.

이 노반장 지역의 차나무는 가지도 상당히 튼실하고 차엽도 일찍부터 싹이 튼다. 포랑산 특히, 노반장의 차엽으로 생산되는 모차는 최고의 품질로 유명하여 오늘날 서쌍판납태족자치주 내에서도 최고의 가격으로 거래되고 있다.

알아 두면 좋은 지식

서쌍판납 외의 강남 유명 차산지, '임창시(臨滄市)'

운남성 임창시(臨滄市)에 있는 세계에서 가장 큰 재배형 고차수인 '봉경향죽청고차수(鳳慶香竹青古茶樹)'.

임창시(臨滄市)는 운남성 서남부에 위치해 있다. 남부로는 미얀마, 동부로는 보이시(普洱市)의 사모(思茅), 북으로는 대리(大理), 북서로는 보산(保山)과 접해 있다. 서부에서는 누강(怒江), 동부에서는 난창강(瀾滄江)이 남쪽으로 향해 나란히 흐른다.

총면적은 2.4만 km²이고, 1개의 구와 7개의 현이 있다. 임상구(臨翔區), 봉경현(鳳慶縣), 운현(雲縣), 쌍강현(雙江縣), 영덕현(永德縣), 진강현(鎭康縣), 경마현(耿馬縣), 창원현(滄源縣)이다. 총인구는 236만 명이고, 이중 38.6%가 소수민족이다. 복인의 후예인 덕앙족, 와족, 포랑족을 포함하여 26여 개의 소수민족들이 거주하고 있다.

임창시는 연평균 기온 17.2도로서 항상 일정하다. 서쌍판납태족자치주에 비교하면, 계곡이 매우 깊어서 기후가 서늘하다. 해발고도의 낙폭이 무려 3000m나 되는 대협곡을 따라 펼쳐지는 광활한 생태계에서는 고차수를 비롯하여 매우 다양하고 풍부한 식물의 종들이 서식하고 있다.

임창 지역에 있는 차원의 총면적은 수십 ha에 이른다. 차엽의 연간 생산량은 3만 5000톤이나 된다. 야생 고차수의 군락지는 면적이 2만 6640ha에 이르고, 이중 수령이 100년 이상인 재배형 고차수의 분포지도 면적이 약 670ha나 된다. 이 재배형 고차수의 지역에는 세계에서도 가장 큰 재배형 고차수인 '봉경향죽청고차수(鳳慶香竹青古茶樹)'가 있다.

PART 6.

차마무역(茶馬貿易)의 역사

차마무역(茶馬貿易)의 기원

차마호시도.

차와 말의 무역, 즉 '차마무역(茶馬貿易)'이 언제부터 시작되었는지는 정확히 알 수 없다. 가장 빠른 역사상의 기록으로는 4세기 동진(東晋, 317~420) 시대의 지방지인 『화양국지(華陽國志)』에서 "상(商)·주(周) 시대에 이미 차나무가 재배되어 현재의 사천성인 파촉(巴蜀)의 지역에까지 전파되었다"고 기록되어 있다.

또한 가장 역사가 오래된 차마고도인 '섬강장차마고도(陝康藏茶馬古道)' 또는 '탕고도(蹚古道)'라는 무역로는 이미 서한(漢代, B.C. 206~A.D. 220) 시대부터 있었다고 한다. 이 차마고도는 '섬서성(陝西省)', '사천성(四川省) 강정현(康定縣)', '서장(西藏)'을 잇는 무역 교통로이다. 따라서 차마무역의 최초 기원은 불분명하지만, 적어도 한나라 시대 이전부터 고대의 상업 도로인 차마고도(茶馬古道)를 통하여 고대 국가 간에 중요한 역할을 한 것은 분명하다. 또한 이러한 무역을 위해 교역 시장인 차마호시(茶馬互市)가 발달하고, 여러 지역에 설치된 차마호시에서 각기 출발하는 차마고도들은 진(晉), 수(隋), 당(唐), 송(宋), 원(元), 명(明), 청(淸)의 왕조 시대를 두루 거치면서 중국 역사상 가장 유명한 '서부 국제 무역의 고대 교통로'가 되었던 것이다.

차마무역의 여명기

역사 기록에 따르면, 오늘날 운남 차엽이 중국 대륙 밖으로 처음 전파된 것은 진(晉)과 수(隋) 사이의 혼란기인 남북조(南北朝, 420~589) 시대까지 거슬러 올라간다고 한다. 남북조 당시에 마방들은 '차'를 '물건'과 교환하는 방식을 통해 오늘날의 터키로까지 수출하였던 것이다. 그 뒤 수대(隋代, 581~618)에는 변경 무역의 시장이 점차 발전하기 시작하면서 '차'는 '말'과 교환하는 무역의 수단이 되기 시작하였다. 이 당시에 고육대차산이나 신육대차산을 포함한 운남성 남서부의 차 산지에서 마방들이 대규모로 말이나 노새에 차엽을 싣고 차마고도를 통하여 회흘(回紇)(현 신장위구르자치구)을 경유하여 서역 등지에 이르러 서아시아로 운송하였고, 북아시아와 아랍, 유럽 등의 나라로도 운송하였다.

행선지별 주요 차마호시(茶馬互市)

◉는 치미호시가 서는 지역.

● 북경행(北京行)

보이(普洱)➡◉묵강(墨江)➡◉원강(元江)➡◉옥계(玉溪)➡◉곤명(昆明)➡◉곡정(曲靖)>➡북경(北京)

● 서장행(西藏行)/티베트

보이(普洱)➡◉경곡(景谷)➡◉진원(鎭沅)➡◉경동(景東)➡◉남순(南澗)➡◉대리(大理)➡◉여강(麗江)
➡◉향격리납(香格里拉)➡◉덕흠(德欽)➡티베트

● 면전행(緬甸行)/미얀마

보이(普洱)➡◉난창(瀾滄)➡◉맹련(孟連)-미얀마
보이(普洱)➡◉사모(思茅)➡◉경홍(景洪)➡◉맹해(勐海)➡◉타락(打洛)➡◉경동(景棟)-미얀마

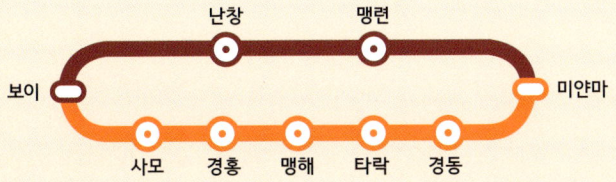

● 월남행(越南行)/베트남

보이(普洱)➡◉강성(江省)➡◉내주(萊州)➡베트남

차마무역의 흥성기, '당(唐)'

중국 내륙에서 음차 습관의 형성과 확산

당나라 시대에 전국적으로 확산된 음차 문화.

한편, 7세기 수나라가 망하고 당나라가 들어서면서 차마무역은 흥성기로 접어든다. 당나라 시대에 이르러 통치자들은 차마무역의 수단인 '차'와 '말' 등을 적극적으로 통제하기 시작하였다. 특히 당의 제9대 황제인 덕종(德宗, 742~805)은 756년~758년에 회흘 지구의 차시(茶市)에 직접 가서 말과 차를 교환하였다고 한다. 이로부터 당나라에서는 8세기부터 차마무역이 본격적으로 시작되었다.

또한 기록에 따르면, 8세기 후반 당나라 현종(玄宗)의 개원연간(開元年間, 713~741)에 중국 내륙 지방에서도 차를 마시는 음차 습관이 비로소 형성되기 시작하였다고 한다. 특히 이 시기에는 불교의 선종이 크게 일어나 승려들의 좌선이 흥행하였기 때문에 차 문화가 유행하기 시작하였다. 이와 관련하여 그 시대의 당나라 사람들을 상세히 기술한 『봉씨견문록(封氏見聞錄)』에는 음차 습관에 대해 다음과 같이 기록하고 있다.

> "務于不寐, 又不夕食, 皆许其饮茶, 人自怀挟, 到处煮饮. 从此辗轉相仿效, 遂成(社會)風俗"
>
> : 잠을 떨쳐 내면서 힘써 수행하고, 저녁에는 음식을 안 먹지만, 모두 차를 마시는 일은 허락되었기 때문에 사람들이 자회(自怀)*로 몰려든 뒤 도처에서 차를 끓여서 마셨다. 이때부터 이곳의 사람들이 도처로 떠돌아다니면서 서로 모방하여, 마침내 사회의 풍속을 이루었다.
>
> * 자회(自怀) : 오늘날 사천성 합강현(合江縣) 남부의 지역명.
>
> - 『봉씨견문록(封氏見聞錄)』 중에서 -

알아두면 좋은 지식

다성(茶聖), 육우(陸羽, ?~804)의 등장

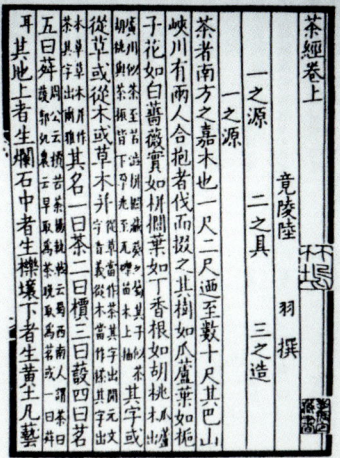

육우의 『다경(茶經)』권 제1권.

8세기의 당나라 시대에는 오늘날 '다성(茶聖)'이라 칭송을 받는 육우(陸羽, ?~804)가 등장하였다. 육우는 그의 저서 『다경(茶經)』에서 '차에 다섯 가지의 명칭이 있다'고 기록하고 있다.

> "一曰茶, 二曰檟, 三曰蔎, 四曰茗,
> 五曰荈"

: 첫 번째로 말하자면 '차(茶)'이고, 두 번째로 말하자면 '가(檟)'이고, 세 번째로 말하자면 '목(蔎)'이고, 네 번째로 말하자면 '명(茗)'이고, 다섯 번째로 말하자면 '천(荈)'이다.

이에 대하여 육우는 다음과 같이 설명하고 있다.

> "其味甘 檟也; 不甘而苦, 荈也; 啜苦咽甘, 茶也"

: 그 맛이 달면 '가(檟)'이고, 달지 않고 쓰면 '천(荈)'이고, 입에서 홀짝거릴 때 쓰면서 목구멍으로 삼킬 때 달면 '차(茶)'라고 한다.

중국 서안(西安)에 있는 육우의 조각상.

서장(西藏)에 차(茶)의 전파

당나라 시대에는 서장의 토번국(吐蕃國)이 청장고원(靑藏高原)에서 크게 흥성하면서 세력권도 크게 확장되었다. 남으로는 오늘날 호북성의 형수시(衡水市) 지역인 남소(南沼)를 제외하고는 거의 모든 지역이 '청해지구(靑海地區)'로 관리되었다.

북으로는 황하 서쪽, 즉 하서(河西) 지역과 감숙성 서부에서 신강(新疆) 지역의 동부까지, 서로는 군진(軍鎭)인 쇄엽(碎葉)·구자(龜玆)·우전(于闐)·소륵(疏勒)의 안서사진(安西四鎭) 지역까지, 동으로는 사천성 성도의 서북부로 오늘날 면죽시(綿竹市)인 검남(劍南) 지역까지 세력을 미쳤다.

이에 따라 당나라와 토번국 사이에는 화친과 청혼 등으로 사신 왕래가 잦았다. 이러한 왕래는 모두 천수(天水) 지역에서 출발하여 대비천(大非川), 난천(暖泉), 하원(河源), 통천하(通天河)를 거쳐 납살(拉薩, 라싸)에 도달하였다.

7~8세기에는 중국의 차 문화 사상 일대 사건이 있었다. 당나라 황실의 문성공주(文成公主, 625?~680)에 이어 금성공주(金城公主, 698~739)가 청해 지역을 지나서 잇달아 서장의 토번국(티베트)으로 시집을 가면서 차가 처음 유입되었고, 당나라와 토번국의 정치, 경제, 문화의 교류가 크게 흥하였던 것이다. 이때 사천성의 면주(綿州), 촉주(蜀州), 공주(邛州)

청해일월산(青海日月山)에 위치한 문성공주의 상.

등에서는 차엽이 청해(青海) 지구를 지나 서장(西藏)으로 문화가 유입되면서도 당나라 승려들이 차를 마시는 습관도 토번에 전파되어 점차 토번 상류층과 승려들의 풍습으로 자리를 잡았다. 또한 토번에는 중국을 추앙하는 '적모화풍(漸慕華風)'의 사회적 기풍도 유행하였다. 이것이 바로 '청장차마고도(青藏茶馬古道)'의 탄생 계기였던 것이다.

그런데 차가 서장(토번국)에 처음 전파되었을 때는 토번 왕실에서는 의약품으로 사용하였다고 한다. 이에 대하여 장족과 한족 간의 티베트어 사료인 『한장문서(漢藏文書)』에는 다음과 같이 기재되어 있다.

> "松贊干布的曾孙都松莽布支原先體弱多病, 后来用茶治疗, 很快恢復了健康"
>
> : 송찬간포(松贊干布)의 증손자인 도송망포지(都松莽布支, 670~704 재위)는 본래부터 몸이 허약해 잔병이 많았는데, 이후 차를 사용해 병을 치료하면서 건강을 빠르게 회복하였다.
>
> - 『한장문서(漢藏文書)』 중에서 -

차의 음용법을 몰랐던 토번국의 왕실

알아 두면 좋은 지식

당나라의 유명 화가 안진경(顔眞卿)의 초상화 /청궁전장본(淸宮殿藏本).

당나라 시대에 서장 토번국의 왕실에는 각지의 산지로부터 차가 유입되었지만 정작 왕실에서는 그 음용 방법을 모르고 있었다고 한다. 당나라 시대의 역사서인 『국사보(國史補)』에는 그와 관련하여 다음의 내용이 기재되어 있다.

"당나라 덕종(德宗, 742~805) 시기에 토번에 출장을 갔던 노공(魯公)이 항상 군영 안에서 차를 끓이자, 토번 왕이 이를 목격한 뒤 매우 괴이하게 여기면서 '이것이 대체 무엇인가?'라고 물어 보자, 노공이 '근심을 없애고 갈증을 해소하는, 소위 차(茶)라고 하옵니다'라고 답하였다. 이에 토번 왕이 명을 내려 자신들의 물건을 내오도록 한 뒤, '우리에게도 이러한 것들이 있다'고 말하면서 손가락으로 가리켜 말하길, '이것은 수주(壽州)에서 온 것이고, 저것은 서주(舒州)에서 온 것이고, 이것은 고저(顧渚)에서 온 것이고, 저것은 근문(蘄門)에서 온 것이고, 이것은 창명(昌明)에서 온 것이고, 저것은 옹호(灉湖)에서 온 것'이라고 말하였다."

* 노공(魯公) : 본명은 안진경(顔眞卿, 708~784). 섬서성(陝西省) 장안(長安) 사람으로 당나라 시대에 서예가로 이름을 크게 떨쳤다. 경조 만년(京兆萬年)에 노군공(魯郡公)으로 봉해져 '안노공(顔魯公)'이라고 불린다.

여기서 토번 왕이 가리킨 물건은 '차(茶)'이며, 이때 산지인 수주(壽州), 서주(舒州)는 '환(皖)', 오늘날 안휘성의 지역, 고저(顧渚)는 '절(浙)', 오늘날 절강성의 지역, 근문(蘄門)은 '악(鄂)', 오늘날 호북성의 지역, 창명(昌明)은 '촉(蜀)', 오늘날 사천성의 지역, 옹호(灉湖)는 '상(湘)', 오늘날 호남성의 지역으로 생각되고 있다.

이 모든 지역들은 당나라 시대 최고 명차(名茶)의 산지들이다. 결국 이 사서는 토번의 왕이 비록 황하 이남에서 생산되는 가장 유명하고도 귀한 차를 소유하였지만, 차를 음용하는 방법은 전혀 몰랐다는 사실을 알려 주고 있다. 아울러 서장의 토번국에는 이미 7~8세기경부터 내륙에서 적지 않은 차들이 유입되었다는 사실을 입증해 주고 있다.

서장에 음차 문화의 확산

당나라와 토번 사이의 왕래가 강화되면서 당나라의 수많은 선승들이 토번을 거쳐 천축으로 불법(佛法)을 구하러 갔다. 그 과정에서 서장에서 차는 점차 의약품이 아니라 음료로 마시는 풍속이 자리를 잡았다.

특히 9세기 초에는 토번국의 왕인 열파건(熱巴巾)이 '칠호양일승(七戶養一僧)'을 규정하면서 그러한 풍속은 확산세가 점차 가속되었다. 이 규정은 '일곱 가정을 단위로 반드시 승려 한 사람은 부양해야 한다'는 것이다. 이로써 서장의 토번 승려들은 더 이상 생산을 위한 노동을 할 필요가 없었고, 매일 장시간 좌정하여 불경만 읽으면 되는 것이었다.

한편, 서장 승려들의 입장에서는 당나라의 한족 출신 승려들이 차를 마시는 습관을 충분히 따라할 만한 가치가 있었다. 왜냐하면 차를 마시는 습관은 잠을 떨쳐 낼 수 있었을 뿐만 아니라, 갈증을 해소하는 생리적인 효능도 있었고, 심리적인 위안도 줄 수 있었기 때문이다. 이러한 배경으로 차를 마시는 풍속은 가장 먼저 서장의 승려와 사찰을 중심으로 만연하였다. 또한 차를 끓이는 '팽차(烹茶)'의 기예도 승려들을 중심으로 가장 먼저 취미로 연구되었다. 이에 대하여 『장사(藏史)』에서는 다음과 같이 기록하고 있다.

> "对于饮茶最为精通的是漢地的和尚, 后来噶米王向和尚学會了烹茶,
> 米齌衮布又向噶米王学會了烹茶, 这以后便依次傳了下来"
>
> : 차를 마시는 데 있어 제일 정통한 한족 땅(당나라)의 승려에 대해서는, 훗날 갈미왕(噶米王)이 한족 땅의 승려에게 가서 팽차(烹茶)를 배웠고, 또 미찰곤포(米齌衮布) 왕이 갈미왕에게 가서 팽차를 배운 뒤로는 곧바로 순서대로 전해져 내려왔다.
>
> - 『장사(藏史)』 중에서 -

결국 차를 달여서 음료로 먹는 '팽차(烹茶)'가 서장의 승려들에게 최초로 전해진 것은 당나라 시대부터였던 것이다. 더욱이 9세기 중반에 낭달마(朗達瑪, 838~842)가 '멸불(滅佛)' (부처를 없애자는 뜻) 정책을 펼치면서 사찰이 훼손되고 승려는 환속을 강요당하였다. 이렇게 승려들이 민간으로 융합되는 과정에서 차를 음료로 마시는 습관은 이제 서장의 일반 대중들 사이로 급속히 확산되기 시작한 것이다.

서장에서 없어서는 안 될 식품이 된 '차(茶)'

한편 토번국의 장족(藏族)이 당나라 시대부터 거주하던 서장의 청장고원지구(靑藏高原地區)는 평균 해발고도가 3500m 이상이나 된다. 고지대로 인해 산소가 부족할 뿐만 아니라 매우 한랭하고 건조한 기후를 보인다. 따라서 내륙의 평지에서 자라는 식용 식물은 차를 포함하여 거의 자라지 않는다.

이러한 상황에서 토번국의 장족에게는 높은 열량을 함유한 고지방의 참파(糌粑), 내류(奶類, 젖, 우유류), 수유(酥油), 우양육(牛羊肉)이 주요 식량이었다. 특히 주식인 참파(糌粑)는 청과맥의 볶은 가루를 '수유차(酥油茶)'나 '청과주(靑稞酒)'(청과맥으로 빚은 술)에 개어 먹는 일종의 경단이다.

이 참파는 바짝 건조된 것이기 때문에 섭취할 경우에 다량의 지방분이 인체 내에서 분해되기가 쉽지 않았다. 그런데 차와 함께 섭취하면 지방도 쉽게 분해할 수 있고, 비타민을 공급할 뿐만 아니라, 해열, 해독, 보습, 이뇨 효능도 볼 수 있었다. 따라서 서장 토번국의 장족에게는 차를 '수유차'나 '청과주'에 넣어서 먹는 생활습관이 생겨난 것이다. 서장의 장족들은 차에 효능에 대하여 다음과 같은 이야기를 하고 있다.

> "以其腥肉之食, 非茶不消, 靑稞之熱, 非茶不解"
> : 날고기를 먹을 때 나는 비린내는 차를 먹어야 없앨 수 있고,
>   청과맥을 먹을 때 나는 건열은 차를 먹어야 내릴 수 있다.

이와 같은 이유로 서장의 장족들에게는 당나라 시대부터 차가 전파된 뒤에 차가 없어서는 안 될 민족의 식품으로 자리를 잡게 되면서 무역의 편리를 위하여 차마호시가 생겨나고, 또 이로부터 청해 지역과 운남 지역에서 차가 유입되는 '청장 차무역'과 '전장 차무역'이 일찍부터 발달하기 시작하였다.

장족(藏族)들이 거주하는 해발고도 3500m 이상인 청장고원지구.

고산 지대의 장족들이 지방질을 분해하고
비타민을 섭취하기 위해 마시는 수유차(酥油茶).

차마무역을 촉발시킨, '안사의 난(安史之亂)'

보산요묘(寶山遼墓)에 그려진 양귀비(楊貴妃) 벽화.

한편, 8세기 후반에는 당나라에 큰 변란이 일어났다. 현종(玄宗, 685~762) 말년에 일어난 '안사의 난(安史之亂, 755~763)'이다. 안사의 난은 변방의 장수 출신인 안녹산(安祿山, 703?~757)과 사사명(史思明, ?~761)이 당시 경국지색인 양귀비(楊貴妃, 719~756)의 권세로 재상에 올라 전횡을 일삼는 양국충(楊國忠, ?~756)을 죽이려고 일으킨 변란으로서 9년 동안 당나라를 뒤흔들었다.

이 난을 겪고 중국 내륙 지역에서는 농업이 막대한 피해를 입었고, 당나라 조정에서는 전쟁용으로 서장 지역의 말을 장기적으로 들여오는 일이 필요하였다. 즉 안사의 난이 발단이 되어 당나라는 서장의 말이 대량으로 필요하였던 것이다. 반대로 서장 토번국의 장족들은 생존을 위하여 차가 필요하였기 때문에 당나라와 서장의 차마무역은 불이 붙은 듯이 급속히 성장하였다.

한편, 당나라 조정은 토번의 세력권이었던 당시 '농(隴)', '촉(蜀)', '도(洮)', '민(岷)'을 포함해 여러 지역에 '시역(市易)'을 설치하고, 그곳에 소, 비단, 차 등의 가축과 물품을 운송한 뒤 민간인들이 소유한 말과 교환하였다. 이 당시 농(隴)은 '감숙성'을, 촉(蜀)은 '사천성'을, 도(洮)는 '감숙성의 도하(洮河) 지역'을, 민(岷)은 '감숙성과 사천성의 경계 지역'을 일컫는다.

이로 인해 당나라 정부와 토번국의 민간인들 사이에서는 쌍방 무역이 큰 활기를 띠면서 '청장도'와 같은 민간 무역로가 크게 발전하였다. 이로 인하여 서장의 일반인들도 이제는 차를 음료로 마실 수 있었고, 이러한 음차 풍속은 점차 장족 사회 전체의 생활 풍습으로 형성되었다.

보이차 산지인 운남성에 남조국이 등장

남조국의 발원지인 운남성 외산(巍山).

오늘날 보이차 산지로 유명한 운남성에서도 차마무역의 기원은 6세기 후반 당나라 시대로까지 거슬러 올라간다. 그리고 토번국이 680년에는 '신천(神川)' 유역인 운남성 산간 지역에 '신천도독부(神川都督府)'를 설치하여 남방 차마무역의 편리를 도모하였다. 이때 '신천(神川)'은 '금사강(金沙江)'을 가리킨다. 그리고 중전(中甸), 즉 현 샹그릴라(香格里拉) 경내에 있는 금사강 위로 철교를 가설해 '전(滇)'과 '장(藏)'의 교통도가 개통되었다.

특히 6~7세기 토번국의 세력이 강해지면서 그 세력권은 청해 지구 외에도 운남성 서쌍판납의 이무, 보이, 중전(中甸)(오늘날 샹그릴라현), 대리의 여강(麗江), 이해(洱海) 북부까지 미쳤다. 그리고 토번국은 중국 서남 변경에 거주하던 고대 민족인 오만족(烏蠻族)에게 세금을 징수하였고, 부역을 분담시켰다. 이때부터 서장의 토번과 운남의 오만족 사이에서는 쌍방무역이 빠르게 발전되면서 차마무역도 크게 중요시되었다.

8세기에는 토번의 세력권인 운남에서 복인의 후예인 몽사조(蒙舍詔)가 육조(六詔)를 통일하여 이해(洱海) 부근에 남조국(南詔國, 738~902)을 세우고 차엽을 관리하였다. 보이차의 산지인 '고육대차산', '신육대차산'이 위치한 서쌍판납, 사모(思茅), 보이(普洱), 영이(寧洱), 무량산, 애뇌산 일대에 은생성(銀生城)과 관청인 은생부를 설치한 것이다.

특히 고육대차산의 일대는 이윤성(利潤城)을 설치하여 차엽을 관리하였는데, 9세기에는 영이현(寧洱縣)에 '보일검(步日瞼)'이라는 관청을 설치해 '이윤성'과 함께 차 산지가 밀집된 난창강 유역도 관할하였다고 한다. 이로부터 남조국의 중심지였던 이해(洱海) 일대의 차구에서는 '전장차마고도(滇藏茶馬古道)'가 자연적으로 발생하였다. 이 전장차마고도는 운남성 여강(麗江)에서 시작해 중전(中甸)(오늘날 샹그릴라현), 덕흠현(德欽縣), 망강현(芒康縣), 찰아현(察雅縣), 창도현(昌都縣)을 지나 다시 위장지구(衛藏地區)로 이어졌다.

결국 6~9세기에는 중원의 당나라를 비롯하여 서장의 토번국, 변강인 운남성의 남조국이 모두 산지에서 차엽의 생산과 유통의 관리를 강화하면서 차마무역을 실시하였고, 그 결과 '청장차마고도'와 '전장차마고도'가 형성되기 시작한 것이다.

청장차마무역으로 변방을 다스린, '송(宋)'

송나라 시대에 차와 말의 거래소였던 차마사(茶馬司).

한편 당나라가 망하고 오대십국(五代十國, 907~960)의 시대를 거쳐 송나라(宋, 960~1279)가 들어서는 과정에서 내륙에서는 전란이 빈번하게 일어났다. 따라서 송나라 조정에서는 많은 전마(戰馬)들이 필요하였다. 이를 위해 정부 차원에서는 말과 교환하는 차엽의 무역 강화를 위하여 장부를 기록하였고, 서장 지역의 각부와 정치적인 관계를 강화하였다. 그 결과 차마무역은 중앙집권화를 강화하고, 변방을 다스리는 정책적인 차원에서 실시되었다.

그리하여 '이차역마(以茶易馬)', 즉 '차로써 말을 교환한다'는 '호시제도(互市制度)'가 정식으로 수립되었다. 이때부터 송나라에서는 전문 관리를 파견하였고, 차엽을 서장으로 보내는 일도 국가의 중요 대사가 되었다. 또한 차엽의 품질을 장기적으로 보증하고, 서장 구역에 안정적으로 공급하면서, 대신에 우수한 전마를 얻고 더 나아가 장족 사회에서 차를 마시는 습관을 발전시켜 서장 사회를 통제하기 위한 것이었다.

또한 차엽을 전매하는 '인안제도(引岸制度)'도 실시하였다. 이때 '인안(引岸)'은 '인지(引地)' 또는 '소지(銷地)'라고도 하는데, '특별히 지정된 장소'란 뜻이다. 인안제도는 차나 소금과 같은 특정 물품은 특별히 지정된 장소에서만 거래할 수 있도록 한 규정이다.

이러한 제도의 기반 위에 북송의 차마무역은 주로 섬감지구(陝甘地區), 청해지구 등에서 이루어졌다. 섬감지구는 섬서성과 감숙성과 같은 서북부 지역을 가리킨다. 섬감지구의 일대에서는 희주(熙州), 하주(河州), 난주(蘭州), 황주(湟州), 경주(慶州) 등의 곳에 전문적인 차마호시를 설치하였고, '여(黎)', 즉 오늘날 한원현(漢源縣), '아(雅)', 즉 오늘날 아안시(雅安市) 등에도 차마호시를 설립하여 서장 동부의 강구(康區)로 차엽을 공급하였다.

11세기 북송 신종(神宗) 희영연간(熙寧年間, 1068~1077)에는 당시 천촉(川蜀)(사천성)과 성도의 현지에서 구한 차엽을 진주(秦州), 즉 감숙성(甘肅省) 천수시(天水市)에 인안제도로써 설치된 '차마사(茶馬司)'에서 전매하였다. 반면 소수민족들은 '차마사'에 말을 판매하고 대신에 차엽을 구입하였다. 이때 차마사는 단순히 차와 말의 교역만 담당하는 것이 아니라

북송 시대부터 원, 명, 청나라 시대까지 시행된 차거래의 허가증인 '차인(茶引)' 제도.

차로써 중국 서북부의 소수민족들을 다스리는 정책을 실시하였던 지방 관청이었다.

송나라 시대에 서북부 지역에서 차마무역이 발달할 수 있었던 것은 당나라 시대에 차가 장족지구로 전해진 뒤부터 차엽은 소화를 돕고, 기름기를 분해하는 특수 효능이 있다는 사실이 알려지고, 따라서 동물을 가축하고 그 젖을 먹는 소수민족들은 모두 차를 마시는 풍속이 형성되었기 때문이다. 결국 서북부 각 민족들이 송나라와 국경에서 지속적으로 차마무역을 펼쳤기 때문에 송나라는 전마를 지속적으로 획득할 수 있었던 것이다. 이는 송나라 시대에 중국 서북부에서 차마무역이 발전하게 된 결정적인 이유였다.

한편, 송나라 조정에서는 차엽을 유통하는 상인들에게 '차인(茶引)'을 발급하였다. 이때 차인(茶引)은 관청에서 차 상인들에게 부여하는 판매의 '면허' 또는 '허가증'이다. 이와 같이 송나라는 차마무역을 통해 전마를 획득하여 군사력을 도모하고, 변방의 지역들을 통치할 뿐만 아니라 상인들에게 차인을 발급하여 조세의 징수를 통한 중앙집권화도 강화하였던 것이다.

당시 차마무역의 규모는 사천성에서 연간 3000만근(万斤)의 차엽을 대부분 감숙(甘肅) 지역으로 운송하여 청해지구에 설치된 수백 개의 차장에서 판매한 뒤 말을 구입하였다고 한다. 또한 유명 차산에서 생산된 '명산차(名山茶)'는 오직 해마다 말을 구입하는 용도 외에는 사용할 수 없도록 규정하고, 이를 통하여 소수민족들로부터 매년 1만 5000필 이상의 말을 구입하였다고 한다.

결국 송나라 시대에는 당나라 시대부터 군사·정치적으로 중요한 무역로였던 청장도(青藏道)가 이제 본격적으로 '차도(茶道)'로 형성된 것이다. 즉 '청장차마고도(青藏茶馬古道)'가 완성된 것이다. 이에 대하여 청나라 시대의 진관심(陳觀潯)의 저서 『서장지(西藏志)』에는 '당송 이래에 내륙에서는 주로 청장차마고도를 따라 서장으로 출장을 갔다'는 사실을 암시하는 다음과 같은 내용이 기재되어 있다.

> "往昔以此道为正驛, 蓋開之最早, 唐以来皆由此道"
>
> : 옛날에는 이 도로가 올바른 역참이었고, 가장 일찍 개통되었기 때문에 당나라 시대부터 모든 것이 이 도로에서 비롯되었다.　　　　－『서장지(西藏志)』중에서 －

천장차마무역의 기반을 다진, '원(元)'

13세기 몽골족이 남송을 멸망시키고 원나라가 들어서면서 송나라 시대에 차와 말로써 변방을 다스리던 지방 관청들이 폐지되었다. 그러나 차엽은 이미 변강의 각 소수민족들에게 상호 교역의 중요 상품으로 확고히 자리를 잡고 있었다.

특히 송나라에서 원나라로 넘어가는 시대에는 사천성의 여(黎)(한원현), 아(雅)(아안시)와 오늘날 노정현(瀘定縣) 북부인 조문(碉門) 등에도 관부를 설치하여 서장의 토번 등 소수민족과 함께 차마무역을 시작하였다. 그러나 그 무역량이 비교적 적었기 때문에 차엽은 대부분 현지의 소수민족들을 위한 용도로 공급되는 수준이었다. 이것의 의미는 '천장차마무역(川藏茶馬貿易)'이 아직은 '청장차마무역(青藏茶馬貿易)'나 '전장차마무역(滇藏茶馬貿易)'보다 발달하지 못하였다는 것이다

그런데 원나라는 영토를 확장하여 거대한 제국을 형성하기 시작하면서 서장도 정식으로 원제국의 영토 내로 포함되었다. 그 뒤 원나라 조정은 서장과 중국 내륙 간의 무역과 교통을 발전시키기 위하여 서장 지역에 행정 구역인 '오사장(烏思藏)'을 설치하고, 또한 역참(驛站)을 크게 일으켰다.

이로 인해 당시 장족 거주지였던 타감새(朵甘思)(현 강정현) 지역에는 19곳의 역참을 집중적으로 건립하여 사천성 서부와 서장 간의 아직은 미개발된 '천장차마고도(川藏茶馬古道)'를 대대적으로 확장하였다. 즉 천장차마무역의 유통 도로를 확장하여 훗날 명나라 시대에 크게 흥성하는 천장차마고도의 기반을 다진 것이다.

또한 원나라 시대에는 오늘날 운남성 난창납호족자치현(瀾滄拉祜族自治縣)의 경매산(景邁山) 일대에서 마방들이 고차원의 차엽을 산지에서 구입하여 말의 등에 싣고 보이 지역으로 교역을 위해 운송하였고, 또한 미얀마, 베트남, 태국 등의 동남아시아 국가들에도 운송하여 판매하였다고 한다.

차마정책의 강화로
변방을 통치한, '명(明)'

차마정책(茶馬政策)의 강한 부활

명나라 시대에 흥성한 차마호시의 기록화.

원나라가 망하고 명나라 시대에 이르러서는 태조(太祖, 1328~1398)가 홍무연간(洪武年間, 1368~1398) 초부터 '차마정책(茶馬政策)'을 재빨리 복원시켰다. 차마정책은 송나라 시대보다 한층 더 강화된 것으로서 중국 서북부의 각 소수민족들을 차로써 통치하는 '이차치변(以茶治邊)'의 정책이었다.

이러한 정책을 실현하기 위하여 명나라는 태조 시대부터 당시 장족 거주지였던 사천성 서부의 '장하서(長河西)' 지역의 지배층인 각부와 관계를 강화하기 위하여 차의 운송에 각종 편의를 도모하였다. 이 장하서(長河西)는 원나라 시대부터 19곳의 역참이 건립되었던 장족의 거주지인 '타감새(朵甘思)' 지역이며, 오늘날에는 '강정현(康定縣)'이다.

명나라 태조는 칙명을 내려 사천관부(四川官府)로 하여금 산을 허물고 길을 내도록 한 뒤, 친히 '조문(碉門)/오늘날의 사천성 아안시(雅安市)의 천전현(天全縣)', '사천성 동북부 앙주(昂州)/오늘날의 암주(岩州)', '남안진(嵐安鎭)/오늘날의 사천성 감자장족자치주 노정현(瀘定縣)', '대도하(大渡河)'를 건너 '장하서(長河西)/사천성 서북부의 강정현'에 이르는 '조문로(碉門路)'라는 차도를 앙주(昂州)에서 병합시키고, 이곳에 '위(衛)'(명대의 군영)를 설치하고 군사를 주둔시켜 차도의 교통이 원활하도록 보호하였다. 이로써 사천(四川)과 서장(西藏) 간의 '천장차마고도(川藏茶馬古道)'의 기틀이 마련되기 시작하였다.

인안제도(引岸制度)의 강화

또한 명나라의 조정은 규정을 세워서 서장에서 들어오는 다양한 사절단들을 사천(四川), 섬서(陝西)의 두 지역에서 각각 접대하였고, 명나라의 사신도 또한 사천, 섬서를 경유하

차마고도에서 중요한 이정표 역할을 하였던 대도하의 모습.

여 각각 서장으로 들어갔다. 그리고 송나라 시대부터 차엽을 지정된 장소에서만 유통 거래할 수 있도록 한 '인안제도(引岸制度)'도 훨씬 더 강화하였다.

명나라 정부에 의해 서북부 지역으로 운송되어 서장구로 전입되는 사천 차엽, 즉 '천차(川茶)'는 사천 지역에서 생산된 차엽 총생산량의 10분의 1인 약 100만근(万斤)(600여 톤)에 불과하였다. 이러한 천차는 감청장구(甘青藏區)에 설치된 관청인 '차발마(差發馬)'에서 필요한 만큼만 공급되었다. 그 나머지 천차의 대부분은 인안제도의 규정에 따라 사천성의 당시 재동현(梓潼縣)이었던 '여(黎)/현 한원현(漢源縣)'와 '아(雅)/현 아안시(雅安市)의 천전현'에서 조문로(碉門路)를 따라 서장구로 전입되었다. 이때 천차 무역의 규모는 약 3만인(万引)에 이르렀다고 한다. 이는 사천 전체 천차의 약 80%에 해당하는 규모였다. 이때 1인(引)은 명나라 시대 식량 등의 무게 단위로서 '100근(斤)짜리 마대 50개'를 가리킨다. 송나라 시대부터 1근(斤)이 약 600g이었기 때문에 1인(引)은 약 3톤인 셈이다. 따라서 3만인(万引)은 약 9만 톤에 이른다.

한편, 서장 등 장족 지구의 승려와 백성들의 수령인 각부들이 명나라를 향해 조공을 바쳤는데, 그 주요 목적은 그러한 천차를 얻기 위한 것이었다. 이를 위해 그들은 계속해서

'천장차마고도'를 통해 조공을 바치고 천차를 지속적으로 구할 수 있었던 것이다. 당시 장족들이 차를 얼마나 필요로 하였는지에 대해서는 『명태조실록(明太祖實錄)』(전 251권)에서 다음과 같이 기록하고 있다.

> "秦蜀之茶 自碉門, 黎雅抵朵甘 烏思藏, 五千余里皆用之. 其地之人不可一日無此."
>
> : 진(秦), 촉(蜀) 지방의 차는 조문(碉門)(현 사천성 천전)에서 출발하여 여아저타감(黎雅抵朵甘), 오사장(烏思藏), 오천여 개의 리(里)에서 모두 사용된다. 그 지역의 사람들은 차(茶)가 하루라도 없어서는 안 된다.
>
> * 여아저타감((黎雅抵朵甘) : 사천성 여(黎), 아(雅)(아안시) 지역의 관할 지휘소.
> * 오사장(烏思藏) : 원나라 시대부터 중국 서장구에 설치된 행정구역.
> * 리(里) : 중국 고대 행정 단위. 1리는 5인(鄰), 1인(鄰)은 5세대. 결국 1리는 25세대이다.
>
> — 『명태조실록(明太祖實錄)』중에서 —

'천장차마고도'의 기반인 '조문차로(碉門茶路)'의 형성

마방들이 차마고도를 따라 차엽을 운송하는 모습들.

또한 태조 홍무(洪武) 31년(1398년) 사천 지역의 네 곳에는 차창(茶倉)들이 설치되었다고 한다. 기록에 따르면, 사천의 행정관인 '천포정(川布政)'에 명령을 내려 '조문/천전(天全)'에 있는 여섯 번(番)의 관청인 '교토사(招討司)'에 공문을 회람시키고, 차를 운송하는 차상에게 부과하는 세금인 '수차과(輸茶課)'는 '조문차로(碉門茶路)'로 운송되는 차에 세금을 부과하는 관청인 '조문차과사(碉門茶課司)'로 보내도록 하고, 나머지는 현지에서 새로운 창고에 저장하면서 상업적인 교역과 아울러 서장 토번족의 말 시장인 '서번시마(西蕃市馬)'가 형성되었다고 전해진다.

한편, 조문차로의 종착지인 사천성 서북부의 타감새, 즉 강정(康定)은 원나라 시대에는 그야말로 황량한 벌판이었다. 그런데 명나라 시대에 이르러 조문차로를 통하여 차의 무역이 이루어지면서 점차 성장하였다. 상인들이 관외 각지의 서장 등으로부터 토산품을 운송하여 강정에 도착한 뒤 차엽이나 포목의 교환을 위해 숙박하면서 하나의 촌락을 형성한 것이다.

이때부터 한족은 장족의 땅에 들어가지 않고, 장족도 한족의 땅에 들어가지 않았다. 그 대신에 장족 상인들은 정녕산(靜寧山)을 지나 강정으로 진입하였고, 섬서 상인들과 사천 상인들도 또한 강정으로 몰려들었다. 그리고 성시(城市)에서는 차시(茶市)들이 흥기하였다. 이러한 차시를 통한 장족과 한족의 무역, 즉 '천장무역(川藏貿易)'이 '과장(鍋庄)'을 통해 중개되어 상업이 상당히 번영한 결과, 한중시(漢中市)의 서쪽 변경 지방, 즉 '서수(西陲)' 일대에는 도시들이 대규모로 형성되었다. 요컨대, 조문차로(碉門茶路)로 천차가 서장으로 운반되어 '천장무역(川藏貿易)'의 발달이 촉진되고, 결과적으로 '천장고원(川藏高原)'의 지역에 각종 시(市)와 진(鎭)이 형성되면서 훗날 '천장차마고도(川藏茶馬古道)'가 크게 흥성하는 중요한 계기가 된 것이다.

명대의 '조문차로'는 '공차도(貢茶道)'

명나라 시대에 '이차치변(以茶治邊)'의 정책으로 조공(朝貢) 제도를 법제화한 헌종(憲宗).

한편, 명나라 시대에는 서장의 장족 지역을 예속시키기 위하여 특별히 차를 정책적으로 매우 중시하였다. 차로써 변방을 통치하는 '이차치변(以茶治邊)'의 정책도 강화하였다. 이와 동시에 중앙집권적인 통치를 위하여 장족용으로 특별히 생산되는 '변차(邊茶)'에 관한 생산, 판매, 유통, 조세, 가격, 품질 등과 관련하여 감찰적인 법규와 제도를 제정하였다. 이러한 법규와 제도를 통하여 서장으로 차의 판매량을 엄격히 통제하고, 차 상인들의 투기적인 매매도 억제하였다.

이러한 조치들은 서장 지역의 지배 세력들을 명나라 조정에 예속시키기 위한 것이었다. 그 결과 서장지구의 종교 지도층인 승려와 지방의 수령은 말을 비롯한 조공을 계속하면서 작위를 구하고, 그중 일부는 황제에게 직접 주청하는 모습들을 다음과 같이 기록한 내용들도 전해지고 있다.

> "今來進貢, 專討食茶." : 금일 공물을 바치는 것은 오로지 먹는 차를 구하기 위함입니다.
> 결국 돌아갈 때 그들의 모습에 대해서도 다음과 같이 전해지고 있다.
> "茶馱成群, 絡繹于道." : 차를 잔뜩 실은 행렬이 길에서 끊이지 않았다.

이와 같이 서장의 장족 지배층들이 명나라에 공물을 바치는 '조공(朝貢)'은 더욱더 법제화되었다. 명나라 헌종(憲宗, 1465~1487)은 성화(成化) 6년(1476년)에 『'오사장(烏思藏)'(서장에 위를 설치한 위장 지구)과 '타감새(朶甘思)'(현 강정현 일대) 각부에서 바치는 조공은 반드시 사천로(四川路)를 따라서 수도로 들여와야 한다』는 규정을 세웠다. 이때부터 천장무역의 공차(貢茶) 유통로, 즉 '조문차로(碉門茶路)'로는 훗날 흥성하는 '천장차마고도'에 '공차도(貢茶道)'로서의 기능을 제도적으로 형성시켰다.

여기서 오사장(烏思藏)은 명나라가 서장 지구에 '위(衛)'(군영)를 설치하였던 지역이다. 이때부터 사천은 장족을 비롯하여 변경 지역의 사람들에게 공급하기 위해 별도로 제도적으로 만드는 '변차(邊茶)'의 주요 생산지가 되었을 뿐만 아니라, 또한 차마호시 중에서도 가장 중요한 무역구로 성장하였다. 이때 사천성에서는 '5대 차시(茶市)'도 형성되었다. 즉 여(黎)(현 한원현), 야(雅)(현 아안시), 조문(碉門)(현 천전현), 암주(岩州), 송반현(松潘縣)이다

'차'와 '말'의 환율 정책은 명의 부국강병책!

한편, 명나라 시대에는 초기부터 차마무역을 통해서 부국강병책을 펼쳤다. 차와 말의 교환에서 차의 가치를 점차 높인 것이다.

명나라는 태조 홍무연간(洪武年間, 1368~1398)인 1389년에 "상등품의 말 1필은 최다 차엽 120근(斤), 중등품의 말 1필은 차엽 70근, 하등품의 말 1필은 차엽 50근으로 교환한다"

차마무역을 위해 길을 떠난 말들이 잠시 풀을 뜯는 모습.

고 규정하였다. 즉 말의 단위인 '필(匹)'과 차엽의 단위인 '근(斤)'의 환율을 정한 것이다. 또한 무종의 정덕연간(正德年間, 1509~1521)인 1515년에는 서북부 사람들의 차엽 계량 단위인 '차비(茶篦)'(차엽 바구니)와 중국의 무게 단위인 '근(斤)'의 도량형 환산이 법률로 규정되었다. '차엽 330비(篦)를 1000근'으로 환율을 규정한 것이다. 즉 차엽의 단위인 '비(篦)'와 무게의 단위인 '근(斤)'의 환율을 정한 것이다. 이는 서북부의 사람들이 중국 도량형의 실정에 눈이 어둡고, 또한 차엽 바구니도 크기가 일정하지 못하여 황제가 교환 비율을 법률로 정한 것이다.

또다시 명대 신종(神宗) 만력연간(万歷年間, 1573~1620)에는 '상등품의 말 1필은 차엽 30비(篦), 중등품의 말 1필(匹)은 차엽 20비, 하등품의 말 1필은 차엽 15비'로 법률로 규정하였다. 이는 말 1필을 차엽의 단위인 '비(篦)'로 환산한 것이다. 기존에 1000근이 330비이고, 1비는 3.03근이기 때문에, 결과적으로 상등품의 말 1필은 30비이고, 따라서 차엽은 약 90여 근이 되는 것이다.

그런데 위에서 언급한 내용을 살펴보면, 명대에는 차마무역에서 말에 대한 차엽의 가치를 점점 더 높여 갔다는 사실을 알 수 있다(오른쪽 도표 참조). 결국 차엽을 팔아 말을 구했던 명나라가 더 큰 이득을 보았고, 서장, 서북부 등의 말을 공급한 민족들은 더 큰 손해를 보았던 것이다. 결과적으로 명나라와 말을 교환함으로써 서장과 서북부 등의 여러 소수민족들은 국력이 점차 쇠퇴하였을 것으로 예상되는 대목이다. 실제로 중국 내륙의 한족과 차마무역을 가장 많이 진행하였던 서장의 장족들은 역사적으로 국력이 가장 많이 쇠퇴하였다.

명나라 시대 품질에 따른 '말'과 '차엽'의 환율

말 품질(1필)	홍무연간(1389년) 필(匹)/근(斤)	정덕연간 (1515년) 근(斤)/비(篦) *1000근=330차비		만력연간(1573~1620) 필/비(篦)	
	차엽 무게	차엽 무게	차비 수	차엽 무게	차비 수
상등품	120근	120근	39.6비	90.9근	30비
중등품	70근	70근	23.1비	60.6근	20비
하등품	50근	50근	16.5비	50근	15비

* 이 표에서 정덕연간의 *차엽무게는 가치 비교의 편의상 홍무연간과 동일하게 잡았다. 실제로는 그 사이인 영락연간(1403~1424)에 말 1필당 상등품은 차엽 60근, 중등품은 40근, 하등품은 그 이하로 역사상 최저치로 규정한 적도 잠시 있었다. 결국 명나라는 변방과의 차마무역에서 말의 품질별 1필당 차엽의 가치를 점차 높이고 있다.

알아 두면 좋은 지식

『차마(茶馬)』(탕현조 著)의 시구에 보이는, '차마무역(茶馬貿易)'과 '강마(羌馬)'의 예찬

명대 극작가이자 정치가인 탕현조(湯顯祖, 1550~1616)의 초상화.

중국의 한족은 호족과 같은 북방 민족과의 전쟁을 대비해 강한 전쟁용 말이 꼭 필요하였다. 따라서 중국 서북부에서 차마무역을 통해 강족(羌族)이 기르던 '강마(羌馬)'와 같은 말들을 많이 들여와야 했다.

여기서 소개하는 내용은 명대 후기에 강서(江西) 출신으로 정치가이자 극작가인 탕현조(湯顯祖, 1550~1616)의 『차마(茶馬)』에 수록된 것이다. '동양의 셰익스피어'라고 칭송을 받는 탕현조는 차마무역에 관한 내용과 함께 차를 운송하면서도 기묘한 꾀도 지녔던 '강마(羌馬)'의 우수성에 대해 예찬하고 있다.

차를 운송하여 재산을 안겨줄 뿐만 아니라 국력도 신장시키는 군수물자인 강마(羌馬).

黑茶一何美, 羌馬一何殊。
흑차는 얼마나 맛이 훌륭하고, 강마는 또 얼마나 특출한가.

有此不珍惜, 倉卒非長驅。
이를 소중히 여기지 않으면, 병사를 먼 곳으로 신속히 진군시키지 못하리.

羌馬與黃茶, 胡馬求金珠。
강마는 황차를 운송해 주지만, 호마는 재물을 약탈하러 오네.

羌馬有權奇, 胡馬皆駘駑。
강마는 기묘한 계략을 지녔지만, 호마는 우둔하여 아무런 쓸모도 없네.

胡强掠我羌, 不與兵驅除。
호족이 우리 강족을 아무리 강탈해도, 병사들과 함께 모두 없애지는 못하리.

羌馬亦不來, 胡馬當何如。
다만 강마가 오지 않으면, 장차 호마를 어찌 당해 내리오?

* 강마(羌馬) : 중국 서북부에 거주하던 중국 고대 민족인 강족(羌族)(티베트족)의 말.
* 호마(胡馬) : 중국 북방 호족의 말.
* 황차(黃茶) : 호남성, 호북성, 사천성 등에서 생산된 경미발효차.
* 금주(金珠) : 금과 진주, 즉 재물.

  * 참조 전문 : 明代文学家湯顯祖在《茶馬》诗中这样寫道.

이 내용은 명나라 후기에 정치가였던 탕현조가 강마를 흑차의 훌륭함에 빗대어 칭찬하고, 차마무역을 통하여 명나라로 들어오는 강마가 없다면 북방의 오랑캐인 호족의 침략적인 군마를 장차 어찌 막을 수 있겠는가 하며, 강마의 전마로서 자질을 높이 평가할 뿐만 아니라 그러한 강마를 호마와도 대조시켜 말의 품종적인 우수성도 시구로 읊고 있다.

천장차마무역의 중흥기, '청(淸)'

'종합무역'으로 발전되는 천장차마무역

북방 호족의 청나라가 들어서면서 서장에 대한 지배력은 더욱더 강화되었다. 이에 따라 사천성은 그동안 변방을 대상으로 하는 천장차마무역의 거점이 아니라 군사적인 요충지로 성장하였다. 청나라는 서장에 관원을 주둔시키고 변방 수비군을 파견하였으며, 이때 군량의 보급과 관련된 모든 물자들은 사천성을 경유하도록 하였다.

또한 청나라는 '천장차마무역(川藏茶馬貿易)'을 단순한 '이차역마(以茶易馬)'에서 벗어나, 서장과 청나라 사이의 토산품을 비롯하여 각종 물품들을 교역하는 '종합무역'으로 발전시켰다. 그러나 사천성 아안에서 서북부의 강정현, 그리고 청장고원을 지나 서장의 납살(라싸)에 이르는 당시의 천장차마고도(川藏茶馬古道)는 길이 험준하고 구불구불하여 개척이 무척이나 어려웠다. 따라서 명나라 시대부터 천장차마고도는 이미 있었지만, 청나라 초기만 해도 아직도 노새와 말의 등에 차엽을 얹어 운송하는 일을 제외하고는 대부분의 물자를 '배배자(背背子)'라는 짐꾼이 운송하였다.

청나라 후기 차마고도를 따라 차엽을 등에 지고 운송하던 짐꾼인 배배자(背背子).

열악한 무역 길로 인해 '천장남로대도'를 개척

한편, 천장차마고도(川藏茶馬古道)에서 대도하(大渡河)의 강변은 매우 중요한 길이었다. 사천성 노정현(瀘定縣)으로 가는 유일한 관문이었기 때문이다. 이러한 열악한 환경 속에서 강희연간 41년(1702년)에는 당시 타전로(打箭爐)(현 사천성 강정현)에 일종의 차엽의 관문인 '차관(茶關)'을 설치하였다. 그 뒤에는 대도하에 노정교(瀘定橋)를 건설하여 곧바로 타전로로 직통하는 '와사구로(瓦斯溝路)'도 개통하였다.

이리하여 천차(川茶)는 한족과 장족들이 대단히 열악한 조건을 개척하면서 서장 각지로 운송된 것이다. 이때부터 오늘날 강정현인 타전로는 천차를 서장에 전하는 집산지이면서 '천장차마고도'에서 교통의 요충지가 되었다.

이 타전로를 경유하여 서장으로 운송되는 천차는 한때 연간 1400만근(万斤) 이상이었다고 한다. 청대에는 1근(斤)이 16냥(兩)으로 약 600g이었기 때문에 약 8400톤에 해당한다. 이와 동시에 수많은 서장구의 토산품들도 천장차마고도를 통해 청나라로 유입되었는데, 강희제 45년(1706년)에는 서장의 외지 상인들이 노정현(瀘定縣)에 운집하여 그러한 물품들로 장사를 시작하였다.

강희연간 57년에는 서장의 괄이현에서 일어난 난을 평정하는 과정에서 타전로에서 출발하여 이당(里塘), 파당(巴塘)(감자현 지역), 서장의 '강가(江卡)/오늘날 망강현(芒康縣)', 찰아현(察雅縣)을 거쳐 창도(昌都)에 이르는 '천장남로대도(川藏南路大道)'를 개척하였다. 그 천장

청대 강희연간에 노정현에 설치된 노정교(瀘定橋).

남로대도를 따라 '양태(粮台)(병참)'와 '당포(塘鋪)(역참)'를 설치하였다. 이로 인해 천장남로대도는 서장에 관병을 주둔시키는 주요 군사노선이 되었고, 또한 서장으로 군량미를 운송하는 보급로가 된 것이다.

이와 같은 이유로 천장남로대도를 보통 '천장관도(川藏官道)'라고 불렀다. 그러나 평상시에는 항상 상인들이 물자를 운송하는 민간 무역로였다. 따라서 타전로에서 도부현(道孚縣)을 지나 감자현(甘孜縣), 덕격현(德格縣), 강달현(江達縣)을 지나 창도(昌都)에 이르는 이 차마고도는 '천장상도(川藏商道)'라고도 한다.

한편 서장에서 난이 일어난 뒤로 타전로(현 강정현)와 서장의 지배를 보다 강화하기 위하여 타전로에 '태참(台站)'을 설치 및 확장하여 서장으로 운송하였다. 이때 태참은 죄인을 운송하거나 공문을 전달하기 위해 설치된 역참이다. 이로써 타전로는 천장남로대도를 통해 운송되는 '남로변차(南路邊茶)'들이 모두 한 곳에 모이는 집배소가 되면서 천장남로대도는 더욱더 발전하게 된다. 또한 천장남로대도는 다시 '소로차도(小路茶道)'와 '대로차도(大路茶道)'로 나뉘어 형성되기에 이른다(310~311쪽 참조).

운남 보차(普茶) 산지의 차엽 관리 강화

한편, 명나라 시대부터 청나라 시대에 이르러서 열악하기로 유명한 '천장차마고도(川藏茶馬古道)'가 발전하였다. 그러나 기존의 차마고도들이 모두 쇠퇴한 것은 아니다. 오늘날 '고육대차산', '신육대차산'이라고 불리는 차 산지들이 밀집된 운남 남서부의 서쌍판납 지역에서 출발하는 전장차마고도(滇藏茶馬古道)는 지속적으로 발전해 나가고 있었다. 다만, 청장차마고도(靑藏茶馬古道)는 오래전에 쇠퇴하였다. 당나라 시대에서 송나라 시대에 이르러 토번국이 망하면서 청해와 운남 지역에는 신진 세력들이 등장하여 청장차마고도는 송나라 시대에 이미 군사적인 중요도와 관도(官道)로서 기능을 상실한 상태였다.

반면 전장차마고도는 명청 시대에 여전히 차마무역이 활기를 띠고 있었고, 또한 정부 차원에서도 관리되고 있었다. 명나라 말기인 만력연간(万歷年間, 1573~1620)에는 보이 지역에 관청을 설치하여 차엽의 무역을 관리하였는데, 이때 보이차의 운송 판매량이 10만단(万担) 이상이었던 것으로 알려져 있다. 이러한 이유로 오늘날 '전장차마고도(滇藏茶馬古道)'와 '천장차마고도(川藏茶馬古道)'를 양대 차마고도라고 한다.

험준한 천장차마고도를 따라 차를 운반하는 마방의 모습.

한편, 17세기 청나라 초기인 순치연간(順治年間, 1644~1661) 18년(1661년)에는 보이 지역에서 전장차마고도를 통해 서장으로 운송, 판매된 차엽은 3만여 타(馱)(말에 실은 양쪽 짐 중의 한쪽 단위)나 되었다고 한다. 그리고 청나라 중기에도 운남 보이 지역은 정부 차원에서 집중 관리되었다. 특히 보이부(普洱府)와 사모청(思茅廳)에 주무 부서인 '차국(茶局)'을 증설하였고, 차엽을 경영하는 상인들에게 송나라 시대부터 실시해 온 허가제인 '차인(茶引)'도 발급하였다.

18세기인 옹정연간(雍正年間 1723~1735)에는 서쌍판납의 고육대차산 중 하나인 유락산에 관청인 '유락동지(攸樂同知)'를 설치하고 군사를 주둔시키면서 차엽에 세금을 징수하고, 마방을 시켜 차엽을 보이부로 운송한 뒤 가공해 다른 지역으로 중계 무역도 진행하였다.

더욱이 건륭원년(乾隆元年)(1736년)에는 '사모동지(思茅同知)'를 설치하여 보이차를 해외로까지 유통시켰다. 진사였던 단췌(檀萃)는 당시 '보차(普茶)'(보이차의 옛 이름)의 무역이 얼마나 성행하였는지에 관해 『전해우횡지(滇海虞衡志)』에서 다음과 기술하고 있다.

> "普茶名重于天下, 此滇之为产而资利赖者也。入山作茶者数十万人, 茶客收买运于各处, 每盈路, 可谓大钱矣"
>
> : 보차는 천하에서도 이름을 날리고 있다. 전(滇)(운남의 옛 지명)에서 생산되는 이것은 재물과 이익을 가져다주는 상품이다. 산에 들어가 차를 만드는 사람만 수만 명이고, 차객들이 그 차를 구입해 각지로 운송하면서 길을 가득 메울 정도로 그야말로 '대재물'이라고 할 만하다.
>
> - 『전해우횡지(滇海虞衡志)』 중에서 -

'보차(普茶)'의 국제무역 허브지로 떠오른 '사모보이지구'

청나라 시대에 흥행하였던 나가리역참의 유적지.

이와 같이 사모동지(思茅同知)를 통해 보이차의 해외 중계 무역이 크게 성장하자, 19세기 초 도광연간(道光年間, 1821~1850)에는 당시 사모성(思茅城)에 행상들이 운집하면서 시장도 크게 번성하였다. 특히 서장의 행상들은 해마다 1000여 명이 사모성으로 왔고, 인도에서 온 행상들은 천연수지를 팔아서 차를 구입해 말에 실어 운송해 갔다고 한다. 그 결과 당시 운남 지역의 무역로였던 '전남상도(滇南商道)'는 '차엽상도(茶葉商道)'가 되었다.

이러한 차엽상도를 통하여 인도, 미얀마, 태국, 베트남, 라오스, 캄보디아 등의 해외에서 온 상인들은 사모를 비롯해 보이차의 산지가 밀집한 서쌍판납(西雙版納), 보이(普洱) 등 여러 지역을 왕래하였다. 이와 같이 보이와 사모를 오가는 소위 '보이차마도(普洱茶馬道)'는 당시 대단히 융성하였다고 한다. 이 당시 보이차마도가 얼마나 성행하였는지 관해서는 보이부의 지방지인 『보이부지(普洱府志)』의 당시 기록에서 엿볼 수 있다.

> "车里(景洪)为缅甸, 南掌(老挝), 暹羅(泰國)之貢道, 商旅通焉. 威远(景谷)寧洱産鹽(指磨黑),思茅産茶, 民之衣食資焉；客籍之商民于各屬地或開墾田土, 或通商貿易而流寓焉."
>
> : 거리(车里)(경홍, 景洪)에서 면전(缅甸)(미얀마), 남장(南掌)(라오스), 섬라(暹羅)(태국)에 이르는 '공도(貢道)'는 상인들과 여행객들의 교통로와 같다. 위원(威远)(경곡, 景谷), 영이(寧洱)에서 생산하는 소금과, 사모(思茅)에서 생산하는 차는 백성들의 의식 재료가 되었다. 외지에서 온 상인들은 각 지역에서 밭을 개간하거나 무역 통상을 위해 객지를 떠돌아다녔다.
>
> - 『보이부지(普洱府志)』 중에서 -

이렇게 흥성하였던 차마역도(茶馬驛道)인 보이차마도는 오늘날에도 그 자취가 남아 있다. 바로 보이와 사모를 잇는 '나가리역도(那柯里驛道)'와 '차암당역도(茶庵塘驛道)' 등이다.

보이차 무역의 '대흥행'

사모보이구에서 **출발하는 마방들의 모습.**

한편, 사모보이구(思茅普洱區)는 역사상 오래전부터 '염차마도(鹽茶馬道)'에 속해 있었다. '염차마도(鹽茶馬道)'는 소금, 차, 말의 유통로를 말한다. 이러한 배경으로 사모보이구는 소금과 차의 생산, 운송, 판매도 크게 흥행하였다.

18세기~19세기에 사모보이구에서는 크게 두 부류의 상인들이 차마무역을 진행하였다. 하나는 석병현(石屏縣)의 차상들이 주로 고육대차산의 지역인 '이무차구(易武茶區)'에서 독점적으로 구입한 차엽을 사모보이구로 운송하여 판매하였다.

또 다른 하나는 월성(騰越), 사모(思茅) 출신의 차상들이 주로 신육대차산의 지역인 '맹해차구(勐海茶區)'에서 독점적으로 구입한 '맹저차엽(勐遮茶葉)'을 사모보이구로 운송하여 판매하였던 것이다. 한마디로 사모보이구는 난창강을 경계로 위치한 '고육대차산'과 '신육대차산'의 차엽들을 운송하여 판매하는 거대한 '차 중계 시장'이었던 것이다.

이 밖에 서장 지구의 중전(中甸), 즉 샹그릴라(香格里拉)와 간돈(間墩)(현 덕흠)에서 온 장족 상인들도 있었다. 이 장족 상인들은 해마다 말 300~400필을 사모보이구로 몰고 와서 차엽을 실어 서강(西康), 서장(西藏)으로 운송하여 판매하였는데, 그 판매량이 연간 약 3000단(担)에 달하였다고 한다.

가혹한 징세 등으로 쇠퇴한 보이차 무역

이렇게 '보차(普茶)', 또는 '보이차(普洱茶)'의 국내외 수요가 늘어나자 생산량도 증가하고, 결과적으로 막대한 부를 생성시켰다. 그와 함께 관부의 차상과 차농들에 대한 징세와 강탈도 점점 더 가혹해졌다.

19세기 말의 광서연간(光緒年間, 1875~1908)에는 운남성과 귀주성을 관할하는 총독이 소금과 차를 운송하는 '염차도(鹽茶道)'를 증설하고, 관청에 별도로 '차국(茶局)'과 '염거사(鹽擧司)'를 설치하여 차상과 차농에 대하여 세금을 과도하게 징수하였다. 그 결과, 차농들은 큰 손해를 입었고, 차상들도 수익이 남지 않았다. 이러한 과도한 징세와 함께 설상가상으로 서구 열강과의 불평등한 조약도 체결되어 운남성의 사모보이지구는 차 무역이 크게 쇠퇴하였다.

광서 21년(1895년)에는 청나라와 프랑스가 북경에서 '중법상무단조(中法商務專條)'라는 조약을 체결하여 운남성의 사모 지역은 통상 무역에 한해서 치외 법권 지역이 되었고, 영국 영사관도 들어섰다. 1897년에는 사모 지역에 영국의 세관까지 설립되어 수없이 많은 차들이 해외로 반출되었다.

결과적으로 보이차의 연간 평균 생산량이 한때 8만단에 이르렀던 것이 광서 말년(1908년)에 이르러서는 최고 생산량이 5만단으로까지 줄어들었다. 그로 인해 수많은 차상들과 마방들이 다른 생업을 찾아 나섰다. 이때부터 마방들이 역참을 잇고 상인들이 운집하는 모습들은 더 이상 찾아볼 수가 없게 되었다.

중화민국의 항일 전쟁 자금, 보이차!

중화민국 시대에 설립된 불해실험차창의 정문. 범화균 선생을 포함해 차창 관계자들이 함께 찍은 기념 사진.

한편 1911년에는 신해혁명(辛亥革命)이 일어나 청나라가 망하고 이듬해 중화민국(中華民國)이 들어섰다. 이 시대에는 그 유명한 범화균(範和鈞) 선생을 비롯해 여러 사람들이 항일 전쟁 자금을 마련하기 위해 운남성의 불해(맹해)로 와서 '불해실험차창(沸海實驗茶廠)'(현 맹해차창)을 설립하고 차 산업을 일으키려는 노력을 한 것으로 유명하다.

맹해(勐海)는 난창강 남서부 신육대차산의 핵심 산지로서 오래전부터 전장차마고도의 요충지였다. 1931년 일본이 만주사변을 일으킨 뒤 만주국을 세우고 식민지 정책을 펴자, 중국에서는 항일 운동이 일어났다. 이 항일 운동 시대에 전장차마고도가 매우 큰 역할을 수행하였다.

1930년대 사모 지역에 '사보기업국(思普企業局)'이 설립되었고, 맹해의 남나산(南糯山)에는 '사보차창(思普茶廠)'이 건립되었다. 오늘날의 '신육대차산'이라 불리는 차산 중 다섯 산이 집중된 맹해를 중심으로 생산된 보이차는 항일 운동 자금을 마련할 용도로 전장차마고도를 통하여 서장의 납살로 운송된 뒤 히말라야 산맥을 넘어 인도의 캘커타 통해 다시 유라시아로까지 유통되었다.

그 결과 '전장차마고도'는 약 1000여 년 전 당나라 시대에 흥성한 뒤로 다시 국제적인 대교통로이자 '차마무역의 길'로서 융성하였다. 또한 항일 전쟁 후기에는 대서남(大西南), 즉 중국 서남부에 위치한 5개의 성과 자치구, 시의 주요 국제 상업 교통도가 되었다.

한편, 1945년 해방이 이루어지면서 중국 전체 차엽 총생산량은 1만 5000단으로까지 떨어졌다. 1949년에는 전국 차나무의 잔여 재배 면적이 3만 1400묘, 즉 약 210ha에 불과하였고, 차엽 생산량도 약 7000단밖에 되지 않았다. 이와 같이 생산량이 역사상 최저점을 기록한 뒤 차마고도는 쇠락의 길로 들어선 것이다.

19세기 서장에서 벌어진,
인도 '홍차(紅茶)'와 중국 '천차(川茶)'의 대격돌?!

서장의 수도인 납살(라싸)의 포달랍궁(布達拉宮).

19세기 대영제국은 청나라와의 아편전쟁(1839년)에서 승리한 뒤 서장도 침략하였다. 그리고 영국은 서장의 정치와 경제를 통치하려고 영향력을 발휘하였다. 이 때 영국은 값싼 인도산 '홍차(紅茶)'를 서장의 '천차(川茶)'와 물물교환하려고 대단히 많은 노력을 기울였고, 그 일환으로 '서장에서 인도 홍차를 수입하라'고 강요하였다.

서장의 정부 입장에서는 인도 홍차의 서장 판매는 정치·경제적인 위기를 불러올 수 있기 때문에 인도 홍차의 유입을 금지시키는 데 주력하였다. 즉 서장 정부는 인도 홍차의 서장 판매를 반대하고, 대신에 중국 천차의 서장 판매를 보호하면서 영국의 서장 경제 침략에 저항하는 중요한 수단으로 삼았던 것이다.

일화에 따르면, 이 당시 제13세 달라이라마(達賴喇嘛)는 청나라 조정에 도움을 요청하였고, 청나라 조정은 인도 홍차의 서장 판매를 저지하는 움직임에 협력하였다고 한다. 특히 천차의 산지인 사천성의 총독은 인도 홍차의 서장 유입에 절대적으로 반대하는 운동을 적극적으로 펼쳤다고 한다. '인도 홍차'와 '중국 천차'의 역사적인 대격돌에서 과연 승자는 무슨 차였을까? 관심이 있는 독자들은 한번 찾아보길 바란다!

PART 7.

차마고도(茶馬古道)의 역사

고대 차마무역로, 차마고도(茶馬古道)

차마고도(茶馬古道)란?

20세기 초 차마고도를 따라 차를 운송하였던 마방들의 모습.

차마고도는 고대 중국 서남부의 차 산지에 들어섰던 차마호시(茶馬互市)에서 발원하는 고대 무역로이다. 또한 중국 서남부의 소수민족이 중원의 한족과 정치·경제·문화의 교류를 위한 통로였고, 또 한편으로는 세계 각지로 뻗어나가는 민간 국제 무역 교통로였다.

역사상 차마고도는 단 하나만 있었던 것이 아니다. 차마고도에는 '탕고도(蹚古道)', '청장도(青藏道)' 또는 '감청도(甘青道)', '전장도(滇藏道)', '천장도(川藏道)' 등의 큰 차마고도가 있었고, 여기에는 수많은 지선들이 이어져서 곳곳으로 교통망이 형성되어 있었다. 이러한 교통망을 통하여 중국에서는 차를 비롯하여 각종 무역 물품들이 사천성, 운남성, 청해성, 서장을 지나 외부로 향하여 남아시아, 서아시아, 중앙아시아, 동남아시아, 유럽 등으로 운송된 것이다. 이러한 차마고도 중에서 가장 운송량이 많았고, 또한 역사적인 영향도 가장 컸던 것이 바로 '천장도(川藏道)'였다.

중국의 수당 시대부터는 '비단'과 함께 '차'가 동서 간의 중요 무역 상품으로 떠오르면서 비단의 무역로는 '사주지로(絲綢之路)', 즉 '실크로드(Silk Road)', 그리고 차(茶)의 무역로는 '차마고도(茶馬古道)', 즉 '티로드(Tea Road)'라고 불렸다. 이중 사주지로는 주로 북방 초원의 길로, 차마고도는 산지인 남서부에서 산악의 길로 이어지면서 중국에서는 "북유사주지로(北有絲綢之路), 남유차마고도(南有茶馬古道)"라는 말이 있다.

오늘날 차마고도는 세계사에서도 가장 높은 지대에 위치한 무역교통로로서 그 가치가 높이 평가되고 있다. 또한 자연 풍광이 최고의 장관을 이루면서 곳곳에 고대의 문화 유적들이 남아 있어 현대인들에게는 힐링을 위한 최상의 여행길이기도 하다. 여기서는 실크로드와 함께 고대 동서의 중요 무역로였던 차마고도의 역사에 대해 간략히 살펴본다.

역사상 가장 오래된 차마고도, 탕고도(蹚古道) : 섬강장차마고도(陝康藏茶馬古道)

탕고도(蹚古道)는 길 자체가 중국 고대의 한나라 시대부터 형성된 것으로 알려져 있다. 그 뒤 섬서(陝西) 지역의 상인들이 고대 서남 변강 지역의 사람들과 함께 차마호시(茶馬互市)를 열면서 차마고도를 형성하였다. 이 탕고도는 크게 보면 중국 내륙의 섬서성(陝西省) 서안(西安)에서 사천성(四川省) 감자장족자지주(甘孜西藏族自治州)의 '강정현(康定縣)', '서장(西藏)'으로 이어지기 때문에 '섬강장차마고도(陝康藏茶馬古道)'라고도 한다. 특히 섬서성 서안에서 사천성 강정현에 이르는 길은 여러 갈래로 분화되어 있다.

여기서 '강정(康定)'이라 불리는 지역은 명대에는 '타감새(朶甘思)', 청대에는 '타전로(打箭爐)'로 불렸던 곳이며, 섬강장차마고도뿐만 아니라 훗날 발전하게 되는 천장차마고도에서도 중요한 교통 요충지였다. 왜냐하면 이곳 강정에서는 서장 외에도 미얀마, 베트남으로까지 이어진다. 즉 강정에서 망강(芒康)을 거쳐 여강(麗江), 대리(大理)를 경유하여 미얀마로 가거나 대리에서 곤명(昆明)을 거쳐 베트남으로 이어진다. 그 밖에도 아안에서부터 곧바로 곤명으로 가서 베트남으로 이어지는 길도 있었다.

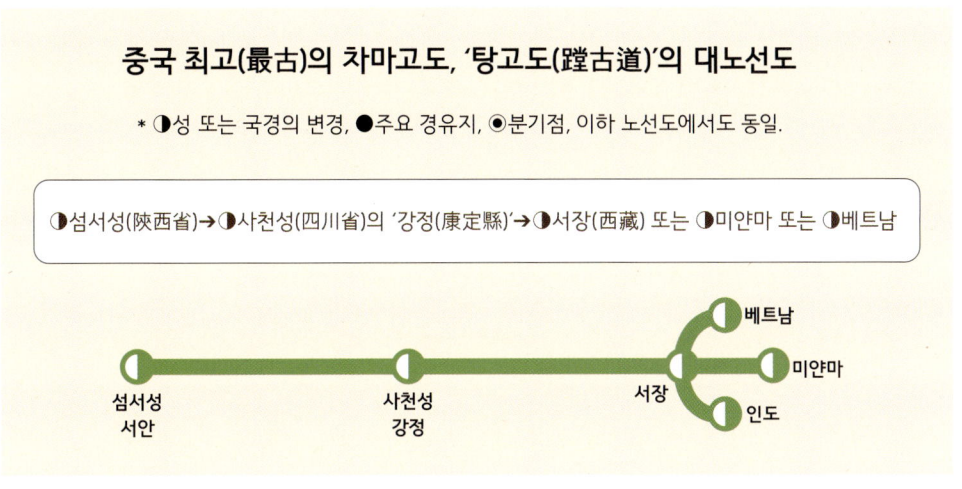

섬서성 서안에서 탕고도로 서장에 이르는 네 노선도

* ◐성 또는 국경의 변경, ●주요 경유지, ◉분기점, 이하 노선도에서도 동일.

1. ◐섬서성 서안(西安)→●함양(咸陽)→●무공(武功)→●봉상(鳳翔)→●보계(寶鷄)→◉봉현(鳳縣)→◐감숙성 양당(兩当)→◐섬서성 악양(略阳)→◐사천성 광원(廣元)→◉광한(廣漢)→●성도(成都)→●아안(雅安)→◉강정(康定)→◐서장구 망강(芒康)→●창도(昌都)→●임지(林芝)→●납살(拉薩)→◐인도, 미얀마, 베트남

2. ◐섬서성 서안(西安)→●타욕(駱峪)→●미현(眉縣)→◉한중(漢中)→◐사천성 파중(巴中)→◉광한(廣漢)→●성도(成都)→◉아안(雅安)→◉강정(康定)→◐서장구 망강(芒康)→●창도(昌都)→●임지(林芝)→●납살(拉薩)→◐인도, 미얀마, 베트남

3. ◐섬서성 서안(西安)→●타욕(駱峪)→●노군령(老君嶺)→◉양현(洋縣)→◉한중(漢中)→◐사천성 파중(巴中)→◉광한(廣漢)→●성도(成都)→●아안(雅安)→◉강정(康定)→◐서장구 망강(芒康)→●창도(昌都)→●임지(林芝)→●납살(拉薩)→◐인도, 미얀마, 베트남

4. ◐섬서성 서안(西安)→◐천진시 신구진(辛口鎭)→◉양현(洋縣)→◉한중(漢中)→◐사천성 파중(巴中)→◉광한(廣漢)→●성도(成都)→●아안(雅安)→◉강정(康定)→◐서장구 망강(芒康)→●창도(昌都)→●임지(林芝)→●납살(拉薩)→◐인도, 미얀마, 베트남

명청 시대에는 정부가 차 시장의 활동에 관여하는 '정부관제(政府管制)'를 실시하고, 차를 특정 지역에서만 판매하는 '인안제도(引岸制度)'를 운영하였는데, 당시 천장차마고도의 경로에서 가장 번성한 곳이 바로 오늘날 '강정(康定)'이라 불리는 지역이다. 이 '천장차마고도'는 경로를 살펴볼 경우에는 '섬강장차마고도'의 일부에 해당한다.

'3대 차마고도(茶馬古道)' ①
당번고도(唐蕃古道)/청장차마고도(靑藏茶馬古道)

당번고도 지역임을 알리는 표지석.

중국에는 '3대 차마고도'로 불리는 차마무역의 길이 있다. '당번고도(唐蕃古道)', '전장차마고도(滇藏茶馬古道)', '천장차마고도'(川藏茶馬古道)'이다. 이러한 '3대 차마고도'는 '전(滇)(운남성)', '장(藏)(티베트)', '천(川)(사천성)'이 대삼각형을 이루며 서로 결부되어 있다. 이중 가장 일찍 발달된 것은 전체 노정이 3000km에 이르는 '당번고도(唐蕃古道)'이다. 이 당번고도는 '중원의 당(唐)과 서장의 토번(吐蕃)을 잇는 옛 길'이라는 뜻이다. 중국 내륙에서 험준하고 가혹한 기후의 청장고원(靑藏高原)을 지나 서장 지역으로 이어지기 때문에 '청장차마고도(靑藏茶馬古道)'라고 한다. 또 한편으로 비단길인 사주지로에도 해당하며, 특히 남쪽에 위치하여 '사주남로(絲綢南路)'라고 한다.

청장차마고도는 6~7세기에 당나라의 문성공주와 금성공주가 청해 지역을 지나 서장에 시집을 간 뒤 정치·경제·문화적인 교류가 늘어나면서 토번왕국이 세력을 확장하는 과정에서 주요 교통로가 되었다. 서장의 장족들이 차를 마시게 된 것은 당나라 시대에 이 차마고도를 통하여 내륙의 차엽이 토번국으로 전파되었기 때문이다.

히말라야 산맥 일대로서 해발 고도가 매우 높은 청장고원.

당대(唐代)의 주요 경로

* ◐성 또는 국경의 변경, ●주요 경유지, ◉분기점, 이하 노선도에서도 동일.

◐섬서성 서안(西安) 및 관중지구(關中地區)→◐감숙성(甘肅省) 천수(天水)→●난주(蘭州)→◐청해성(青海省) 서녕(西寧)→◐사천성 등가현(鄧柯縣)/현 등마(鄧瑪)→●금사강(金沙江)→◐서장구 창도(昌都)→●나곡(那曲)→납살(拉薩)(라싸).

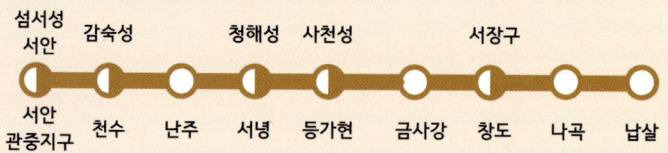

청장차마고도는 당나라 시대 초기에는 사신들이 오가는 정치외교적인 교통로였지만, 점차 한족과 장족 간의 무역을 진행하는 시장인 차마호시의 주요 유통로가 되었다. 당시는 유통 경로가 섬서성의 관중(關中) 지역에서 시작하여 사천성을 거쳐 서장으로 이어졌다. 이때 '차마호시'는 사천성의 '여(黎)/현 한원현(漢源縣)', '아(雅)/현 아안시(雅安市)' 지역에 설치되어 있었다.

그런데 차마호시의 교환 상품은 '차'와 '말'에 국한되지 않았다. 서장의 토산물로는 양모, 모피류, 약재, 광물 등이 있었고, 중국 내륙의 토산물로는 포목, 비단, 오금(五金)(금, 은, 동, 주석, 철), 일용 잡화 등이 있었다. 상인들은 이러한 차마호시에 사천성의 차엽, 즉 '천차(川茶)'를 구입하여 위의 경로를 지나 서장으로 운송하였던 것이다.

청장차마고도는 송나라 시대에 이르러 당나라 시대와는 경유지가 바뀌었다. 사천성 서부인 천서(川西) 지역의 공래(邛崍)에서 출발하여 청해 동남부로 천차(川茶)가 운송된 뒤에 청해 각지와 서장으로 운송된 것이다(아래 참조). 이러한 경로로 서장구로 운송된 천차(川茶)는 소위 '서로차(西路茶)'라고 불렸다. 한편, 청장차마고도는 송나라 시대에 이르러 점차 그 기능이 상실되기 시작하였다.

송대(宋代)의 주요 경로 : '서로차(西路茶)' 무역로

* ◐성 또는 국경의 변경, ●주요 경유지, ◉분기점, 이하 노선도에서도 동일.

◐사천성 서부의 공래(邛崍)→●명산현(名山縣)→◉아안(雅安)→●낙산(樂山) 등→●성도(成都)→●관현(灌縣)/현 도강언시(都江堰市)→●송주(松州)/현 송반현(松潘縣)(아바장족강족자치주)→◐감숙성(甘肅省)의 감남현(甘南縣)→◐청해성 동남부→●청해 각지 또는 ◐서장

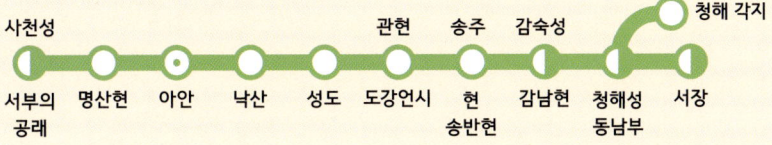

'3대 차마고도(茶馬古道)' ②
전장도(滇藏道)/전장차마고도(滇藏茶馬古道)

전장차마고도를 따라 짐을 운송하는 마방의 모습.

전장차마고도(滇藏茶馬古道)는 '전(滇)'(운남성)과 '서장(藏)'(티베트)을 잇는 차마무역의 길이다. 약 6세기 후기에 형성되기 시작하였다. 역사상으로는 운남의 '남조국'과 서장의 '토번국'을 잇는 고대 무역로였다.

운남성 차엽 주산지인 사모구(思茅區)에서 출발하여 보이 지역을 거쳐 오늘날 대리백족자치주(大理白族自治州) 여강현(麗江縣)의 고성인 여시해(拉市海), 검천현(劍川縣)의 사계고진(沙溪古鎭), 상운현의 운남역(雲南驛)을 지나 서장의 중전(中甸), 즉 오늘날 샹그릴라(香格里拉)에 진입하여 납살(拉薩, 라싸)로 곧바로 이어진다. 그 뒤 납살에서 인도와 네팔로 이지면서 고대 중국과 서남아시아의 중요 무역 교통로의 하나가 되었다. 이때 '보이차'로 유명한 보이 지역은 전장차마고도상에서도 독보적이고 우월적인 상품의 산지였고, 중간 집산지로서 유구한 역사를 간직하고 있다.

당나라 시대인 680년경에 서장의 토번과 운남 사모구의 차 산지에서 '전장도(滇藏道)' 또는 '전장차마고도(滇藏茶馬古道)'라는 무역 유통로는 본격적으로 형성되었다(오른쪽 페이지 참조). 이는 오늘날 '전장공로(滇藏公路)'로도 알려진 무역로와도 비슷하지만 세월이 흘러 변하면서 약간씩은 다르다.

이 당시 전장차마고도는 운남성의 사모구, 대리(大里)에서 출발하여 서장의 말아감(馬儿敢)으로 진입한 뒤에 분기점(◉)인 '팔숙현(八宿縣)'에서 두 갈래의 지선으로 서장 깊숙이 이어진다. 즉 팔숙현에서는 지선이 하나는 창도(昌都)로, 또 다른 하나는 납살(拉薩, 라싸)로 이어지는 것이다.

이러한 전장차마고도는 차마무역의 성장과 함께 점차 해외로까지 뻗어나간다. 또한 차마호시도 곳곳에서 들어서고 운송 거리도 약 3800km에 달하였다. 이는 당시 차마고도

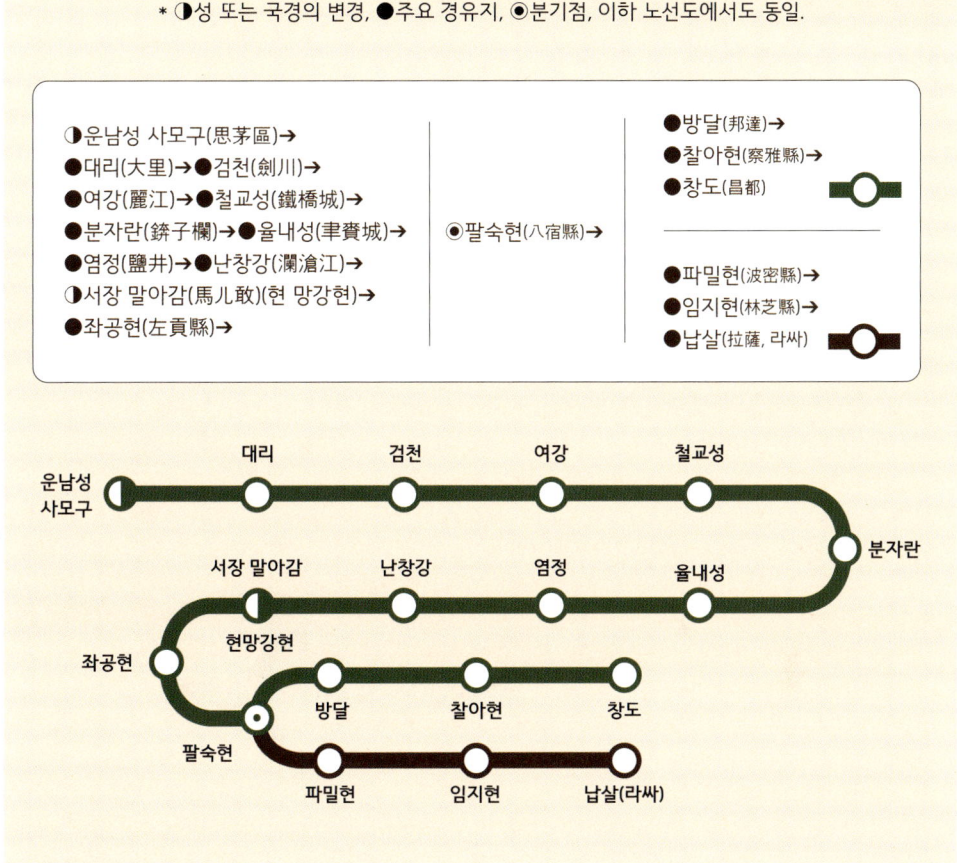

중에서도 가장 먼 거리의 무역로였다. 또한 전장차마고도의 주요 간선들 사이에서는 수많은 지선들이 거미줄처럼 이어지면서 차마무역이 더욱더 번성하는 결과를 낳았다.

당 후기 전장차마고도의 경로

* 전체 노정 : 약 3800km 이상/ ● : 차마호시로 유명한 지역.

* ◐성 또는 국경의 변경, ●주요 경유지, ◉분기점, 이하 노선도에서도 동일.

◐운남성 서쌍판납의 보이사모구(이무 등)➡■대리(大理)➡■여강(麗江)➡■중전(中甸)➡■덕흠(德欽)-◉서장방달(西藏邦達)➡●찰우(察隅) 또는 ■창도(昌都)➡●낙융(洛隆)➡●공포강달(工布江達)➡■납살(拉薩, 라싸)➡●강자현(江孜)➡●아동(亞東)➡●미얀마 및 베트남, ◐네팔, ◐인도➡◐서아시아➡◐유럽 등.

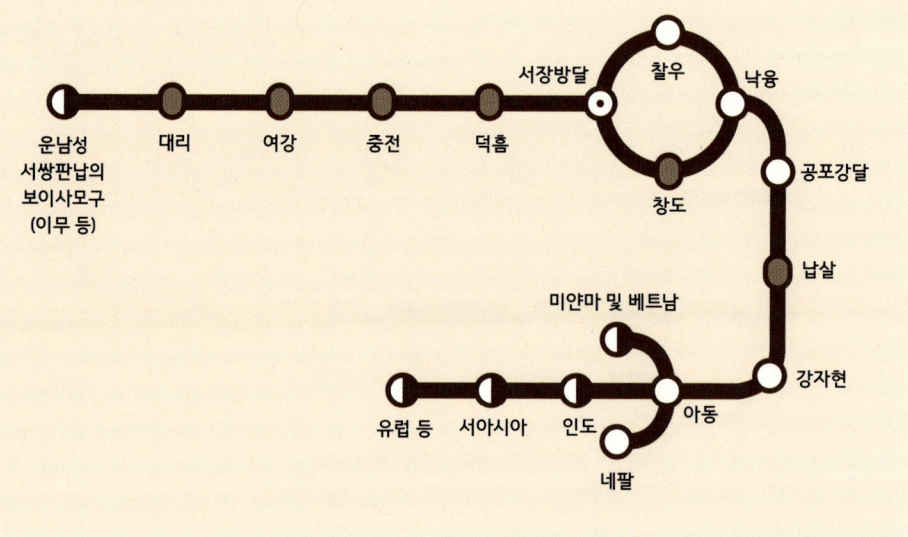

전장차마고도의 역사상 주요 3대 지선(支線)

또한 전장차마고도의 주요 노선에는 역사상 '주요 3대 지선'이 연결되어 있었다. 하나는 사천성 내강시(內江市)에서 시작하여 아득추(阿得酋)를 지나 서장으로 이르는 지선이고, 다른 하나는 운남성 대리의 검천현(劍川縣)에서 출발하여 사천성 아득추에서 위의 지선과 만나 동일 경로로 서장으로 이르는 지선이다. 나머지 하나는 운남성 중전(샹그릴라)에서 후장(後藏)의 일객칙시(日喀則市)를 거쳐 서장으로 이르는 노선이다.

전장차마고도의 주요 3대 노선

* ◐성 또는 국경의 변경, ●주요 경유지, ◉분기점, 이하 노선도에서도 동일.

◐사천성 내강시(內江市)→학여진(鶴麗鎭)→탑승시(塔城市)→붕자란(崩子欄)→ ◉사천성 아득추(阿得酋) →◐귀주성(貴州省) 천주현(天柱縣)→모법공(毛法公) →◐서장

◐운남성 검천현(劍川)→유서(維西)→

◐운남성 중전(中甸)→ ●후장(後藏) 일객칙시(日喀則市)의 니색락(尼色落)→현도(賢島)→붕자란(崩子欄)→노련태(奴連夯)→아포랍객(阿布拉喀) 등→

이러한 전장차마고도를 통해 거래되었던 차엽은 주로 운남성 보이사모구에서 산출된 것이 대부분이었지만, 사천성과 그 밖의 지방에서 산출된 것도 전장차마고도를 통해 거래되었다는 독특한 점도 있다. 즉 사천성 중남부의 타강(陀江)에 면한 내강시(內江市)에서 출발해 학여진(鶴麗鎭), 신강위구르자치구의 탑승시(塔城市)를 지나 붕자란(崩子欄)을 통과해 사천성 아득추(阿得酋), 귀주성(貴州省)의 천주현(天柱縣), 모법공(毛法公) 등을 지나 서장에 이르는 것이다.

그 밖에도 전장차마고도를 통한 무역은 매우 독특하다. 한족 상인, 즉 한상(漢商)들이 운남성 내의 차엽을 독점하였고, 그 밖의 일용품들을 중계 운송으로 운남성에 배송시켜

현지에서 환입한 것이다. 이때 행상들은 이곳에서 차엽을 구입한 뒤 서장으로 운송하여 그곳 상인들에게 판매하는 방식이었다. 그리고 이 행상들은 다시 서장에서 말과 같은 가축, 약재 등의 토산품을 구입하여 운남성의 여강, 대리, 곤명에까지 운송하여 판매한 것이다. 이때 사용된 주요 운송 수단은 노새와 야크였다.

이렇게 서장의 납살(라싸)에 도달한 차엽은 서장의 상인들이 구입하여 또 다시 히말라야 산맥을 넘어 인도의 캘커타로 대량으로 운송하여 유라시아 지역으로까지 유통된 것이다. 그 결과 국제적인 대무역로를 이루었기 때문에 청나라 말기, 중화민국 시대의 항일운동 시기에 다시 큰 활기를 띠었다.

사모(思茅)-보이(普洱)의 차마역도, '보이차마도(普洱茶馬道)'

보이차마도(普洱茶馬道)의 분기점인 나가리역도(那柯里驛道).

한편, 전장차마고도에서 차엽의 유통은 사모(思茅)와 같은 차의 산지에서 중간 집산지인 보이(普洱) 지역으로 운송한 뒤 사방으로 유통되었다. 한마디로 보이 지역은 운남의 전장차마고도에서도 사통팔달의 지역이었다. 그런데 19세기에는 사모구에서 보이 지역으로 이어지는 차마역도도 있었는데, 이를 '보이차마도(普洱茶馬道)'라고 한다. 이 보이차마도는 두 지선으로 나뉘는데, '나가리역도(那柯里驛道)'와 '차암당역도(茶庵塘驛道)'이다. 이 두 역도는 오늘날 그 유적들이 발견되었다. 나가리역도는 그 이름대로 보이현(普洱縣) 내의 나가리촌(那柯里村)을 지난다. 청나라 덕종 광서연간(光緖年間, 1875~1908)에는 나가리촌에 '당(塘)'이 설치되어 '나가리당(那柯里塘)'이라고 하였다. 이때 '당(塘)'은 청나라 시대에 서장에 위치한 역참 기구인 우역(牛驛)을 개조한 것으로서 군사를 주둔시켜 조정에서 직할하였다.

그런데 나가리역도는 독특하게도 연석과 자갈을 인공적으로 깔아서 만든 '석도(石道)'였다. 노면의 폭이 약 1.4m이고, 때로는 돌계단이 선회하면서 고지대로 올라가는데 중간에

말발굽 자국으로 깊이 패어 있는 차마고도의 바닥 모습.

끊겼다가 이어졌다 하는 등으로 총길이만 30km에 이른다.

또 하나는 '차암마도(茶庵馬道)'라고도 하는 '차암당역도(茶庵塘驛道)'이다. 보이 지역에서 마흑(磨黑)을 지나 북쪽으로 가면 운남성의 성도인 곤명(昆明)에 이른다. 여기서 다시 남하하면 사모(思茅)에 이르는 차마역도였다. 보이현의 현성에서 동북으로 12.5km 지점에는 해발고도 약 1960m인 '차암당(茶庵塘)'이라는 고개가 있다. 이곳도 '당(塘)'이 설치되어 군사가 주둔하였고 중요한 관문의 역할을 하였다.

이 차암당역도는 수많은 산속으로 구불구불 이어지고 있다. 그리고 차암당은 차마역도를 왕래하는 행인들과 마방들을 접대하는 시설이 있었기 때문에 '차암채(茶庵寨)'라고도 불렸다. 산세가 무척이나 험준하지만, 그 경관이 빼어나 '보이군팔경(普洱郡八景)'에 속하였다. 이 차암당역도는 폭이 2m이고, 끊겼다 이어지는 길이가 5km에 이르고, 바닥의 돌에는 말발굽 자국이 2cm 깊이나 패어 있는 것으로 유명하다.

사모보이지구에서 뻗어나가는 크고 작은 간선들

보이부에서 사방팔방으로 뻗어나가는 간선들.

한편 사모보이지구에서는 고육대차산의 곳곳에 소수민족들이 거주하면서 차를 생산하여 물물교환을 통해 경제적인 생활을 유지하였다. 따라서 집집마다 차나무를 재배하거나 차를 가공하는 곳들이 많았다. 이러한 곳들은 마방들이 지나가면서 차를 구입해 간선들을 통하여 큰 길인 전장차마고도로 진입하여 해외로까지 운송하였다고 한다.

특히 매년 봄가을이면, 마방들이 '전남(滇南)'(운남성 남부), '전서(滇西)'(운남성 서부)와 베트남, 미얀마, 라오스 등으로 오가면서 차 산지에서 구입한 차엽을 운송하는 말의 수가 총 수만 필에 이르렀다고 한다. 이로 인해 마방들의 차엽 운송은 번잡하였고, 그 길을 따라 각종 숙박 시설과 음식점, 그리고 상점들이 들어섰다.

마방들이 차엽을 운송하였던 몇몇 간선들에는 세 갈래의 길이 있었다고 한다. 먼저 마방들이 '맹고차(勐庫茶)'를 구입한 뒤 '하관(下關)'에서 '순영진(順寧鎭)/현 봉경현(鳳慶縣)', '임창시(臨滄市)'의 운현(雲縣), '임창시(臨滄市)', '경동이족자치현(景東彝族自治縣)', '경곡향(景谷鄕)', '쌍강현(雙江縣)'으로 운송하는 간선이 있었다. 이때 '봉경현차(鳳慶縣茶)'는 하관(下關)으로 재운송하여 '타차(沱茶)'로 가공하였다고 한다. 이 간선의 규모는 매년 약 4000~6000필의 말들이 짐바리를 싣고 운송하였다고 전해진다.

또 다른 간선은 '몽자현(蒙自縣)'에서 서쪽으로 향하여 '임안(臨安)/현 건수현(建水縣)', '석병현(石屛縣)'에 도달한 뒤 남쪽으로 '서쌍판납'에 이르는 길이다. 마지막 간선은 '옥계(玉溪)'를 기점으로 하여 '석병현(石屛縣)'을 지나 '원강(元江)', '마흑(磨黑)'을 경유하여 '보이사모구(普洱思茅區)'에 이르는 길이다.

임창시, 서쌍판납–대리 간 지선상의 문화유적지들

노사진(魯史鎭) 고건축군(古建筑群)의 유적지.

운남성의 서쌍판납에서 대리(大理) 지역을 잇는 지선상에는 오늘날 차마고도와 관련된 수많은 문화 유적들이 있다. 그러한 문화 유적에는 차마고도의 미세 노선과 유명 차도매상의 유적 등이 포함되어 있다.

● 서쌍판납-대리 지선상의 문화 유적지	
· 이무차마고도(易武茶馬古道) · 차암당차마고도(茶庵塘茶馬古道) · 채양하차마고도(菜陽河茶馬古道) · 애뢰산차마고도(哀牢山茶馬古道) · 반구파차마고도(斑鳩坡茶馬古道)	· 동흥호(同興號) · 나가리차마고도(那柯里茶馬古道) · 차순호(車順號) · 공작병차마고도(孔雀屛茶馬古道) · 동창호(同昌號) 등
● 임창시-대리 지선상의 문화 유적지	
· 노사차마고도(魯史茶馬古道)	· 노사진고건축군(魯史鎭古建筑群) 등

'3대 차마고도(茶馬古道)' ③ 천장도(川藏道)/천장차마고도(川藏茶馬古道)

천장차마고도의 구불구불한 노정의 모습.

천장차마고도(川藏茶馬古道)는 '3대 차마고도' 중에서 청장차마고도, 전장차마고도의 다음으로 명청시대에 크게 발달하였다. 그러나 천장차마고도의 기원은 매우 오래전으로까지 거슬러 올라간다. 그리고 가장 뒤늦게 크게 발달하였지만 중국 역사상 가장 큰 영향을 주었던 길이기도 하다. 특히 명나라와 청나라의 두 왕조에 이어 차마무역의 주력 교통로로서 수많은 교역들이 이루어졌고, 주위 변강 소수민족들을 차로써 통치하는 '이차치변'의 주요 수단이면서 중앙집권적인 왕권 강화의 수단이었기 때문이다. 여기서는 중국 역사상 가장 중요한 위치를 차지하였던 '천장차마고도'에 대해 살펴본다.

서한 시대에 시작된 '천장차마고도'의 기원

사천(四川)의 옛 명칭은 촉(蜀)이다. 이곳은 예로부터 '천부(天府)'의 땅으로 알려져 있다. 이때 '천부(天府)'는 땅이 비옥하고 천연 자원이 풍부한 곳이라는 뜻이다.

일찍이 2000여 년 전 유방(劉邦, B.C. 247?~B.C. 195)이 한신(韓信, ?~B.C. 196)과 함께 항우(項羽, B.C. 232~B.C. 202)를 제압하고 세운 서한(西漢 B.C. 206~A.D. 8)(또는 전한)의 시대부터 사천성에서는 차를 만들어서 무역을 진행하였다고 한다.

서한 시대 오늘날 사천성 성도(成都) 일대의 고대 행정 구역인 촉군(蜀郡)에서는 상인들이 차를 비롯해 그 지역의 특산품들을 대도하(大渡河) 밖으로 운송하여 모우이(牦牛夷) 부락, 청강장고원(靑康藏高原) 동부의 작지이(筰都夷) 부락 등에서 '모우(牦牛)'(야크)와 '작마(筰馬)'

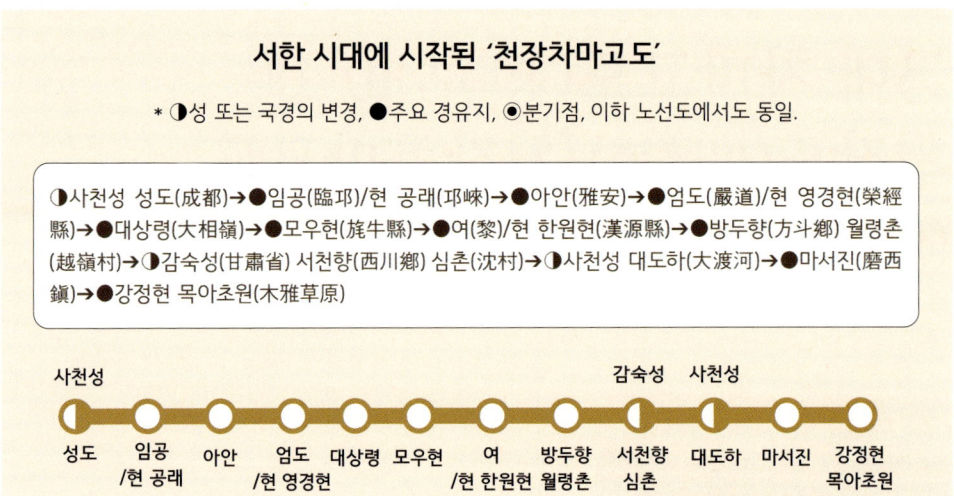

등의 가축과 교환하였다는 것이다.

이때 대도하는 천산향(穿山鄉)의 목단촌(木團村), 안촌(岸村)에서 발원하여 천산(穿山)을 지나 사영(思榮), 판당촌(板塘村), 오도촌(五道村) 등의 여러 촌락을 가로지르는 큰 하천이다. 이러한 대도하 밖에 거주하였던 모우이(牦牛夷), 작지이(筰都夷)는 서한 시대의 고대 소수 민족인 '납서족(納西族)'을 일컫는다. '작마(筰馬)'는 작지이(筰都夷) 민족들이 초원에서 풀을 먹여서 길렀던 말이다.

남쪽에 히말라야 산맥을 배경으로 하는 청강장고원(靑康藏高原).

촉군 지역에서는 이때부터 이미 차가 특산물로서 무역 품목이었다고 한다. 이 시대에 진행되었던 상업과 무역의 유통로를 당시에는 '모우도(牦(旄)牛道)', '서역도(西驛道)'라고 불렀다고 한다. 그리고 서한 시대부터 있었던 실크로드인 사주지로를 지나다 보면, 이 모우도를 반드시 경유하게 된다. 그리고 대도하 너머에 있는 마서진(磨西鎭)은 장족(藏族)의 옛 거주 지역이다. 이와 같이 촉군의 상인들이 청강장고원(靑康藏高原)의 납서족과 마서진의 장족 등과 무역이 진행된 유통로는 오늘날 알려진 '천장차마고도'의 기원이라고 볼 수 있다. 그리고 심촌(沈村)은 서한 시대 '심려군(沈黎郡)'이었고, 진나라 시대에는 촉군의 땅이었다. 또한 목아초원(木雅草原)은 오늘날 사천성 강정현의 탑공일대(塔工一帶)로서 모우왕부(旄牛王部)가 있었던 곳이다. 그러나 이 시대에는 차를 마시는 습관이 아직은 중국 내륙에서 보편화되지 않았고, 내륙의 차엽들도 약품으로서 대부분 소비되었기 때문에 서장 지역까지는 거의 전해지지 않았다고 한다.

천장차마고도의 기틀, '조문차로(碉門茶路)'

앞서 '차마무역'의 역사에서도 설명하였지만, 명나라는 태조 시대부터 '차마정책'을 강력히 실시하여 변방을 통치하고 왕권을 강화하였다. 그 과정에서 '공차도'로서 '조문차로(碉門茶路)'를 건설하였다. 그리고 서장과 사천성 타감새(강정현) 각 지역에서 바치는 공물은 반드시 위의 '조문차로'로 들어오도록 훗날 법제화하였다. 이것은 일종의 '사천로(四川路)'

조문차로(碉門茶路)

* ◐성 또는 국경의 변경, ●주요 경유지, ◉분기점, 이하 노선도에서도 동일.

◐사천성 아안시(雅安市)의 조문(碉門)(천전현, 天全縣)→●앙주(昻州)→●남안진(嵐安鎭)(노정현)→●대도하(大渡河)→●'장하서(長河西)'(강정현)→◐서장 위장 지구(오사장, 烏思藏)

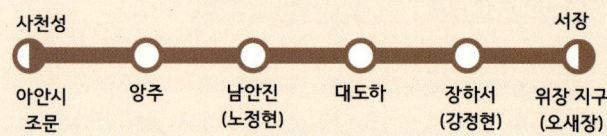

사천성   앙주   남안진   대도하   장하서   서장
아안시   (노정현)   (강정현)   위장 지구
조문   (오새장)

* 사천성의 차마호시(茶馬互市) 주요 지역 : '여(黎)'인 현 한원현, '아(雅)'인 현 아안시, '조문(碉門)'인 현 천전현, '앙주(昻州)'인 현 암주(岩州), '송반현(松潘縣)'.

로서 훗날 차마무역과 함께 사천에서 서장으로 뻗어나가는 천장차마고도의 한 기반이 되었다.

명대(明代) 초기의 '천장차마고도(川藏茶馬古道)'

천장도(川藏道), 즉 천장차마고도(川藏茶馬古道)는 당나라 시대에는 '청장차마고도', '전장차마고도'에 가려져 크게 융성하지는 못하였다. 그러던 것이 송나라 말기에서 원나라가 망하고 명나라 초기에 이르면서 점차 '이차치변'과 '왕권강화'의 수단으로 발전하기 시작하였다. 이는 마치 서양의 로마제국이 영토를 넓히고 지배력을 강화하기 위해 도로를 정비한 것과 같은 통치 방식이다. 명대부터 발전하기 시작하는 천장차마고도는 오늘날의 사천성(四川省) 아안시(雅安市) 일대의 차구(茶區)에서 출발하였다.

명대(明代) 초기의 '천장차마고도(川藏茶馬古道)'

* ◐성 또는 국경의 변경, ●주요 경유지, ◉분기점, 이하 노선도에서도 동일.

◐사천성 아안(雅安)→●타전로(打箭爐)/현 강정(瀘定)→●파당(巴塘)→●서장 창도(昌都)→
●납살(拉薩)(라싸)→●네팔(尼泊爾)→●인도(印度) 등

* 전체 노정 : 약 4000km

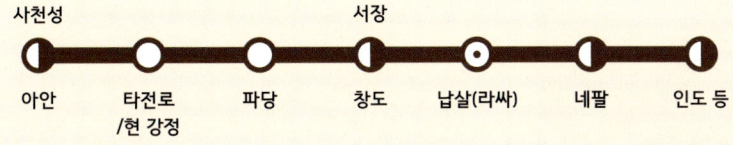

천장차마고도의 '남로(南路)'와 '서로(西路)'

한편, 천장차마고도는 아안시(雅安市) 일대에서 '타전로(打箭爐)/강정현(康定縣)'까지 가는 경로가 점차 두 갈래로 나뉘게 된다. 바로 '남로(南路)'와 '서로(西路)'이다. 참고로 남로를 '여조도(黎碉道)', 서로를 '송무도(松茂道)'라고 한다.

남로(南路)

남로는 여주(黎州)(현 한원현)과 조문(碉門)(천전현, 노정현 북부)을 경유하여 '여조도(黎碉道)'라고도 한다. 그런데 남로는 아안시(雅安市)에서 '타전로/현 강정현'까지 두 갈래의 지선으로 다시 나뉜다. 즉 '대로(大路)'와 '소로(小路)'이다. 이 대로(大路)와 소로(小路)는 '타전로/현 강전현'에서 다시 만나서 동일한 경로로 서장까지 이어진다.

사천성 아안시의 차마고도에 위치한 차마고도 박물관의 정문 모습.

● 대로(大路)

대로(大路)는 사천성 '아안시(雅安市)'에서 시작해 영경현(榮經縣)을 지나 대상령(大相嶺)으로 진입하여 여주(黎州)에 이른 뒤 노정현(瀘定縣)의 침촌(沈村)을 경유하여, 마서진(磨西鎭), 아가경(雅加埂)을 넘어 '타전로(打箭爐)/현 강정현'에 이른다. 이 대로는 이미 진한 시대부터 존재하였던 '대도(大道)'였다. 이러한 이유로 '대로(大路)'라는 이름이 붙었다. 이 남로의 대로(大路)는 청나라 시대에도 이용되었던 것이다.

천장차마고도에서 마방들이 오가던 모습.

● 소로(小路)

소로(小路)는 사천성 '아안시'에서 시작해 천전현(天全縣)의 양하구(兩河口)를 지나 이랑산(二郞山)이라고도 불리는 마안산(馬鞍山)을 넘어 앙주(昂州)를 경유하여 대도하(大渡河)를 건너 '타전로(打箭爐)/현 강정현'에 이른다. 이 길은 산간 지역에 구불구불하게 이어지는 작은 길이었기 때문에 '소로(小路)'라는 이름이 붙었다. 특히 이 두 갈래의 차마고도로 운송되는 차들은 특별히 '대로차(大路茶)'와 '소로차(小路茶)'라고 부른다. 또한 대로차가 운송되는 길을 '대로차도(大路茶道)', 소로차가 운송되는 길을 '소로차도(小路茶道)'라고도 한다.

그런데 천장차마고도의 남로는 사천성 아안시에서 출발하여 '대로'와 '소로'의 두 길로 나뉘지만, 사천성 서북부인 '타전로/현 강정현'에서 모두 만난다. 그 뒤로는 동일 경로를 따라서 서장으로 이어진다. 그 공통적인 차마고도의 길은 오른쪽 도표와 같다.

분기점인 타전로에서 북부의 '도부현(道孚縣)'을 지나 '장고(章古)/현 노곽현(炉霍縣)', 감자현(甘孜縣), 덕격현(德格縣)의 중찰과향(中紮科鄕)(과향은 장족자치주 행정 구역), 가락동(柯洛洞), 임창(林蔥)(옛 등가현鄧柯縣), 가송도(卡松渡)에 이른 뒤 금사강(金沙江)을 건너 운남성 홍하현(紅河縣)의 납태촌(納夺村)을 경유해 강달현(江達縣)을 지나 창도(昌都)에 이른다.

창도에서 다시 유오제현(类烏齐縣)을 지나 39족지구인 정청(丁青), 파청(巴青), 색현(索縣) 등을 지나 서장의 수도인 납살(拉薩, 라싸)에 이른다. 이때 39족 지구를 지나는 차도는 대부분 초원을 이루고 있어 '초지로(草地路)'라고도 한다. 이 초지로는 마방들이 짐바리를 실은 말과 함께 긴 운송 행렬을 이루면서 지나는데, 명대에 이어 청대에도 마방들이 오가면서 주요 교통로로 사용하였다고 한다.

천장차마고도 남로의 '대로'와 '소로'

* ◐성 또는 국경의 변경, ●주요 경유지, ◉분기점, 이하 노선도에서도 동일.

● **대로차도(大路茶道)**
◐사천성 아안시(雅安市)→●영경현(榮經縣)→●대상령(大相嶺)→●여주(黎州)→●조문(碉門(현 천전현)→●노정현(瀘定縣) 침촌(沈村)→●마서진(磨西鎭)→●아가경(雅加埂)→◉타전로(打箭爐)(현 강정현)∥진한시대부터 있던 대도(大道)→이하 공통 경로●도부현(道孚縣)→●장고(章古)/현 노곽현(炉霍縣)→●감자현(甘孜縣)→●덕격현(德格縣) 중찰과향(中紮科鄕)→●가락동(柯洛洞)→●임창(林葱)/옛 등가현(鄧柯縣)→●가송도(卡松渡)→●금사강(金沙江)→◐운남성 홍하현(紅河縣) 납태촌(納夯村)→◐서장 강달현(江達縣)→●창도(昌都)→●유오제현(类烏齐縣)→●39족지구 정청(丁青), 파청(巴青), 색현(索縣) 등의 초지로(草地路)→●납살(拉薩, 라싸)   ━━○━━ : 대로차도

● **소로차도(小路茶道)**
◐사천성 아안시(雅安市)→●천전현(天全縣) 양하구(两河口)→●마안산(馬鞍山)/이랑산(二郎山)→●앙주(昂州)→●대도하(大渡河)→◉타전로(打箭炉)(현 강정현)∥산간 소도의 소로(小路)→이하 공통 경로   ━━○━━ : 소로차도

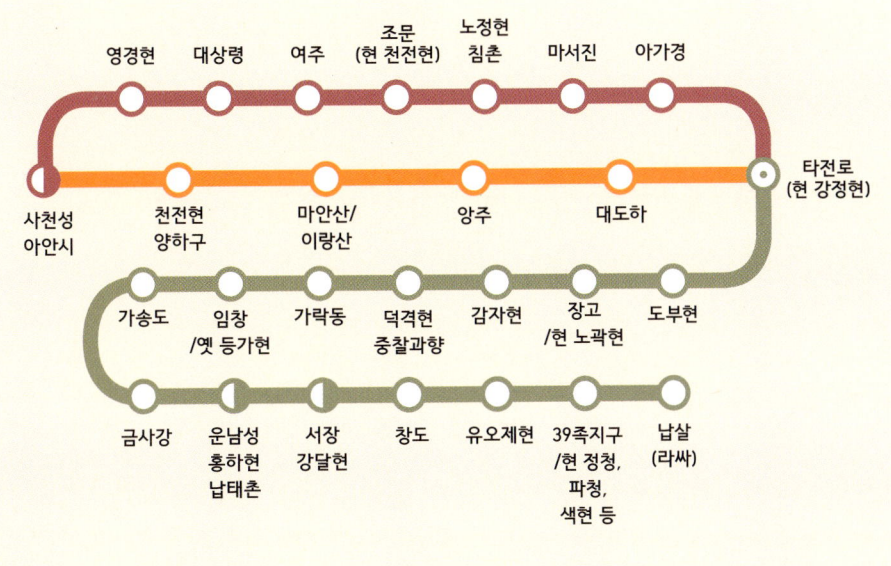

서로(西路)

명대 천장차마고도에는 남로에 비견되는 또 하나의 큰 교역로인 '서로(西路)'가 있었다. 사천성 무현(茂縣)과 송반(松潘)을 지나기 때문에 '송무도(松茂道)'라고도 한다. 서로(西路)는 사천성 관현(灌縣)에서 출발하여 연민강(沿岷江)을 따라 올라가면서 무현(茂縣)을 지나 송반(松潘), 사천성 경계부인 약이개현(若爾蓋縣)에 이른 뒤 감남장족자치주의 감남(甘南)을 경유하여 감숙성 하주(河州), 민주(岷州), 그리고 청해성(青海省)으로 이어지는 교통로이다.

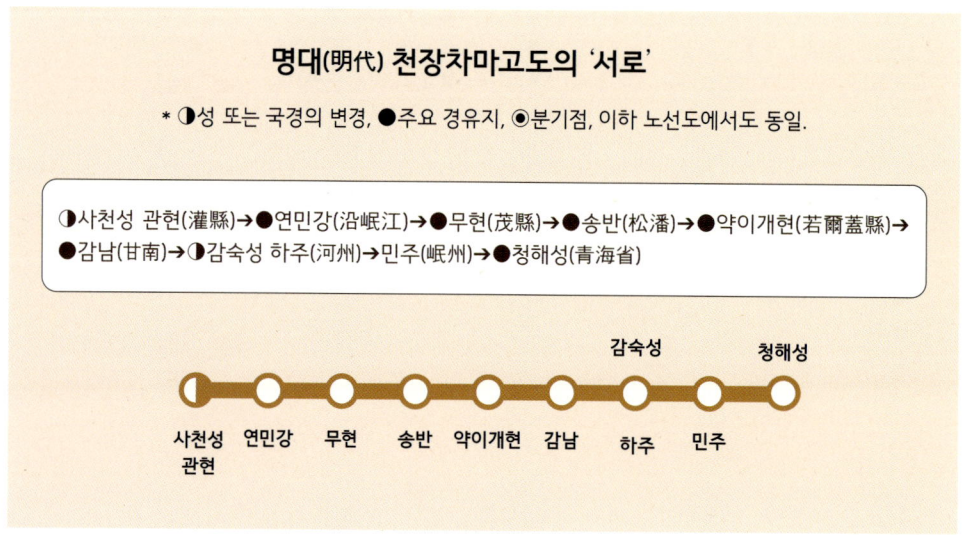

청대(淸代)에 남로에서 개척된 길, '천장관도(川藏官道)'

남로의 새로운 길, '천장관도(川藏官道)'

청나라 시대에는 차마무역이 사천성, 운남성, 서장의 대삼각 무역이 이미 종합무역으로서 크게 성장하였고, 또한 인도, 베트남, 미얀마, 서아시아, 심지어 유럽에까지 이어지는 국제 무역으로도 발달하였다. 따라서 서장은 청나라의 입장에서는 대규모 종합무역의

청대(淸代)에 남로에서 개척된 길, 천장관도(川藏官道)

* ◐성 또는 국경의 변경, ●주요 경유지, ◉분기점, 이하 노선도에서도 동일.

천장차마고도	천장상도 (川藏商道) *명대의 남로대도 유적	◉타전로(打箭爐)/강정현 → ●도부현(道孚縣) → ●감자현(甘孜縣) → ●덕격현(德格縣) → ●강달현(江達縣) → ◉창도현(昌都縣) → ●초지로(草地路)/39족구(三十九族區) → ●납살(拉薩, 라싸) → ●부탄, ●네팔, ●인도 등. ━━◯━━ : 천장상도
	천장관도 (川藏官道) *청대 신개척길	◉타전로(打箭爐)/강정현 → ●아강현(雅江縣) → ●이당현(理塘縣) → ●파당현(巴塘縣)/현 감자현(甘孜縣) → ◐서장 강가(江卡)/현 망강현(芒康縣) → ●찰아현(察雅縣) → ◉창도현(昌都縣) → ●낙융종(洛隆宗)/현 낙융현(洛隆縣) → ●변파현(邊壩縣) → ●공포강달현(工布江達縣) → ●묵죽공가현(墨竹工卡縣) → ●납살(拉薩, 라싸) ━━◯━━ : 천장관도

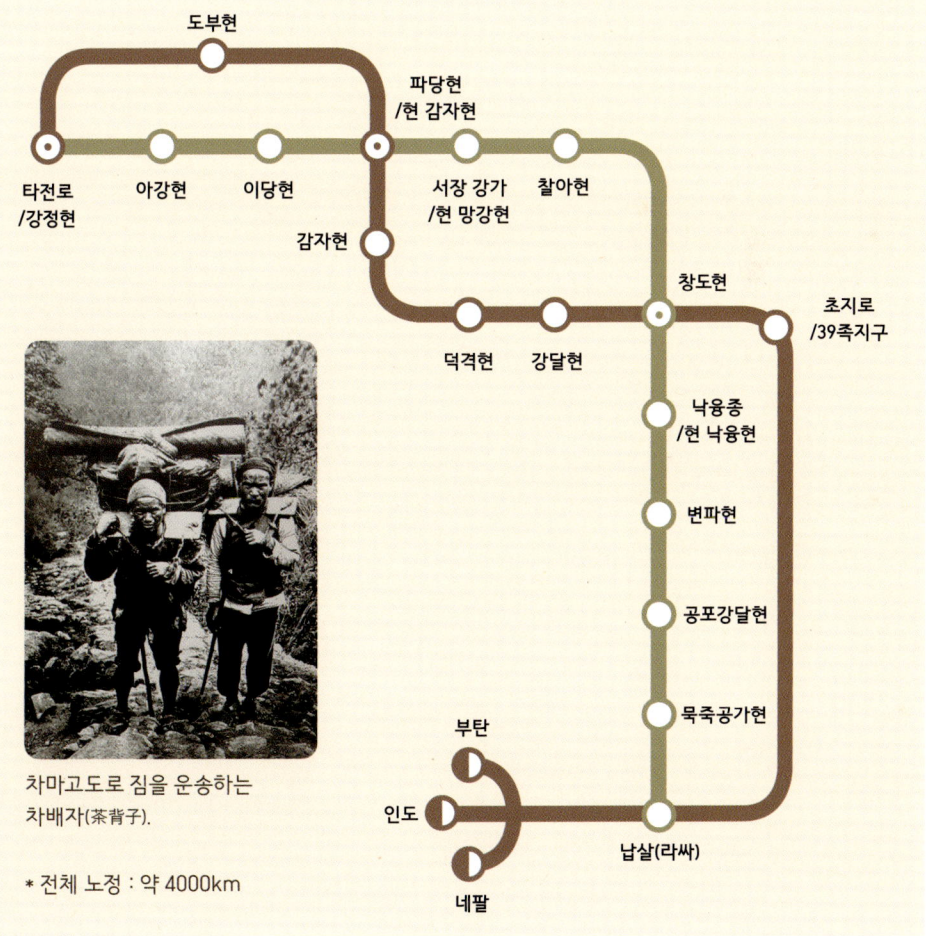

차마고도로 짐을 운송하는 차배자(茶背子).

* 전체 노정 : 약 4000km

천장차마고도를
개척하고 있는 사람들의 모습.

한 기점일 뿐만 아니라 서방으로 넘어가는 교통의 요충지였기 때문에 '이차치변'의 정책 차원에서 지배력을 더욱더 강화하였다.

그런데 강희연간(康熙年間, 1662~1722) 57년(1719년)에 서장의 갈이현(噶爾縣)에서 난이 일어나자 그 난을 평정하면서 사천성 북부인 '타전로(강정현)'에서 출발하여 '창도(昌都)'에까지 이르는 '천장남로대로'에서 새로운 길을 개척하였다. 또한 그 곳곳에는 군사용의 역참인 '양태(粮台)'와 군사를 주둔시키는 '당포(塘鋪)'를 설치하였다. 이때 양태(粮台)는 옛 병참으로서 군량미인 '양향(粮餉)'을 비축하는 곳이다. 이렇게 천장남로대로에서 새로 개척된 지선이 바로 '천장관도(川藏官道)'이다.

천장관도는 사천성 북부인 타전로(강정)에서 출발하여 이당(里塘), 파당(巴塘)(감자현 지역에 부속), 서장의 강가(江卡), 즉 오늘날의 망강현(芒康縣)과 찰아현(察雅縣)을 거쳐 창도(昌都)에 이르는 기존의 '천장남로대로(川藏南路大路)'로부터 새로이 개척한 것이다. 그러나 천장관도는 실은 상인들이 짐바리를 싣고 지나는 차마무역의 길과도 교차되었다. 명나라 시대의 차마고도였던 천장남로대로와 창도에서 교차되었던 것이다. 따라서 타전로(강정)에서 천장남로대로를 따라 창도에서 교차하여 서장으로 상인들이 무역을 위해 사용하였던 길은 구분하여 '천장상도(川藏商道)'라고도 한다.

이와 같이 사천성 서북부에 위치한 타전로(강정)는 서장으로 넘어가는 중요한 군사 요충지이면서 허브 무역소였기 때문에 국경 역참인 '태참(台站)'을 설치하였다. 태참은 해외에 공문을 발송하거나 죄인을 압송하는 데 이용되는 관서이다. 또한 타전로(강정)는 사천성에서 장족을 비롯해 변강의 소수민족들을 위해 특별히 생산하는 '남로변차(南路邊茶)'가 집배되는 거점지가 되었다.

한편 창도에서는 '천장관도'와 '천장상도'가 다시 두 갈래의 길로 나뉘어 서장으로 이어진다. 하나는 창도에서 명나라 시대부터 남로대로로서 천장차마고도였던 초지로(草地路)를 통하여 서장의 납살(라싸)로 가는 길이다. 또 하나는 창도에서 군사용으로 새로이 개척된 천장관도로서 낙융현(洛隆縣), 변파현(邊壩縣), 공포강달현(工布江達縣), 묵죽공가현(墨竹工卡縣) 등 장족 거주지를 지나면서 서장의 납살(라싸)로 가는 길이다.

알아 두면 좋은 지식

천장차마고도(川藏茶馬古道)의 유통 상인,
'마방(馬幇)'과 '차배자(茶背子)'들의 힘든 행로!

좁은 외길의 차마고도를 따라 이동하는 마방들.

'남로변차(南路邊茶)'의 가혹한 유통로, '천장차마고도'

천장차마고도는 사천성 아안시에서 출발하여 성 서북부의 강정현에 도달한 뒤 서장의 납살까지 이르는 그 전체 노정의 길이만 약 4000km에 달한다. 특히 천장차마고도는 그 길이 꼬불꼬불하고 울퉁불퉁한 험준한 산악길로서 사람뿐만 아니라 노새나 말도 지나기가 어려운 것으로도 유명하다.

이 유통로를 따라 마방들은 서장의 장족들에게 판매할 '남로변차(南路邊茶)'를 노새나 말에 짐바리로 싣고 이동하였다. 그러나 노새나 말은 차를 짐바리로 실어 장기간 운송할 수 있는 적정량이 약 60kg인 것으로 알려져 있다. 이로부터 보이원차의 '7편(片)들이 1통, 12통(筒)이 1건(件)'의 묶음 단위도 생긴 사실은 유명하다. 그런데 그 밖의 차엽은 대부분 인력꾼들이 운송하였다고 한다. 이렇게 차엽이나 변차를 등짐으로 져서 운송하는 인력꾼들을 '배배자(背背子)', '차배자(茶背子)'라고 불렀다. '배자(背子)'는 '등에 진 짐'이나 '산간지에서 등짐을 지는 데 사용하는 도구'를 가리킨다.

마방들과 함께 이동하는 차배자들은 짊어진 등짐의 무게에 따라서 하루에 이동 거리도 달라진다고 한다. 등짐의 무게가 가벼우면 1일 약 16km, 무거우면 1일 약 8~12km를 갈 수 있다는 것이다. 물론 힘들 경우에는 등짐을 내려놓고 잠시 휴식도 취한다고 한다.

이러한 노정을 거쳐 서북부의 강정에 도달한 뒤 서장의 납살로 이동하는데, 그 노정에는 험준한 산, 깊은 강, 드넓은 초원, 무성한 숲, 치솟은 암벽 사면의 외길이 기다리고 있다고 한다. 특히 암벽 사면에 난 좁은 외길에서 서로 반대 방향으로 지나는 마방들이 마주치면 진퇴양

난에 빠지는데, 이 경우에는 상호간에 길을 비켜주는 가격을 협상한 뒤, 여리고 약한 말을 낭떠러지로 밀어 버리고 상대 마방이 통과하도록 길을 비켜 주면서 값을 받았다고 전해진다.
이렇게 힘들고 지난한 노정은 매일 8~12km의 속도로 천장차마고도의 전체 노정인 약 4000km에 걸쳐 진행된다. 특히 청장고원(青藏高原)에서는 한랭 건조한 기후와 희박한 공기, 예측 불허의 일기로 인해 비바람이 몰아치는 등 그 여정이 열악하고 가혹하기가 이를 데가 없다. 숙박은 당연히 천막을 치는 자연 노숙이다. 우여곡절 끝에 서장의 수도인 납살(라싸)에서 도착하여 차를 팔고 나면, 다시 돌아가는 가혹한 여정이 또다시 기다린다.
마방들과 차배자들이 천장차마고도를 따라 오가는 왕복 거리는 무려 8000km나 되는 대장인 것이다. 1일 평균 이동 속도를 12km로 본다면, 집에 가족을 두고 먼 길을 떠나 다시 집으로 돌아오는 여행 일수는 단순 계산으로 약 670일(22개월), 즉 약 2년이라는 세월이 걸리는 실로 엄청난 유통 행군이 아닐 수 없다!

차엽을 지게에 지고 운송하는 일꾼, 차배자(茶背子)들이 잠시 쉬는 모습.

알아두면 좋은 지식

◈ 팁(Tip)!
남로변차 '1인(引)'을 운송하려면 몇 필의 말이 필요한가?

* **말의 화물(차엽 또는 차병) 무게 단위**
  1인(引) : 100근(斤)짜리 마대 50개. 명청 시대의 무게 단위.
  1타(馱) : 소나 말에 지운 양쪽 짐바리에서 한 쪽을 세는 단위.
  1단(担) : 100근(60kg)
  1근(斤) : 600g

* **보이칠자병차 무게 단위**
  1건(件) : 30kg, 1타(馱), 1/2단(担), 12통(筒)
  1통(筒) : 7편(片)

마방들이 차엽을 말에 실어 대량으로 운송하는 모습.

대규모의 마방들이 남로변차(南路邊茶)를 대량으로 운송하는 경우에는 그 총무게가 엄청나다. 예를 들면, 운송 물량이 '1인(引)'이었다면, 말 1필의 적재량이 60kg(1단 또는 2타)이라고 가정할 경우에 과연 몇 필의 말이 필요할까?
1인(引)은 5000근(斤)으로 50단(3000kg)이다. 말의 적재 단위 타(馱)의 수로는 100타(馱)가 된다. 말 1필의 경우에 '2타(馱)'가 단위이기 때문에, 따라서 말 50필이 필요하다.

만약 그 물건이 보이칠자병차인 경우에는 몇 건(件), 몇 통(筒), 몇 편(片)인가?
보이칠자병차 1건(件)은 30kg, 1타(馱)이고, 1/2단(担)이기 때문에, 50단(担)인 1인(引)은 100건(件)이다. 결과적으로 보이칠자병차 1인(引)은 100건(件)에 해당하고, 1건은 12통이기 때문에 1200통(筒), 1통은 7편이기 때문에 8400편(片)에 해당한다.

알아 두면 좋은 지식

보이차의 충포(冲泡)
보이차를 맛있게 우리는 양식!

보이차의 충포 차례

1. 보이차와 차구의 준비
보이차 찻잎을 준비한다.

2. 보이차의 양 정하기
차도(茶刀)를 사용하여 차병의 분층을 따라 넣고 비틀어 고르게 떼어 낸다. 그리고 보이차를 마실 인원수에 따라서 차의 분량을 결정한다. 인원수가 적으면, 보이차의 양은 8~10g, 많으면 15~20g 정도로 준비한다.

3. 온수로 차구의 세척
차구 속에 깨끗한 물을 끓여서 넣는다. 주요 기능은 '차호(茶壺)'와 '차배(茶杯)'를 따뜻하게 데움과 동시에 세척하는 것이다.

4. 투차(投茶)
보이차를 차호 속에 넣는다.

5. 성차(醒茶)
차호에 든 차엽에 뜨거운 물을 붓고 세척한 뒤 버린다. 이는 차엽 이외의 물질을 제거하는 동시에 차엽의 정도(净度)(깨끗한 정도)를 높이는 효과가 있다.

6. 충차침윤(冲茶浸潤)
차에 다시 뜨거운 물을 붓고 우리면서 침출시킨다.

7. 분차(分茶)
차호 속에 든 차탕을 공도배(公道杯)로 옮긴다.
이는 차탕의 농도를 균일하게 유지하기 위한 것이다. 이 공도배에 든 차탕을
다시 작은 차배 속으로 고르게 나눠 붓는다.

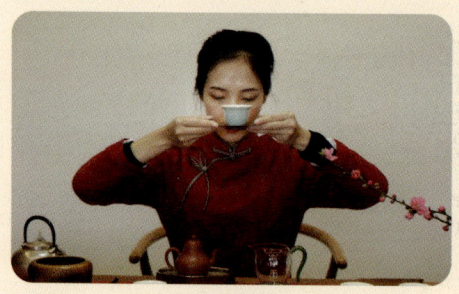

8. 봉차(奉茶)
차배를 양손으로 들고 손님에게 정중히 전달한다.

보이차 충포의 주의점

보이차를 우릴 경우에는 다음과 같은 몇몇 주의해야 할 사항들이 있다.
다음 사항을 준수하여 보이차를 우린다면 그 맛과 향을 제대로 즐길 수 있을 것이다!

● **충포 수온**
100도의 끓는 물을 사용한다. 이때 주의할 점은 물을 끓일 때 과도하게 끓이거나 끓은 횟수가 많은 물은 보이차를 우리는 물로는 적합하지 않다.

● **찻잎의 양**
찻잎과 물의 비는 1 : 5 또는 찻잎과 우리는 용기의 용적 비가 2 : 5 정도인 것 알맞다. 개완을 사용하여 우릴 경우에는 3~5인분의 경우, 찻잎은 3~5g을 사용하는 것이 좋다. 그 밖에도 보이차가 긴압차인지, 산차인지에 따라서 투차량이 약간씩 달라진다. 투차량이 산차의 경우에는 다소 많아질 수도 있고, 긴압차의 경우에는 압축하였기 때문에 다소 적어질 수도 있다.

● **물의 선택**
보이차를 충포하는 데 정수나 산천수(연수가 적당)를 사용하는 것이 가장 좋다.

● **충포 시간**
차엽의 상태에 따라 우려내는 시간도 다르다. 일반적으로는 긴압차의 경우 길게, 산차의 경우는 짧게 우려낸다. 또한 투차량이 많을 경우에는 짧게, 적을 경우에는 길게 우려낸다.

<부록>

참조 문헌

· 中國茶文化协會資料
· "Journal of Tea Science"/茶葉科学 2002, 22(2)：105－108 "中國野生大茶樹的地理分布、多样性及其利用价值"/王平盛, 虞富莲
· 『First Step to Puer Tea』(Chan Kam Pong)
· 『茶馬』/明代 文学家 湯顯祖

참조 사이트(하이퍼링크)

· http://www.yunnanteatours.com/fact-v12-top-yunnan-pu-erh-tea-factories-brands.html
· http://gz.naic.org.cn/2018/0706/211884.html
· http://lstea.yunshow.com/
· http://news.chadaowang.com/huati/show.php?itemid=387
· http://teapedia.org/en/Haiwan_Tea_Factory
· http://teapedia.org/en/Kunming_Tea_Factory
· http://www.858tea.com.tw/discuss/viewDiscuss.asp?View=27123
· http://www.baike.com/wiki/
· http://www.chan3.com/lcwh/zhcs/3368.html
· http://www.china.com.cn/aboutchina/zhuanti/cwh07/2007-09/14/content_8879253.htm
· http://www.cspuer.com
· http://www.dayitea.com/Home/Brand
· http://www.fuhaichaye.com/
· http://www.haiwantea.com/about/rwjj/2014-03-19/2.html
· http://www.huzhidao.com/zhishi/19333.html
· http://www.ishuocha.com/lishi/yj/34447.html
· http://www.ishuocha.com/news/hy/16388.html

- http://www.ishuocha.com/news/hy/29160.html
- http://www.jas-etea.com/pu-erh-tea-factories/
- http://www.jas-etea.com/recipes-or-what-do-those-numbers-mean/
- http://www.jas-etea.com/recipes-or-what-do-those-numbers-mean/
- http://www.lcgc.cn/
- http://www.limingpuer.com/list/cnIndex/1/1/auto/12/0.html
- http://www.liudachashan.com
- http://www.longruntea.com/index.html
- http://www.longyuanhao.com/Index/index/id/60
- http://www.puer10000.com/chashu/147149.html
- http://www.puer-cha.com/chanoki3.htm
- http://www.puercn.com
- http://www.puercn.com/pin/news/620396
- http://www.puercn.com/puerchacp/shengcha/18887.html
- http://www.puercn.com/puerchacp/shengcha/18899.html
- http://www.puercn.com/puerchacp/shengcha/18922.html
- http://www.puercn.com/puerchanews/cp/163457.html
- http://www.puercn.com/puerchanews/lianliankan/127453.html
- http://www.puercn.com/puerchapp/puerchac/67479.html
- http://www.puercn.com/puerchawh/puerchags/757.html
- http://www.puercn.com/puerchazs/peccd/114187.html
- http://www.puercn.com/puerchazs/peccd/131225.html
- http://www.puercn.com/puerchazs/peccd/174778.html
- http://www.puertea8.com/wenhua/lishi/61199.html
- http://www.puerteaking.com/jyjj
- http://www.puerzg.cn/puerchazhishi/lishiwenhua/1086914.html
- http://www.t4u.com.tw/chat2/viewthread.php?tid=27002&extra=&ordertype=1

- http://www.tulintea.com/
- http://www.ynmkrs.com/
- http://www.zhongcha.net.cn/default.htm
- https://baike.baidu.com/item
- https://bkso.baidu.com/item/
- https://i-tea.club/en/kunming-tea-factory
- https://kknews.cc/culture/4jgpjxg.html
- https://kknews.cc/culture/8xe4xnl.html
- https://kknews.cc/culture/y2zmvyk.html
- https://www.9900.com.tw/talk/BBSShowV2.aspx?jid=2d8e40ba0cc47a959fac
- https://www.chawangshop.com/pu-erh-tea/puerh-tea-factories/lancang-ancient-tea-factory.html
- https://www.ryctea.com/
- https://www.sohu.com/a/142562346_173027
- https://www.sohu.com/a/384142046_658402
- https://www.youtube.com/watch?v=76PB2t7qY-0
- https://www.yulintea.com/about.html
- https://www.yunnanexploration.com/dianhong-group-black-tea-factory-in-fengqing-county-lincang.html
- https://www.yunnanexploration.com/longsheng-pu-erh-tea.html
- https://www.yunnanexploration.com/yunnan-puertea-group-co-ltd.html
- https://zh.wikipedia.org
- https://zh.wikipedia.org/wiki/
- https://zhuanlan.zhihu.com/p/79504899
- http://www.puercha.com.cn/
- http://www.yunzitea.com/col.jsp?id=106
- http://www.xgtea.com/index.asp
- http://www.haiwantea.com/

· http://www.dianhong.com/

● 20개 차업공사(하이퍼링크)

· http://www.zhongcha.net.cn/default.html
· http://www.dayitea.com/Home/Brand
· http://www.xgtea.com/index.asp
· http://www.puercha.com.cn/
· http://www.haiwantea.com/
· http://www.limingpuer.com/list/cnIndex/1/1/auto/12/0.html
· http://www.dianhong.com/
· http://www.tulintea.com/
· http://www.ynmkrs.com/
· http://www.longruntea.com/index.html
· http://lstea.yunshow.com
· https://www.yulintea.com/about.html
· http://www.fuhaichaye.com/
· http://www.lcgc.cn/
· http://www.yunzitea.com/col.jsp?id=106
· http://www.cspuer.com
· http://www.puerteaking.com/jyjj/
· http://www.liudachashan.com/#page2/
· http://www.longyuanhao.com/Index/index/id/60
· https://www.ryctea.com/

Photo 크레디트

16	中國茶文化協會	114~115	中國茶文化協會
17	安寧海灣茶業有限責任公司	117	한국티소믈리에연구원
19~22	中國茶文化協會	119~120	中國茶文化協會
23	tschanara-teagarden	121	勐海茶業有限責任公司
24~39	中國茶文化協會	122~125	中國茶文化協會
40	中國茶文化協會, 한국티소믈리에연구원	127	한국티소믈리에연구원
41	中國茶文化協會, 한국티소믈리에연구원	129~131	中國茶文化協會
42~58	中國茶文化協會	134~136	雲南昆明茶廠
59	昆明正沅茶業有限公司	137~139	勐海茶業有限責任公司
61	한국티소믈리에연구원	140~143	雲南下關沱茶集團股份有限公司
62	中國茶文化協會	144~148	雲南普洱茶集團有限公司, 中國茶文化協會
63-64	勐海陳升茶業有限公司	149~150	安寧海灣茶業有限責任公司
69	中國茶文化協會	151~153	雲南農墾集團勐海八角亭茶業有限公司
73~74	한국티소믈리에연구원	154~156	雲南滇紅集團股份有限公司
76	中國茶文化協會	157~159	普洱瀾滄古茶股份有限公司
79~80	한국티소믈리에연구원	160~162	雲南龍生綠色産業集團有限公司
82	한국티소믈리에연구원, 中國茶文化協會	163~165	雲南六大茶山茶業股份有限公司
83~87	中國茶文化協會	166~167	雲南土林茶業有限公司
88~89	한국티소믈리에연구원	168~169	雲南雙江勐庫茶葉有限責任公司
90	中國茶文化協會	170~171	勐海縣福海茶廠
91	한국티소믈리에연구원	172~173	勐海陳升茶業有限公司
92	中國茶文化協會	174~175	雲南西雙版納州古茶山茶業有限公司 (龍園茶業)
94	한국티소믈리에연구원		
95~98	中國茶文化協會	176~177	昆明正沅茶業有限公司
99	雲南茶歷史錄	178~179	勐海雨林古茶坊茶葉有限責任公司
101~111	中國茶文化協會	180~181	普洱茶王茶業集團股份有限公司
112	勐海茶業有限責任公司	182~183	雲南龍潤茶業有限公司
113	雲南下關沱茶集團股份有限公司, 中國茶文化協會	184~185	雲南省勐海潤元昌茶廠
		186	中國茶文化協會

188	勐海縣福海茶廠
192	한국티소믈리에연구원
193~196	中國茶文化協會
203	雲南茶歷史錄, 中國茶文化協會
205	中國茶文化協會, 雲南茶歷史錄
207	中國茶文化協會
209	中國茶文化協會, 雲南茶歷史錄
210~212	雲南茶歷史錄
213~214	中國茶文化協會
215	雲南茶歷史錄
217	中國茶文化協會
220	雲南茶歷史錄
224~226	中國茶文化協會
227	雲南茶歷史錄
230~236	中國茶文化協會
237	雲南茶歷史錄
238~256	中國茶文化協會
258~261	雲南茶歷史錄
262	中國茶文化協會
264	雲南茶歷史錄
267~269	中國茶文化協會
270~288	雲南茶歷史錄
292	雲南茶歷史錄
295~296	中國茶文化協會
298~317	雲南茶歷史錄
318~320	中國茶文化協會

Illustration 크레디트

71	한국티소믈리에연구원
293~294	한국티소믈리에연구원
296~297	한국티소믈리에연구원
299~301	한국티소믈리에연구원
306	한국티소믈리에연구원
308~313	한국티소믈리에연구원

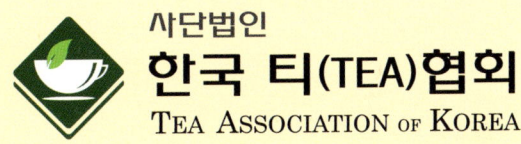

사단법인 한국티(TEA)협회 인증

글로벌 시대에 맞는 티 전문가의 양성을 책임지는
한국티소믈리에연구원

한국티소믈리에연구원은 국내 최초의 티(tea) 전문가 교육 및 연구 기관이다. 티(tea)에 대한 전반적인 이론 교육과 함께 티 테이스팅을 통하여 다양한 맛을 배워 가는 과정으로 창의적인 티소믈리에와 티블렌딩 전문가를 양성하는 데 주력하고 있다.

티소믈리에는 고객의 기호를 파악하고 티를 추천하여 주거나 고객이 요청한 티에 대한 특성과 배경을 바로 알아 고객에게 추천하는 역할을 한다. 티블렌딩 전문가는 티의 맛과 향의 특성을 바로 알아 새로운 블렌딩티(Blending tea)를 만들 수 있는 전문가적 지식과 경험이 필요하다.

티소믈리에, 티블렌딩 교육 과정은 1급, 2급 자격증 과정과 골드 과정을 운영하고 있다. 사단법인 한국티(TEA)협회와 한국티소믈리에연구원이 공동으로 주관하고, 한국직업능력개발원이 공증하는 1급, 2급 자격증은 단계별 프로그램을 이수한 후 자격시험 응시가 가능하다. 골드 과정은 티소믈리에, 티블렌딩 1급 수료자를 대상으로 한 티 전문가 교육 과정이다. 골드 과정은 각 교육 과정의 깊이 있는 연구를 통해 티 전문가로서 갖춰야 할 전문 교육 프로그램을 이수하여 강사로 활동하거나 지식과 경험을 통합하여 티(TEA)비즈니스에 대해 이해할 수 있는 프로그램으로 티 산업의 다양한 영역에서 활동할 수 있도록 한다.

현재 한국티소믈리에연구원은 본원에서 교육 및 연구를 진행하고 R&D센터에서 교육 및 응용, 개발을 실시하고 있으며, 지금까지 수많은 티 전문가들을 배출해 왔다.

사단법인 한국티(TEA)협회 인증

티소믈리에 & 티블렌딩 & 티베리에이션 & 중국 다예사(茶藝師) 교육 과정 소개

- **티소믈리에 1급, 2급 자격증 과정**
  - 티소믈리에 2급
  - 티소믈리에 1급
- **티소믈리에 골드 과정**
  - 강사 양성 과정, 티 비즈니스의 이해 과정
- **티블렌딩 1급, 2급 자격증 과정**
  - 티블렌딩 2급
  - 티블렌딩 1급
- **티블렌딩 골드 과정**
  - 강사 양성 과정, 티블렌딩 응용 개발 과정.
- **티베리에이션 교육 과정**
  - 티베리에이션 1급
  - 티베리에이션 2급
- **중국 다예사(茶藝師) 자격증 준비 교육 과정**
  - 중국 다예사 중급(中級)
  - 중국 다예사 고급(高級)

한국 티소믈리에 연구원 출간 도서

티 세계의 입문을 위한
국내 최초의 '티 개론서'

티의 역사·테루아·
재배종·티테이스팅 등

전 세계 티의 기원, 산지,
생산, 향미, 테이스팅을
과학적으로 체계화한 개론서이다!

티소믈리에가 만드는
티칵테일

티·허브·스피릿츠, 그 절묘한 믹솔로지!

역사상 가장 오래된 두 음료, 티와 칵테일을
셰이킹해 티칵테일을 만드는 실전 가이드!
다양한 향미의 티와 허브, 생과일,
칵테일의 환상적인 셰이킹을 소개한다.

세계 티의 이해
Introduction to tea of world

세상의 모든 티, 티의 역사와 문화,
티를 즐기는 세계인, 티 여행 명소,
다양한 티 레시피,
그리고 그 밖의 모든 티들을 소개한다.

티 아틀라스
WORLD ATLAS OF TEA

티 세계의 로드맵!
'커피 아틀라스'에 이은
〈월드 아틀라스〉 시리즈 제2권!

전 세계 5대륙, 30개국에 달하는
티 생산국들의 테루아, 역사, 문화
그리고 세계적인 티 브랜드들을 소개한다.

기초부터 배우는
101가지의 힐링 허브티

사단법인 한국티협회 '티블렌딩 과정' 지정 부교재

현대인들의 몸과 마음의 건강을 위한
힐링 허브티 블렌딩의 목적별, 상황별 101가지
레시피를 소개한다.

THE BIG BOOK OF KOMBUCHA
콤부차

북미, 유럽을 강타한 콤부차인 DIY 안내서!

이 책은 왜 콤부차인가에서부터 콤부차의 발효법, 다양한 가향·가미법, 콤부차의 요리법, 콤부차의 역사를 상세히 소개한다.

HERBS & SPICES
THE COOK'S REFERENCE

세계 허브 & 스파이스 대사전!

이 책은 총 283종의 허브 및 스파이스의 화려한 사진과 함께 향미, 사용법, 재배 방법 등을 완벽히 소개한 결정판!

기초부터 배우는 보이차
사단법인 한국티협회

'보이차(普洱茶) 마스트 과정' 지정 교재

최근 '발효차', '다이어트' 등을 키워드로 건강차의 열풍을 일으키고 있는 보이차(普洱茶) 세계의 입문자들을 위한 길라잡이 도서!

체질별, 증세별로 대응하는 한방 처방
한약재와 한방약 도감 사전

119종의 생활 속 한약재 도감 백과사전!

26종 증상별 변증 치료, 체질별 298종의 한방 처방, 내용, 외용 상비 한방약 등 생활 속의 한방의학!

기초부터 배우는 백차
사단법인 한국티협회

'백차(白茶)' 교육 지정 교재

당송(唐宋) 시대 차의 원류에서 오늘날에 이르는 '중국 백차(白茶) 연대기'이자, 백차(白茶)의 개념과 유래, 백차 향의 기원과 저장 방법, 건강 효능, 그리고 우리는 방법까지 소개한 백차의 백과사전!

한국 티소믈리에 연구원 출간 교재

티소믈리에 1급, 2급 자격 과정 교재

티소믈리에 이해 1 _ 입문

티소믈리에 2급 자격 과정 교재

티의 정의에서부터 티 테이스팅의 이해,
티의 역사, 식물학, 티의 다양한 분류,
허브티, 블렌디드 허브티 등의
교육을 위한 개론서.

티소믈리에 이해 2 _ 심화_산지별 I

티소믈리에 2급 자격 과정 교재

홍차의 이해에서부터 인도 홍차,
스리랑카 홍차, 다국적 홍차, 중국 홍차,
중국 흑차(보이차) 등의
교육을 위한 심화 교재.

티소믈리에 이해 3 _ 심화_산지별 II

티소믈리에 1급 자격 과정 교재

녹차의 이해에서부터 중국 녹차,
일본 녹차, 우리나라 녹차, 중국 청차(우롱차),
타이완 청차(우롱차), 백차, 황차 등의
교육을 위한 심화 교재.

대한민국 No. 1, 티 교육 및 전문 연구 기관

사단법인 한국티협회 인증

티소믈리에 이해 4 _ 심화_올팩토리

티소믈리에 1급 자격 과정 교재

커핑(테이스팅)의 방법에서부터
식품 관능 검사, 맛의 생리학,
감각의 표현 기술, 올팩토리 등의
교육을 위한 심화 교재.

티블렌딩 1급, 2급 자격 과정 교재

티블렌딩 이해 1 _ 입문_블렌딩

티블렌딩 2급 자격 과정 교재

티블렌딩의 정의에서부터 홍차 블렌딩의
기본 기술, 다국적 블렌딩 홍차,
가향·가미된 홍차, 허브티 블렌딩 등의
교육을 위한 개론서.

티블렌딩 이해 2 _ 심화_블렌딩

티블렌딩 1급 자격 과정 교재

백차, 녹차의 블렌딩 기술에서부터
가향·가미된 녹차, 가향·가미된 홍차,
청차(우롱차), 흑차(보이차), 허브티 블렌딩,
한방차 블렌딩 등의 교육을 위한 심화 교재.

티블렌딩 테크닉
Tea Blending Technique

티 전문 유튜브 크리에이터,
'홍차 언니'의 티 블렌딩 실전 기술

전 세계 25개국의 클래식 블렌드 58종과 32개 브랜드의
블렌딩 티 94종, 홍차 언니의 블렌딩 티 레시피 35종을
비롯해 총 187종을 전격 공개!

티베리에이션 자격 과정 교재

티 베리에이션
Tea Variation

유튜브 티 전문 크리에이터 홍차 언니가
6대 분류의 티, 티잰, 과일, 시럽, 탄산수, 콤부차,
토핑, 가니쉬 등을 활용해 직접 창조해 선보이는
112종의 티 베리에이션 레시피!

중국 다예사 (茶藝師) 중급 자격증 준비 과정 교재

중국 다예사 (茶藝師)

중급 자격증 준비 필기·실기 수험서

중국차의 기예(技藝)를 선보이는 전문가,
'다예사(茶藝師)'의 중급 자격증 취득을 위한
국내 최초의 필기·실기 수험서!

유튜브 크리에이터 '홍차언니'가
'티(Tea)'에 대해 알기 쉽고 명쾌하게 풀어주는
전문 유튜브 채널!

대한민국 No1. 티 전문 채널!
YouTube 한국티소믈리에연구원 TV

youtube.com/c/한국티소믈리에연구원tv

온라인 한국티소믈리에연구원
온라인 티 전문 교육 사이트!
teaonline.kr

온라인 '티소믈리에·티블렌딩·티베리에이션 전문가' 자격증 교육 사이트 teaonline.kr!

국내 최초 티(Tea) 전문 교육 연구 기관인
한국티소믈리에연구원(원장 정승호)에서 시간과 장소의 제약 없이
티 전문 자격증 교육을 받을 수 있는
'온라인 한국티소믈리에연구원(teaonline.kr)'.

- **티블렌딩 전문가 자격증 과정**
- **티소믈리에 자격증 과정**
- **티베리에이션 전문가 자격증 과정**
- **원데이 클래스 등**

온라인 한국티소믈리에연구원 교육의 장점!

- 사단법인 한국티협회, 한국티소믈리에연구원이 공동 주관해 한국직업능력개발원에 정식 등록된 국내 최다 배출 티 전문 민간자격증으로 각종 취업, 창업 등에 활용 가능!
- 시간과 장소에 구애를 받지 않고 '국내외'에서 '편리한 시간대'에 PC와 모바일 등 다양한 기기로 교육 이수 가능!
- 온라인 과정 수료 후 별도의 자격시험을 거쳐
- '티소믈리에 2급, 1급', '티블렌딩 전문가 2급, 1급', '티베리에이션 전문가 2급, 1급'의 자격증 취득 가능!

※ 한편, 온라인 티소믈리에, 티블렌딩 전문가, 티베리에이션 전문가 자격증 과정에 대한 자세한 정보는 홈페이지(teaonline.kr 또는 www.teasommelier.kr)를 통해 확인할 수 있다.

기초부터 배우는
보이차(普洱茶)

2025년 11월 4일 초판 2쇄 발행

편 저 자	한국티소믈리에연구원
감　　수	정승호
자료협찬	유재철
펴 낸 곳	한국 티소믈리에 연구원
출판신고	2012년 8월 8일 제2012-000270호
주　　소	서울시 성동구 아차산로 17 서울숲 L타워 804호
전　　화	02)3446-7676
팩　　스	02)3446-7686
이 메 일	info@teasommelier.kr
웹사이트	www.teasommelier.kr

펴 낸 이	정승호
출판팀장	구성엽
디 자 인	이종훈

한국어 출판권 ⓒ 한국 티소믈리에 연구원(저작권자와 맺은 특약에 따라 검인을 생략합니다)

ISBN 979-11-85926-59-9(13590)

값 35,000원

이 책은 저작권법에 따라 보호를 받는 저작물이므로 무단 전재와 복제를 금지하며, 이 책 내용의
전부 또는 일부를 이용하려면 반드시 저작권자와 한국 티소믈리에 연구원의 서면 동의를 받아야 합니다.